정글
경제
특강

정글의 법칙과 위험에 관한 25년의 탐사보고서

정글
경제
특강

| 장경덕 지음 |

정글경제 생태계에 관한
엉뚱하면서도 진지한 탐사보고서

이것 보아라, 아드소. 여행 내내 내 너에게 뭐라고 가르치더냐?
세상이 위대한 책을 통해 우리에게 펼쳐 보이는 사물의 정황을 유심히 관찰하는 법을
가르치지 않았느냐? …… 이 세상 만물은 책이며 그림이며 또 거울이거니.

―움베르토 에코Umberto Eco, 「장미의 이름」에서

나는 지금부터 당신을 정글로 안내하려 한다. 비밀에 싸인 치명적인 정글이다. 그곳은 아마존이나 보르네오 정글이 아니다. 뉴욕이나 서울의 빌딩 숲 깊숙한 곳에 펼쳐진 경제와 금융의 정글이다.

정글경제 탐사를 떠나기 전에 버려야 할 게 있다. 틀에 박힌 관념과 상투적인 구호들이다. 정글의 주술사들이 풀어놓은 온갖 미신迷信과 주문呪文은 잊어버리자. 꼭 필요한 것도 있다. 당신의 상상력이다. 어떤 사고의 틀에도 얽매이지 않는 상상의 날개를 펴라.

정글 하면 무엇이 떠오르는가? 원시와 야만, 약육강식과 적자생존, 놀라운 생명력, 숨가쁜 순환, 복잡성과 불확실성, 격변, 치명적인 위험, 공포, 미궁, 신비, 조화, 자연의 질서, 또는 혼돈…… 정글경제는 이 가운데 어느 하나로 규정할 수 없는 것이다. 정글경제를 있는 그대

로 보려면 다양한 렌즈와 유연한 사고가 필요하다.

나는 25년째 경제와 금융의 정글을 탐사하고 있다. 이 정글을 속 깊이 탐사할수록 그 은밀한 세계를 말해줄 수 있는 몇 가지 수식어가 자연스럽게 떠오른다. 이를테면 이런 것들이다.

ⓙ jeopardous : 정글경제에는 온갖 치명적인 위험이 도사리고 있다.

ⓤ unstable : 정글경제는 늘 불안정하며 언제든지 격변을 불러올 수 있다.

ⓝ naked : 정글경제를 살아가는 우리는 거의 무방비 상태로 위험에 맞서야 한다.

ⓖ greedy : 탐욕은 정글경제의 성장과 무한경쟁을 부추긴다.

ⓛ lonely : 정글경제에서는 늘 외로운 싸움을 벌여야 한다.

ⓔ erroneous : 숱한 오류가 정글경제의 위험을 키운다.

정글경제는 위험하고 불안정하며, 우리를 무방비 상태로 내몰고, 탐욕을 부추기며 외로움에 떨게 하고, 숱한 오류의 함정에 빠트린다. 나는 그런 정글경제를 헤쳐나갈 때 반드시 알아둬야 할 것들을 이야기하려 한다. 낯선 정글 앞에서 두렵고 막막한 이들에게 도움이 되기를 바란다. 특히 정글경제에 첫발을 내딛는 젊은이들에게 꼭 필요한 가이드가 됐으면 좋겠다.

나는 2008년에 쓴 『정글노믹스』라는 책에서 정글을 빼닮은 투자의 세계에 관해 이야기했다. 그 뒤 2009년 말부터 1년 남짓 네이버에 연재한 '정글경제의 원리' 칼럼에서는 탐사 범위를 금융시장과 글로벌 경제 전반으로 넓혔다. 정글경제를 설명하는 이론과 사상의 흐름을 가능한 한 쉽게 이해할 수 있도록 돕는 데 초점을 맞추었다.

그다음에는 이 두 가지를 아우른 보다 체계적인 정글경제 탐사보고서를 통해 우리가 실제로 부딪히는 가장 절박한 문제들을 함께 고민해보고 싶었다. 그 결과가 이 책이다.

"금융은 잘 모르겠어요."

"나는 가수니까……, 음악은 알겠는데……."

가수 박정현은 여기서 잠시 말을 멈춘다. 그리고 한마디를 덧붙인다.

"중요한 건데……"

2011년 한 금융그룹 광고에 나온 장면이다.

정현 씨는 '이름만 들어도 탁 믿을 수 있는' 금융서비스 회사를 찾고 있었다. 금융을 잘 모른다는 그이가 뛰어난 금융전문가들의 조언을 들을 수 있다면 분명 큰 도움이 될 것이다. 하지만 정현 씨가 광고에서처럼 과연 그들에게 모든 걸 맡겨도 괜찮을까? 어차피 경제학을 전공하지 않은 보통 사람이 복잡한 금융과 투자의 세계를 다 이해하기란 너무 어렵다. 그러니 골치 아픈 건 모두 전문가들에게 맡기고 다 잊어버리고 사는 게 낫지 않을까?

내 답은 결코 그렇지 않다이다. 그 이유는 두 가지다.

　　첫째, 금융과 경제의 정글에서 쓰이는 언어를 이해하지 못하면 아무리 뛰어난 전문가의 조언도 별로 쓸모가 없다. 그들의 첨단 이론과 현학적인 브리핑은 한낱 소음에 불과할 것이다. 게다가 그들의 말을 잘못 알아들으면 뜻밖의 큰 낭패를 당할 수도 있다.
　　둘째, 모든 걸 언제나 알아서 책임져주는 전문가는 어디에도 없다. 정글경제의 주술사들이 정현 씨의 삶을 대신 살아주는 건 아니니까. 정글경제에서 만날 숱한 갈림길에서 가장 어렵고 중요한 선택은 어디까지나 정현 씨의 몫이다.

　　정글경제를 살아가는 우리는 모두 정현 씨와 같은 고민을 안고 있다. 우리 모두가 금융과 투자의 전문가가 될 수 없고 모두가 한평생 경제학만 공부할 수도 없다. 경제학과 금융이론이 늘 우리를 안전하고 빠른 길로 이끌어주는 것도 아니다. 하지만 이 시대를 살아가는 이라면 누구든 정글경제의 가장 기본적인 작동원리는 꼭 알아두어야 한다. 누구든 홀로서기를 할 수 없으면 정글경제를 헤쳐나갈 수 없기 때문이다.
　　정글을 헤쳐나가려면 먼저 정글 부족과 주술사들의 언어를 이해해야 한다. 그들의 언어에는 오랫동안 체득한 지혜와 미혹의 신앙이 뒤섞여 있다. 그 지혜를 얻고 미혹을 떨쳐버리는 게 이번 탐사의 목적이다.

　　"더 정확히 물어야겠소. You should ask a more precise question"

유로화의 대부로 불리는 로버트 먼델Robert Mundell 컬럼비아대 교수가 1999년 노벨경제학상을 받은 지 얼마 안 됐을 때였다. 런던정경대 특강을 마친 그는 뒤풀이 파티에까지 쫓아간 기자가 국가부도의 위기를 간신히 넘긴 한국에 외환위기가 재연될지, 원화가 다시 추락할지 숨가쁘게 질문을 퍼붓자 이렇게 핀잔을 주었다.

얼굴이 화끈거렸다. 나는 그 해 노벨경제학상 수상자와 한국 언론 최초로 단독 인터뷰를 하게 됐다는 설렘과 한국 경제가 외환위기의 가장 어두운 터널에서 벗어날 수 있을지 석학의 명쾌한 답변을 들어야겠다는 조바심 때문에 다짜고짜 질문들을 쏟아냈던 것이다.

물론 그때 나는 참으로 절박한 질문들을 던졌다.

"한국은 또다시 외환위기를 맞을 것인가?"
"원화 값은 가까운 시일 내 다시 추락할 것인가?"

국가부도의 벼랑 끝에 몰려 공포와 수치심에 몸을 떨었던 한국인들에게 이보다 더 중요한 질문이 있었을까? 하지만 그 질문은 정글의 주술사에게나 할 만한 것이었다. 주술사는 반증이 가능한 정치한 이론과 믿을 만한 실증 자료를 바탕으로 말하지 않는다. 그는 논증하지 않는다. 단지 예언할 뿐이다.

그러나 이코노미스트는 다르다. 이론과 실증자료와 여러 전제와 조건이 없으면 대답할 수 없는 것이 많다. 더욱이 지나간 일을 설명해달라는 게 아니라 앞날을 예측해달라는 것이라면 어떤 경제학자도 선뜻 대답하지 않을 것이다. 내가 먼델 교수에게 거두절미하고 결론부터 말해달라고 한 것은 아무래도 무리한 요구였다. "무식할수록 용감하다"는 말이 맞다면 세계적인 석학에게 용감할 것을 요구한 것은 큰 잘못이었다. 그때 나는 다시 한 번 깨달았다. 어설픈 질문을 던지고 성급하게 답을 요구하면 결국 아무 답도 얻지 못한다는 것을.

이 책은 질문으로 가득하다. 추상적인 질문, 비유적인 질문, 구체적이고 실용적인 질문들이 섞여 있다. 하지만 단 한마디로 답할 수 있는 건 아무것도 없다. 거두절미하고 명쾌한 결론을 내려줄 수 있는 이는 어디에도 없다. 정글경제에서는 무엇을 어떻게 묻느냐가 중요하다.

누군가가 "내 돈을 어디에 투자하면 좋을지 결론만 말해달라"고 한다면 한국 최고의 금융전문가라도 말문이 막히고 말 것이다. 누군가가 다짜고짜 "앞으로 1년 동안 원화의 통화가치가 얼마나 오를지, 아니면 얼마나 떨어질지 정확히 말해달라"고 요구하면 어떤 석학도 입을 닫아버릴 것이다. "10년 후에 구체적으로 어떤 일을 하면 가장 안정적인 고소득을 올릴 수 있겠느냐"는 물음 역시 누구도 답하기 어려운 것이다.

이 책을 통해 정글경제를 탐사한 이들이라면 적어도 그런 식으로 묻지는 않을 것이다. 지금 나에게 가장 절박한 문제가 무엇인지 스스로 질문을 던지고, 문제를 어떻게 풀어갈지 스스로 판단을 내리기 위해 중요한 실마리를 찾으려 할 것이다. 정글경제 탐사는 그런 훈련의 과정이라고 해도 좋겠다.

나는 정글경제라는 복잡한 생태계를 이해하는 데 꼭 필요한 가장 기본적인 개념과 원리를 일상의 언어로 차근차근 설명하려 한다. 또한 금융경제학의 지배적인 이론과 그에 대한 비판을 소개함으로써 석학들의 통찰을 나눠 가질 수 있도록 할 것이다. 정글경제 탐사를 끝낸 이들은 국내외 언론의 경제기사나 시사적인 경제서에서 만나는 용어와 그 맥락을 이해하는 데 전혀 문제가 없으리라 믿는다. 석사 이상의 학력을 가진 금융·투자전문가들의 조언에 대해서도 나름대로 비판적인 평가를 할 만한 실력을 갖출 수 있을 것이다.

정글경제를 살아가면서 당신은 늘 불안과 공포를 느끼게 될 것이다. 하지만 어떤 불안과 공포 속에서도 영혼을 잃지 말아야 한다. 정글경제의 온갖 치명적인 위험 속에서도 스스로를 지킬 수 있는 지혜와 용기를 가져야 한다. 바로 그런 지혜와 용기를 얻기 위해 우리는 정글경제 탐사를 떠나려는 것이다. 탐사를 통해 이 냉혹하고 위험한 정글을 지혜롭고 꿋꿋하게 살아가는 법, 그리고 인간미를 잃지 않고 품위 있게 살아가는 법을 스스로 터득하게 되기를 바란다.

탐사를 함께할 카푸친 씨와 재규어 씨, 오셀롯 씨, 피라냐 씨, 타란툴라 씨, 샤먼 박사는 모두 가상인물이다. 우리 중 누군가를 빼닮은 아바타라고 봐도 좋겠다.

정글경제를 이야기하면서 숫자를 완전히 배제할 수는 없다. 하지만 복잡한 수식만 보면 진저리를 치는 이들은 그 대목을 건너뛰어도 괜찮다. 주석은 스스로 탐사 범위를 넓혀가려는 학구적인 이들을 위한 것이다.

2012년 3월
장경덕

세 번째 탐사 **정글경제의 투쟁**

정글경제의 공포

정글농장의 닭들은 오셀롯 씨를 철썩같이 믿는다. 사람 좋은 그는 이 닭들을 병아리 시절부터 보살폈다. 병아리들이 알에서 깨어난 후 하루, 이틀, 사흘이 지나고 100일, 200일이 지나도 그는 한결같이 미소를 머금고 나타나 모이를 주었다. 닭들은 날마다 아침이면 오셀롯 씨의 변함없는 미소와 맛있는 먹이가 기다릴 것으로 기대했다. 오셀롯 씨의 저의를 의심하는 닭이 없는 건 아니었다. 하지만 그런 닭들은 동료들에게서 쓸데없는 의심을 한다는 핀잔만 들었다. 그렇게 1년이 지났다. 어느 날 아침 오셀롯 씨는 사뭇 다른 미소를 머금고 다가왔다. 그러고는 가장 살진 닭들을 골라 어디론가 데려갔다. 그들은 끝내 돌아오지 않았다(그날은 복날이었다). 닭들은 뒤늦게 깨달았다. 365일 똑같이 되풀이되던 일상의 안전은 갑자기 깨졌다. 하루하루 쌓여가던 믿음은 한순간에 무너지고 말았다.

영국 철학자 버트런드 러셀Bertrand Russell은 이렇게 말했다. "닭의 일생 동안 날마다 먹이를 주던 농부가 결국에는 닭의 목을 비튼다.The man who has fed the chicken every day throughout its life at last wrings its neck instead"(Bertrand Russell, *The Problem of Philosophy*)

정글경제에서는 누구나 그 닭과 같은 운명을 맞을 수 있다. 이곳에서 모든 일이 언제나 한결같으리라고 기대하는 건 매우 위험하다. 어떤 일이 아무리 오랫동안 똑같이 되풀이되더라도 다음 날 또다시 똑같은 일이 일어나리라고 굳게 믿어서는 안 된다. 경제와 금융의 정글은 늘 누구도 예상하지 못한 격변의 씨앗을 품고 있기 때문이다.

자산시장의 거품 속에서 지나친 낙관에 취해 있던 이들이
갑자기 차가운 현실을 깨달았을 때 심리적 공황 상태에 빠지게 된다.
시장은 극한의 공포에 얼어붙는다.

01

패닉은 어떻게 오나?

비이성적 과열의 끝

"그때 나는 자연의 거대하고 무한한 절규를 들었다."

— 에드바르트 뭉크 Edvard Munch

그리스 신화에 나오는 목축과 수렵의 신 판Pan. 상반신은 사람이지만 허리 아래와 뿔, 귀는 염소의 모습을 하고 있다. 그는 가축의 무리나 사람들에게 갑작스러운 공포를 불러일으키는 괴성을 낸다. 패닉panic은 그의 이름에서 유래했다. 패닉은 극한의 공포가 쓰나미처럼 덮쳐올 때 빠져드는 정신적 공황 상태를 의미한다.

시장을 얼어붙게 하는 판의 괴성

2008년 10월 24일 글로벌 금융시장은 바로

그런 패닉에 빠져 있었다. 158년의 전통을 자랑하던 미국의 거대 투자 은행 리먼브러더스Lehman Brothers가 무너진 직후였다. 사상 최대의 기업 도산[1]으로 전 세계 금융시스템이 한꺼번에 붕괴할 것이라는 극단적인 공포가 시장을 지배하고 있었다.

흔히 공포지수로 불리는 빅스VIX는 사상 최고 수준으로 치솟았다. 1990년대 이후 줄곧 10~30대를 오르내리던 이 지수는 갑자기 수직 상승해 24일 한때 89까지 치솟았다. 판의 괴성이 전 세계 금융시장을 얼어붙게 하는 순간이었다.

이날 미국보다 앞서 열린 한국 증시에서 코스피는 하루 새 10%(110포인트) 넘게 떨어져 3년 4개월 만에 1000선 아래로 추락했다. 유가증권시장에서 오른 종목은 41개인 데 비해 떨어진 종목은 842개였다. 가격제한폭까지 곤두박질한 종목만 401개였다. 패닉에 빠진 투자자들은 값을 따지지 않고 주식을 내던졌다.

잡초처럼 끈질기게 되살아나는 금융위기의 뿌리를 탐구하는 위기학자들[2]은 이런 패닉의 순간을 집중 조명한다. 2008년 글로벌 금융위기 이후 새삼 주목받고 있는 이들 가운데 한 사람인 하이먼 민스키Hyman Minsky[3]는 일찍이 투기적 낙관과 무모한 차입투자에 따른 금융위기를 조명했다. 찰스 킨들버거Charles Kindleberger[4]는 광기 어린 투기와 지나친 신용팽창이 금융시장의 붕괴로 이어지는 역사를 파노라마처럼 보여주었다.

로버트 실러Robert Shiller[5]는 증권과 부동산시장의 비이성적 과열을 설명했고, 케네스 로고프Kenneth Rogoff[6]는 본질적으로 같은 금융위기가 8세기에 걸쳐 되풀이되고 있음을 보여주었다. 조셉 스티글리츠

Joseph Stiglitz는 효율적 시장을 맹신하는 이데올로기가 위기를 부추겼다고 주장했다.

금융위기를 탐사한 학자들 가운데 많은 이가 시장은 매우 효율적이며 스스로 균형을 찾아가는 강력한 자율조정 기능을 발휘한다는 주류경제학자들의 주장에 강한 의문을 품고 있다. 지나친 낙관과 투기의 광기로 자산시장의 거품이 한껏 끓어오르고 어느 순간 갑자기 닥쳐오는 위기로 모두가 패닉에 빠지는 과정을 지켜보면 시장의 효율성과 시장 참여자들의 합리성에 대해 근본적으로 회의를 품지 않을 수 없기 때문이다.

이들은 금융위기의 역사를 뒤지고 사회학과 심리학의 통찰을 빌리며 겁에 질린 소 떼의 질주를 연구하기도 한다. 그러나 도대체 무엇이 패닉을 불러오는지, 패닉은 어떻게 전염되는지, 모두가 패닉에 빠질 때 어떻게 해야 하는지에 대한 연구에는 아직도 마침표가 찍히지 않았다.

패닉의 순간

패닉은 낙관과 행복감에 흠뻑 취해 있던 이들이 얼음처럼 차가운 현실을 깨닫는 순간에 찾아온다. 금융위기의 역사를 정리한 킨들버거가 꼽은 세계 10대 금융거품도 한결같이 그랬다. 그가 꼽은 10대 거품은 다음과 같다.

1. 1636년 네덜란드 튤립 거품
2. 1720년 영국 남해회사 주식 거품

3. 1720년 프랑스 미시시피회사 주식 거품

4. 1927~1929년 미국 주식시장 거품

5. 1970년대 멕시코를 비롯한 개발도상국 신용 거품

6. 1985~1989년 일본 주식과 부동산 거품

7. 1985~1989년 핀란드, 노르웨이, 스웨덴 부동산과 주식 거품

8. 1992~1997년 아시아 부동산과 주식 거품

9. 1990~1993년 멕시코 외국인투자 거품

10. 1995~2000년 미국 나스닥시장 정보기술(IT)주 거품

거품에 취해 있다 갑작스럽게 깨닫게 되는 냉엄한 현실은 언제나 충격적이다. 튤립 한 뿌리의 값어치가 운하 옆에 자리한 저택 한 채와 맞먹는다는 생각이 얼마나 허황된 것이었는지 갑자기 깨달았을 때, 황금알을 낳는 거위로 믿었던 남해회사와 미시시피회사의 주식이 사실은 휴지 조각에 불과하다는 걸 뒤늦게 알게 됐을 때, 미국의 20분의 1밖에 안 되는 땅을 가진 일본의 부동산 시가총액이 미국의 2배에 이른다는 게 얼마나 이치에 안 맞는 것인지 분명히 느끼게 됐을 때 사람들은 패닉에 빠진다.

노르웨이의 표현주의 화가 에드바르트 뭉크의 〈절규〉를 떠올려보자. 검푸른 괴물처럼 몸을 뒤트는 바다와 핏빛 노을을 배경으로 공포에 질린 한 남자가 해골 같은 얼굴로 비명을 지르고 있다. 무너지는 시장에서 패닉에 빠진 이들의 심리를 그려보면 바로 그런 모습이 되지 않을까?

금융시장이 패닉 상태일 때 사람들은 얼마나 합리적으로 판단하고 행동할 수 있을까?

행동경제학^{behavioral economics}[7]이라는 렌즈로 관찰하면 패닉의 순간 사람들의 행태는 몇 가지 특징을 보여준다. 탐욕이 공포로 바뀌는 순간 가장 흔히 볼 수 있는 투자자들의 행태는 출구를 향한 질주다. 출구가 닫히기 전에 1초라도 먼저 불이 난 경기장에서 도망치려는 군중과 같다. 출구가 좁을수록 공포지수는 치솟는다. 그럴수록 투자자들은 위험자산을 투매하고 안전자산으로 한꺼번에 몰린다.

투자자들은 비이성적 과열 때와 마찬가지로 패닉의 순간에도 무리를 좇아가는 군집행동^{herd behavior}을 보인다. 이는 마치 사자를 보고 공포에 질린 가젤 무리가 무작정 내달리고 보는 것과 같다. 가젤은 실제로 사자를 보지 못했더라도 무리와 함께 달리고 봐야 한다. 영문도 모른 채 달리고 있는 무리 사이에서 공포는 급속도로 전염된다. 가젤 무리의 질주를 합리적인 행동으로 볼 수 있는가에 대해서는 시각이 엇갈리고 있다.

공포지수

전통적인 경제이론들은 시장에 참여하는 이들이 가격이라는 매개를 통해 간접적으로 상호작용한다고 설명한다. 하지만 이런 설명은 현실과 잘 맞지 않는다는 비판이 많이 제기되고 있다. 글로벌 금융위기 이후에는 경제주체들 사이의 직접적인 상호작용에 초점을 맞춘, 에이전트중시모형^{agent-based model}(에이전트는 경제활동의 주체를 의미한다)이라는 분석틀이 더욱 주목을 받고 있다.

증권시장의 투자자들을 생각해보자. 그들은 컴퓨터 스크린에 뜨는 주가만 바라보고 있는 로봇이 아니다. 그들은 피가 끓는 인간이다. 늘 다른 사람들의 행동을 살피고 생각을 읽으면서 치열하게 경쟁한다. 언제나 다른 이들과 비교하며 행복감에 취했다 갑자기 절망에 빠지기도 하고, 스스로도 이해할 수 없는 변덕을 부리거나 실수를 저지르기도 한다. 현실에서는 서로 끊임없이 부딪치며 다른 이들의 생각과 행동에 따라 자신의 진로를 바꿔가는 사람에 주목할 때 정글경제의 생리를 훨씬 더 잘 이해할 수 있는 경우가 많다. 극단적인 패닉 현상도 투자자 사이의 직접적인 상호작용에 주목해야 이해할 수 있다.

투자자들은 다른 투자자들이 겁에 질린 모습을 보고 더욱 공포를 느낀다. 어느 한 시장이 패닉에 빠지면 눈 깜짝할 새 글로벌시장이 함께 얼어붙는 것도 그 때문이다. 따라서 늘 다른 투자자들의 심리를 읽고 시장을 지배하는 공포 분위기가 어느 정도나 되는지 가늠해보는 것은 매우 중요한 일이다. 이런 필요에 따라 만든 지표가 바로 공포지수다.

여기서 흔히 공포지수라고 일컫는 VIX Volatility Index, 시카고옵션거래소 시장변동성지수[8]에 대해 잠깐 알아보고 가자(이 대목은 매우 기술적이고 전문적인 것이라 복잡한 건 딱 질색이라는 이들은 그냥 건너뛰어도 좋다. 23장에서 설명하는 옵션에 관해 알아본 뒤 다시 읽어봐도 좋겠다. 억지로 읽다 보면 마치 아마존 정글 부족의 언어를 처음 듣는 것처럼 당혹스러울 수도 있다).

VIX는 주가가 얼마나 큰 폭으로 널뛰기할 것인지를 가늠하는 지표다. 롤러코스터처럼 급격하게 오르내리는 시장은 무섭다. 그래서 이 지수가 높을수록 공포감이 크다고 하는 것이다. 더 구체적으로 말하자면, VIX는 미국 주식시장의 대표적인 주가지수인 S&P500지수를 기초자산으로 하는 옵션option의 내재변동성implied volatility(옵션의 시장 가격에 반영된 기초자산 가격의 변동성)을 측정하는 지표다. 다시 말해 앞으로 30일 동안 주가(S&P500지수)가 얼마나 큰 폭으로 널뛰기 할 것인지에 대한 시장의 기대치를 나타낸다. 시장의 널뛰기가 심할 것으로 기대되면, 다시 말해 주가의 변동성이 클 것으로 예상되면 바로 그 변동성을 노리는 옵션의 값어치는 커진다(기초자산 가격의 변동성과 옵션 가격과의 관계에 대해서는 23장에서 설명한다). 이때 옵션 가격과 함께 VIX도 높아진다.

공포지수가 높아진다고 해서 반드시 시장이 주가 폭락을 예상한다는 뜻은 아니다. 오르는 쪽이든 떨어지는 쪽이든 주가가 롤러코스터를 타듯 급격하게 변동할 것으로 보고 있다는 뜻이다. 예를 들어 VIX가 15%라면 현재의 옵션 가격에 비춰볼 때 앞으로 30일 동안 주가가 연율로 15% 변동할 것으로 예상된다는 뜻이다. 연율 15%를 한 달간 변동폭으로 환산하면 4.3%가 된다.[9]

옵션이니 변동성이니 하는 말은 하나도 못 알아 듣겠다는 이들도 있을 것이다. 정글의 언어를 이해하는 것은 얼마나 어려운 일인가!

악마는 가장 뒤처진 자를 잡는다

패닉의 순간에 모두가 출구를 향해 달릴수록 출구는 더욱 좁아진다. 시장의 유동성이 일시에 얼어붙기 때문이다.

그렇다면 패닉의 순간에 카푸친 씨가 살아남을 수 있는 길은 무엇일까? 출구를 향해 질주하는 무리에 섞이는 게 유리할까? 다시 말해 위험자산을 투매하고 안전자산으로 몰려가는 무리와 함께 내달리는 게 더 안전할까? 아니면 모든 패닉은 결국 지나가게 되므로 공포심이 가라앉을 때까지 냉정하게 기다리는 게 유리할까?

위기가 오래 지속되는 것이라면 조금이라도 먼저 빠져 나오는 게 유리할 것이다. '악마는 가장 뒤처진 자를 잡는다The devil takes the hinder-most'는 격언은 신속한 위기 탈출을 권하는 말이다. 그러나 금세 지나가 버릴 위기에 시장이 과잉반응을 하는 상황이라면 이야기가 달라진다.

하지만 그 위기가 금세 지나가는 것일지, 더 큰 위기를 불러오는 것일지 어떻게 알 수 있단 말인가? 위기를 정확히 예측할 수 없다면 카푸친 씨는 어떤 전략과 옵션을 갖고 있어야 하는가? 이는 정글경제를 탐사하는 내내 우리가 부딪힐 문제들이다.

우리는 패닉에 빠져 절규하는 숱한 사람을 만날 것이다. 피와 땀이 밴 돈을 고스란히 날리게 된 예금자, 황금 알을 낳는 거위로 알았던 채권이나 주식이 휴지 조각으로 변하고 금빛 피라미드로 보였던 부동산이 사실은 모래성이었다는 걸 알게 된 투자자, 꽃놀이 패로 여겼던 파생금융상품이 치명적인 폭탄임을 깨닫게 된 펀드매니저나 기업 경영자들은 공황 상태에 빠진다. 거미줄처럼 연결된 정글 경제에서 패닉은 눈 깜짝할 새 전염된다. 전쟁이나 지진 같은 대재앙은 한 나라나 지구촌 전체를 패닉에 빠트린다.

사람들은 흔히 안전에 대한 믿음이 허상으로 드러날 때 패닉에 빠진다. 그 믿음이 오랫동안 굳어진 것일수록 더욱 강렬한 패닉이 덮쳐온다. 패닉에 빠진 이들은 자동차 헤드라이트 앞의 사슴처럼 얼어붙는다.

하지만 그 절체절명의 순간에도 놀라운 기지와 순발력을 발휘하는 이들이 있다. 2011년 3월 일본 동북부 해안을 초토화한 사상 최대 지진과 쓰나미에서 살아남은 야마우치 마사후미山內正文 씨도 그중 한 사람이다. 2012년 초 미야기현宮城縣 미나미산리쿠쵸南三陸町町에서 만난 그는 이렇게 말했다.

"지진 발생 후 5분 만에 쓰나미가 마을을 덮치는 건 아닙니다. 쓰나미가 덮치기까지는 보통 30분 정도 대피할 시간이 있습니다. 다섯 살 때인 1960년 일본 해안까지 파장을 미친 칠레 대지진을 보고 난 다음부터 50여 년 동안 지진과 쓰나미가 올 때 어떻게 해야 안전할지 늘 시뮬레이션과 훈련을 했습니다. 이번 지진 때 저는 20분 동안 어떻게 해야 할지 마음속으로 시뮬레이션을 하면서 자전거로 집과 공장과 가게를 오가며 가족과 직원들을 대피시킨 후 문단속까지 하고 높은 곳으로 피신했지요."

2만 명 가까운 이들이 목숨을 잃은 진도 9의 강진에도 살아남은 그는 패닉에 얼어붙지 않았다. 지진과 쓰나미의 생리와 대처 방안을 훤히 꿰고 있었기 때문이다. 그는 언제 올지 모를 구조대를 넋 놓고 기다리지 않았다.

정글경제에서는 언제든 격변이 일어날 수 있다. 리스크risk를 과소평가하는 시장의 광기는 결국 거품 붕괴에 따른 위기를 부른다. 정글경제를 뒤흔드는 격변의 씨앗은 무엇인지, 정글경제에 숨어 있는 온갖 리스크에 어떻게 대응해야 하는지 차근차근 알아보기로 하자. 이번 탐사를 마치면 당신도 정글경제의 온갖 위기가 닥칠 때 그 전개 과정과 대응전략을 머릿속에 그려낼 수 있고 패닉의 순간에도 영혼을 잃지 않는 용기와 지혜를 갖게 되기를 바란다.

정글경제에서는 불가능해 보이던 일이 자주 일어난다.
역사와 경험을 믿는 것은 위험하다.
정규분포를 가정한 통계적 모형은 엄청난 충격을 주는 사건을
예상하지 못할 때가 많다.

02
검은 백조는 언제 나타날까?
예측할 수 없는 충격

필연성에서 발생하는 것, 예측할 수 있는 것, 매일 반복하는 것에는 메시지가 없다.
오직 우연만이 뭔가를 이야기해준다.

—밀란 쿤데라Milan Kundera, 『참을 수 없는 존재의 가벼움』에서

중세 유럽인들은 일각수—角獸, unicorn의 존재를 알고 있었다. 몸뚱이가 말과 같고 이마에 뿔이 하나 있는 이 동물은 무적의 힘을 자랑하지만 처녀 앞에서는 맥을 못 추고 잠들어버린다. 힘과 순결의 상징인 일각수는 전설 속에만 있었다. 그러나 13세기 말에 중국을 비롯한 아시아 여러 나라를 여행한 것으로 알려진 마르코 폴로Marco Polo는 현실 속에도 일각수가 있다는 놀라운 사실을 전했다. 그가 자바에서 봤다는 일각수는 실은 코뿔소였다. 이 괴상한 동물은 일각수처럼 흰색의 날씬한 모습이 아니었고 처녀에게 사로잡힐 만큼 온순하지도 않았다.

그러나 마르코 폴로는 처음 보는 이 괴상한 동물을 일각수라고 불렀다. 그는 자신의 머릿속에 이미 굳어져 있는 일각수의 개념을 현실에

서 발견한 코뿔소의 실제 모습에 맞게 뜯어고치려 했던 것 같다. 일각수에 대한 기존의 고정관념은 잘못된 것이며 자바의 코뿔소가 일각수의 참모습이라고 생각했을 것이다.

정글경제를 탐사하다 보면 한 번도 경험하지 못했던 새로운 현상들을 마주할 때가 많다. 이때 자바에서 코뿔소를 처음 본 마르코 폴로처럼 오랫동안 머릿속에서 굳어진 관념과 눈앞에 나타난 현실 사이의 괴리에서 충격을 받게 된다. 이 경우 전설 속의 일각수는 현실에 존재하지 않으며 자바의 코뿔소가 일각수의 참된 모습이라고 생각했던 마르코 폴로처럼 고정관념을 재빨리 현실에 맞게 뜯어고치는 게 옳을까? 아니면 아직 현실에서 발견하지는 못했더라도 또 다른 일각수가 존재할 가능성을 끝까지 배제하지 않는 게 옳을까?

일률적으로 답하기는 곤란한 문제다. 관념의 틀에 지나치게 얽매이는 것도 위험하지만 눈에 보이는 것과 경험한 것만을 믿는 것도 위험할 것이다. 한 가지 분명한 것은 마르코 폴로는 전설 속의 일각수가 현실에 존재하지 않는다는 어떤 증거도 제시하지 못했다는 점이다.

경험적 증거는 위험하다

정글경제에서는 어떤 이론이나 예측을 뒷받침할 수 있는 관찰 결과와 경험적 증거가 아무리 많이 쌓였다 하더라도 그 이론과 예측이 잘못됐을 가능성을 완전히 배제해서는 안 된다.

'검은 백조black swan'의 존재를 생각해보자. 오셀롯 씨는 평생 한 번도 검은 백조를 보지 못했다. 그와 같은 시대를 사는 사람들 모두가 검은 백조를 본 적이 없다. 그들의 모든 선조도 몇천 년 동안 그런 새를 본 적이 없었다. 그렇다고 해도 누구도 검은 백조는 이 세상에 없다고 단언할 수 없다. 무엇이 있다는 '증거가 없는 것absence of proof'과 무엇이 '없다는 증거proof of absence'가 있는 것은 엄연히 다르다(백조는 흰색 고니만을 가리키므로 검은 백조는 처음부터 있을 수 없다는 주장은 논외로 하자).

검은 백조는 고대부터 인간의 상상 속에 나타났다. 로마의 풍자시인 주베날Juvenal은 '선한 사람은 검은 백조처럼 희귀하다A good person is as rare as black swan'고 했다. 근대 유럽에서는 있을 수 없는 일이나 거의 불가능한 일을 표현할 때 이 말을 자주 썼다고 한다.

그러나 17세기 말 네덜란드 탐험대가 호주에서 검은 고니를 발견했다. 그 후로는 검은 백조가 존재할 수 없는 것으로 여겨졌지만 실제로는 존재하는 것을 뜻하는 말이 됐다. 검은 백조는 레바논 출신의 금융 전문가 나심 니콜라스 탈렙Nassim Nicholas Taleb이 2007년 『블랙 스완Black Swan』이라는 책을 낸 후에는 더욱 널리 회자되고 있다.

탈렙은 예측할 수 없는 충격적인 사건을 블랙 스완에 비유했다. 그의 블랙 스완은 다음 세 가지 특성을 지닌 사건들을 가리킨다.

첫째, 블랙 스완은 아웃라이어outlier(그룹에서 외따로 떨어져 나온 일원)다. 경험과 통계에 바탕을 둔 예측모형의 영역 밖에 있는 극히 드문 사건이다. '무엇을 모르고 있는지도 모르는 일'이다.[10]

둘째, 블랙 스완은 극단적으로 충격이 큰 사건이다. 불가능하리라 여겼던 일이 터진 만큼 충격도 클 수밖에 없다.

셋째, 미리 내다보는 예측이 아니라 나중에 돌이켜보는 설명만이 가능한 사건이다[11](경제학자들은 블랙 스완을 예측하지 못한다. 그들은 사후적인 설명의 대가들이다).

2001년 9월 11일 미국의 심장부가 테러 공격을 받기 전에는 아무도 그런 일이 일어날 수 있다는 걸 상상조차 하지 못했다. 1914년 제1차 세계대전이 터지기 하루 전에도 사람들은 온 세계가 그토록 엄청난 전화戰禍에 휩싸일지 꿈에도 생각하지 못했다. 인터넷과 개인용 컴퓨터(PC)가 일으킨 거대한 정보기술 혁명도 지나고 나서야 예견된 일처럼 보였다. 출판계의 초대형 베스트셀러나 연예계의 울트라 수퍼스타의 출현도 언제나 놀라운 사건들이다.

블랙 스완은 우리 삶의 모든 분야에서 갑자기 나타난다. 그중에서도 금융시장의 블랙 스완은 가장 느닷없고 충격적으로 다가온다.

검은 백조는 어디에 사나

과거 경험과 일상적인 관찰을 바탕으로 한 이론을 통해 블랙 스완을 예측하는 것이 불가능한 까닭은 무엇일까?

지배적인 경제금융이론을 비판하는 이들은 무엇보다 정규분포normal distribution를 가정한 통계적 모형의 맹점에 주목한다. 어떤 사건이 일어날 확률이 정규분포에 따른다고 가정하는 분석과 예측모형들은 평균에서 극단적으로 멀리 떨어진 곳에 나타나는 아웃라이어를 포착할 수 없다는 지적이다.

정규분포가 그런 아웃라이어의 가능성을 얼마나 무시하는지 생각해보자. 2007년 8월 글로벌 금융시장이 요동칠 때 골드만삭스 최고

재무책임자CFO 데이비드 비니어David Viniar는 "25σ(시그마)사건이 며칠 동안 이어지고 있다"는 말을 한 적이 있다. σ는 확률분포의 표준편차standard deviation(관측치가 평균에서 얼마나 널리 흩어져 있는지를 가늠하는 지표)를 뜻한다. 비니어는 확률분포 상 평균μ에서 표준편차의 25배 이상 떨어진 바깥 쪽에 나타나는 극히 드문 일이 며칠 동안 잇달아 나타나는 사건을 말한 것이었다. 그 사건이 얼마나 드물게 일어나는 것인지는 다음쪽의 정규분포 그래프만 봐도 직관적으로 확인할 수 있다. 통계이론에 익숙하지 않은 이들은 그냥 눈대중으로도 알 수 있을 것이다. 평균에서 표준편차의 3~4배만 떨어져도 확률은 제로에 가깝다.

그래프에서 보듯이 어떤 사건의 확률분포가 정규분포라고 가정할 때 특정 사건이 평균μ에서 ±1σ 범위 안에 들 확률은 68% 남짓한 수준이다. 다시 말해 그 사건이 이 범위 밖에 나타날 확률은 32%에 조금 못 미친다.

그 사건이 하루 한 차례 일어난다면 대략 3일 만에 한 번씩 이 범위 밖에 나타날 것이다. ±2σ로 범위를 넓히면 그 사건이 이 범위를 벗어나는 건 대략 3주에 한 번꼴이 될 것이다. ±3σ 범위 밖에 나타나는 건 약 1년에 한 번꼴로 나타나는 드문 일이 될 것이다.

그러나 그 이상 범위를 넓히면 특정 사건이 범위 밖에 나타날 가능성은 극히 미미해진다. 평균 ±4σ 범위 밖에 나타나는 사건(4σ사건)은 43년에 한 번씩 발생한다. 카푸친 씨 평생에 한두 번 있는 매우 드문 일이다. ±5σ 범위 안에 들지 않는 사건은 4,778년마다 한 번 나타난다. 이쯤 되면 단군 이래 처음 있는 대사건이라 할 만하다. 6σ사건이 일어

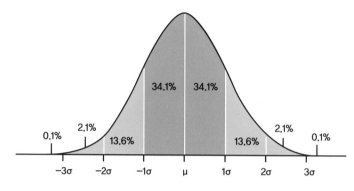

정규분포

범위	범위 안에 들 확률	범위 밖에 갈 확률
μ ± 1σ	0.682689492137	3분의 1
μ ± 2σ	0.954499736104	22분의 1
μ ± 3σ	0.997300203937	370분의 1
μ ± 4σ	0.999936657516	15,787분의 1
μ ± 5σ	0.999999426697	1,744,278분의 1
μ ± 6σ	0.999999998027	506,842,372분의 1

σ 이벤트

날 가능성은 보통 사람들이 상상하기 어렵다. 이런 사건은 138만년에 한 번꼴로 일어나므로 사실상 불가능한 일이라고 봐도 좋다.

그렇다면 25σ사건이 일어날 가능성은 도대체 얼마나 적을까? 특정 일에 이런 사건이 일어날 확률(%)은 소수점 아래 136번째까지 가는 작은 숫자라고 한다. 다시 말해 "이 사건이 몇 년 만에 한 번꼴로 일어난다"고 말하려면 130여 자리나 되는 상상을 초월하는 큰 숫자가 필요하다. 정규분포라는 우주에서 이런 사건은 존재하지 않는다고 보아도 좋다.

하지만 여기서 잊어서는 안 될 게 있다. 아웃라이어의 가능성이 이토록 미미한 것은 어디까지나 정규분포를 가정했을 때의 이야기다. 정규분포보다 꼬리가 훨씬 뚱뚱하거나 긴 확률분포[12]라면 그 가능성은 훨씬 높아질 것이다.

골드만삭스의 CFO가 25σ사건을 말한 것은 정규분포를 가정한 통계적 모델로는 예측할 수 없는 일이 일어났다는 뜻이었다. 물론 그는 심한 과장법을 썼다.

평균값의 함정

강원도 동해안 산야가 삶의 터전이었던 짐승과 사람들에게 2000년 4월은 참으로 잔인한 달이었다. 평화롭게 봄의 향연을 즐기던 토끼와 노루 들의 일상은 사상 최악의 산불로 한순간에 깨져버렸다. 화마의 공격은 191시간이나 계속됐다. 삼척 고성 동해 강릉 울진의 산과 들 2만3,794ha가 검게 타버렸다. 서울 여의도의 53배나 되는 산야가 피해를 입었다.

우리나라에서 두 번째로 큰 산불은 1996년 고성 지역에서 발생했다. 피해 면적은 3,762ha에 이르렀다. 세 번째는 2002년 청양과 예산 지역에서 난 산불로, 3,095ha를 태웠다. 2005년 양양에서 낙산사를 집어삼킨 화마는 974ha를 휩쓸었다.

1960년부터 50년 동안 우리나라에서 일어난 산불은 모두 2만

2,573건이었다. 피해 면적은 18만5,718ha에 이른다. 한 건당 평균 8ha 남짓 태운 것이다.

재규어 씨가 산불 지킴이 일을 맡았다고 하자. 그는 과거 기록을 바탕으로 다음번 산불을 예측하고 그에 맞춰 대비 태세를 갖추려 한다. 다음번 산불은 2만2,000여 건의 평균치인 8ha 안팎일 것이라고 예측해도 좋을까? 그런 식이라면 평균의 2,914배에 이르는 동해안 산불을 상상도 할 수 없었을 것이다. 이런 의미에서 역사적 경험과 평균값은 기만적이다.

재규어 씨는 산불이 건조한 봄철에 집중적으로 발생하고 비가 잦은 여름철에는 거의 걱정할 필요가 없다는 것을 알았다. 이런 계절적인 요인을 고려해 연간 피해 면적을 생각해보기로 했다. 지난 50년 동안 한 해 평균 451건의 산불이 나 3,714ha를 태웠다. 평균 이상인 해는 열두 번밖에 없었다. 1만 ha를 넘은 해는 여섯 번밖에 없었다. 반면 1,000ha에도 못 미친 해가 열여덟 번에 이른다.

이런 분포를 생각하면 이듬해 산불 피해 면적이 지난 반세기 동안의 평균 수준인 3,700ha 안팎이 될 것으로 내다보는 건 틀린 예측이 되기 쉽다는 걸 금세 알 수 있다. 이런 경우 평균값은 별 의미가 없을 뿐만 아니라 매우 위험하기까지 하다.

시야를 전 지구로 넓혀보자. 한국 역사상 최악의 산불인 동해안 산불은 지구 전체로 보면 모닥불 수준밖에 안 될 것이다. 1998년 러시아 극동지역에서 발생한 산불은 8개월 동안 900만 ha를 태웠다. 같은 해 브라질 아마존 정글에서 난 불은 석 달 동안 450만 ha를 휩쓸었다.

산불과 마찬가지로 경제나 금융의 세계에서도 시야를 넓힐 때마다 새로운 아웃라이어를 보게 된다. 정글경제에서는 늘 평균값의 함정을 조심해야 한다.

검은 백조를 기다리는 사람들

불확실한 시장에서 앞날을 내다보며 가치를 산정하고 리스크를 관리하는 데 활용된 지배적인 금융이론과 가장 인기 있는 투자기법들은 이처럼 아웃라이어를 무시하는 정규분포를 가정하고 있었다.

2008년 글로벌 금융위기를 계기로 그 이론들이 얼마나 위험한 것인지 드러났다. 그 이론적 기반을 제공한 금융경제학자들에 대한 격하 운동도 거세졌다. 탈렙을 비롯해 비판세력의 선봉에 선 이들은 현대포트폴리오이론modern portfolio theory(여러 자산에 분산 투자해 위험을 줄일 수 있다는 이론. 24장에서 자세히 설명한다)을 적용한 투자기법들과 정규분포를 가정한 리스크 관리 기법들이 오히려 금융시스템의 리스크를 키웠다고 공격했다.

하지만 그들도 카푸친 씨 같은 보통 사람들이 블랙 스완의 충격을 피하거나 이용하려면 어떻게 해야 하는지에 관해 속 시원한 대답을 준비하고 있는 건 아니다. 그들은 다만 앞서 말한 '러셀의 치킨' 같은 운명을 맞지 말라고 경고하고 있는 것이다.

똑같은 사건이라도 어떤 이들에게는 예상치 못한 충격을 주지만 다른 사람에게는 충분히 예상할 수 있는 일상적인 일이 되기도 한다. 복날에 운명이 바뀌리라는 걸 꿈에도 생각하지 못한 닭들과 복날을 위해 닭을 기른 오셀롯 씨에게 그날의 사건이 같은 의미일 수는 없다.

어차피 블랙 스완의 출현을 예견하는 게 불가능한 일이라면 그 사건이 언제 어떤 모습으로 나타날지 정확히 알아내려고 너무 많은 에너지를 쏟을 필요는 없을 것이다. 탈렙은 블랙 스완이 나타날 확률보다는 그 결과(충격파)에 대해 더 많이 생각해보라고 충고한다.

탈렙은 자신이 가진 자산 대부분을 안전한 곳에 투자하고 전체 자산 가운데 아주 적은 부분을 가능성은 매우 낮지만 성공하면 엄청난 대박이 될 수 있는 블랙 스완에 공격적으로 베팅하라는 전략을 제시했다. 탈렙은 이를 바벨전략Barbell strategy이라고 일컬었다. 이 전략은 기본적으로 모든 종류의 불확실성에 대비해 자산을 보호하는 방어적인 태도를 취하면서도 리스크가 매우 높은 부문에 일부 자산을 배분하는 대단히 공격적인 전략을 동시에 펴는 것이다. 이때 자산은 금융자산뿐만 아니라 자신이 가진 시간과 열정을 비롯한 모든 자원으로 생각해야 한다.

그중 금융자산을 바벨전략에 따라 투자한다면 이런 식이다. 예컨대 전체 자산의 85~90%를 가장 안전한 국채에 투자한다. 나머지 10~15%는 극단적인 투기에 활용한다. 물론 엄청난 손실을 안겨줄 블랙 스완이 아니라 무한한 성공 가능성을 지닌 블랙 스완에 베팅하는 게 중요하다. 대지진으로 천문학적인 보험금을 지급해야 하는 보험사는 나쁜 블랙 스완과 마주친 것이며, 예상치 못한 베스트셀러를 낸 출판사나 블록버스터를 만든 영화사, 뜻밖의 대성공을 거둔 연구개발회사나 벤처캐피털은 좋은 블랙 스완을 만난 것이다. 블랙 스완의 출현은 예측할 수 없지만 바로 그 때문에 엄청난 기회를 잡을 수도 있는 것이다.

이처럼 검은 백조는 어떤 이들에게는 행운을, 또 다른 이들에게는 재앙을 불러오는 새가 될 수 있다.

아무리 똑똑한 이들도 언제나 이길 수는 없다.
완벽하게 효율적인 시장에서는 지속적으로 초과수익을 얻을 수 없다.
시장이 과연 효율적인가에 대한 격론은 끝이 없다.

03
아무도 시장을 이길 수 없나?
만신창이가 된 효율적시장가설

"음악은 늘 변화하고 변화는 예측할 수 없다."

―빌리 시언 Billy Sheehan[13]

정글경제를 살아가는 우리는 늘 시간과 인간과 시장을 생각해야 한다. 미래의 안개 속에 도사린 온갖 리스크를 고려해야 하고, 경제이론이 간과하는 인간의 본성을 깊이 성찰해야 한다. 그리고 그들의 탐욕과 공포에 따라 춤추는 시장의 생리를 이해해야 한다.

그렇게 하면 시장에서 앞서 갈 수 있을까? 우리는 과연 시장을 이기려는 열망을 가져도 좋을까?

그는 왜 감옥에서 24년을 보낼 뻔했나

2003년 3월, 미국 휴스턴 연방지방법원 심 레이크Sim Lake 판사는 제이미 올리스Jamie Olis라는 30대 후반 남자에게 24년 징역형을 선고했다. 에너지업체 다이너지Dynegy의 임원이었던 올리스는 대규모 회계부정을 저질러 유죄평결을 받았다.

형을 다 살고 나오면 머리가 희끗희끗한 60대 노인이 될 그의 삶은 절망적이었을 것이다. 하지만 2005년 10월 고등법원은 1심 판결을 뒤집었다. 1심 법원이 회계부정에 따른 투자자 손실을 잘못 산정했다는 게 그 이유였다.

당초 레이크 판사는 어떤 논리로 올리스에게 그토록 무거운 형을 내렸을까? 그는 올리스가 '프로젝트 알파'라는 거래를 통해 거액의 부채를 숨겼으며, 이 사실이 시장에 알려지자 다이너지 주가가 급락했고, 애꿎은 투자자들이 그만큼 손실을 입었으며, 1억 달러 이상 손실을 입힌 사기에 대해서는 20년 이상 중형을 선고해야 한다는 양형기준이 있다는 점을 고려했다.

하지만 항소심 판사는 주가 하락의 대부분을 올리스의 사기 탓으로 돌리는 논리에는 무리가 있다고 봤다. 항소심 후 다시 열린 재판에서 치열한 논쟁이 벌어졌다. 검사 측 전문가는 회계부정 사실 발표 후 이틀간 다이너지 주가가 11.3달러 하락했는데 이중 4.45달러는 회계부정 탓이라고 주장했다. 검사는 이를 근거로 올리스에게 최고 15년 형을 내려야 한다고 주장했다.

하지만 변호인 측 전문가로 나선 조셉 그런드페스트Joseph Grundfest 스탠퍼드대 로스쿨 교수는 잘못된 회계정보가 언제 얼마나 다이너지 주가를 부풀렸는지, 주가 하락 중 얼마를 회계부정 탓으로 돌려야 하는지를 검사 측이 입증하지 못했다고 반박했다. 레이크 판사는 결국 2006년 6월 올리스에게 검사가 구형한 형량의 절반에도 못 미치는 징역 6년을 선고했다.[14]

삶을 송두리째 바꿀 수도 있는 가설

올리스의 죗값을 놓고 벌어진 논리대결의 바탕에는 중요한 경제이론이 깔려 있다. 효율적시장가설Efficient Market Hypothesis이 바로 그것이다.

이 가설은 한마디로 효율적인 시장에서 거래되는 금융자산의 가격은 투자자들이 이용할 수 있는 모든 정보를 이미 반영하고 있다는 것이다. 이런 효율적 시장에서는 자산의 가격이 그 자산의 가치를 충실히 반영한다. 그 가격은 예상치 못한 새로운 정보가 나올 때만 움직인다.

이런 생각은 대법원 판결에도 영향을 미쳤다. 미국 대법원은 1988년 효율적시장가설에 바탕을 둔 사기이론을 받아들였다.[15] 그 논리는 이렇다. 주가는 모든 정보를 반영한다. 그러므로 투자자를 오도하는 회계정보도 주가에 영향을 줄 것이다. 투자자들은 주가가 기업의 기본적 가치fundamental value를 충실히 반영한다고 믿는다. 그렇게 오인한 투자자들은 모두 회계부정의 피해를 입은 셈이다. 조작된 회계정보를 직접 이용하지 않은 투자자들도 피해자로 볼 수 있다.

회계부정 피해자들 편에 선 집단소송 전문 변호사들은 이 판결에 환호했다. 그들은 회계부정 사실이 밝혀진 기업의 주가가 급락했다면 이는 그때까지 회계부정 때문에 주가가 지나치게 부풀려져 있었다는 증거라고 주장했다. 회계부정이 밝혀져 주가가 폭락하면 그에 따른 투자 손실은 모두 회계부정을 저지른 이의 책임으로 돌릴 수 있다는 주장이었다. 1심 판사가 올리스에게 중형을 선고한 논리의 바탕에도 이런 생각이 깔려 있었다.

하지만 올리스 사건에서는 주가 하락 가운데 너무 많은 부분을 프로젝트 알파 회계부정 탓으로 돌리는 건 맞지 않다는 게 항소심의 결론이었다. 회계부정뿐만 아니라 다른 수많은 악재가 함께 어우러져 주가를 떨어트렸을 것이기 때문이다.

그런드페스트 교수는 시장이 효율적이라면 분식회계가 주가에 큰 영향을 미치지 못한다는 주장을 폈다. 몇 년 후에 날 이익을 앞당겨서 지금 이익이 난 것처럼 꾸미는 분식회계는 기업의 기본적 가치에 실질적인 영향을 미치지 못하기 때문에 주가에도 별 영향을 주지 않는다는 주장이었다. 그는 실제로 프로젝트 알파 문제가 언론에 처음 터졌을 때 주가가 떨어지지 않았다는 사실을 지적했다.

시장의 효율성에 대해 서로 다른 시각으로 논리대결을 벌이는 미국 법정의 모습은 흥미롭다. 효율적시장가설은 이렇듯 금융시장뿐만 아니라 법정에서까지 격렬한 논쟁을 불러일으킨다. 올리스 사건은 이 가설을 어떻게 이해하고 적용하느냐에 따라 한 사람의 삶이 송두리째 바뀔 수도 있음을 보여준다.

비슷한 문제를 한번 생각해보자. 2001년 9·11테러 직후 S&P500지수가 10% 떨어져 주식시가총액 6,000억 달러가 날아갔다. 그렇다면

주가 하락의 주범인 테러리스트들의 죗값도 6,000억 달러라고 산정할
수 있을까?(물론 금액으로는 따질 수도 없는 인명피해는 별도로 고려해야
할 것이다.) 당시 테러가 주가 폭락을 불러온 건 분명하다. 하지만 이날
투자자들이 입은 손실 가운데 과연 얼마를 실제 테러 공격을 감행한
특정 인물의 책임으로 돌려야 할까?

길바닥의 5만원은 진짜일까

사람들이 모든 정보를 가장 적절히 활용한다
는 걸 강조한다는 점에서 효율적시장가설의 뿌리는 합리적기대rational
expectations이론(사람들은 갖고 있는 모든 정보를 가장 적절히 이용해 미래
를 예측한다는 이론)과 같다. 효율적 시장에 관한 이론은 1960년대 이
후 40여 년 동안 금융경제학의 가장 중요한 이론으로 자리 잡았다.
2009년 말 94세를 일기로 타계한 폴 새뮤얼슨Paul Samuelson MIT 교수
가 가꾼 토양에 24세 연하의 유진 파머Eugene Fama 시카고대 교수가 꽃
을 피웠다.

완벽하게 효율적인 시장에서는 아무도 내일의 주가를 알 수 없다.
오늘 주가를 움직일 정보는 이미 오늘 주가에 모두 반영돼 있기 때문
이다. 내일 주가는 내일 뉴스에 따라 움직인다. 내일 뉴스를 오늘 알
수 있다면 그건 이미 뉴스가 아니다. 그래서 예상치 못한 뉴스에 따라
움직이는 주가는 술 취한 카푸친 씨의 걸음처럼 왔다갔다하는 것이다.
경제학자들은 이처럼 어디로 향할지 알 수 없는 걸음걸이를 닮은 주가
움직임을 랜덤워크random walk로 묘사한다. 이런 시장에서는 아무리

뛰어난 전문 투자자도 늘 시장을 이기지는 못한다. 몇 차례 시장을 이겼다면 단지 운이 좋았을 뿐이다.

효율적인 시장은 시장평균보다 높은 리스크를 안지 않는 한 누구에게도 시장평균을 웃도는 수익률을 올릴 수 있도록 허용하지 않는다. 공짜점심은 없다는 이야기다.

효율적시장가설 지지자들은 펀드매니저들의 종목 선정 실력이 침팬지보다 나을 게 없다고 모욕을 준다. 일반 투자자들에게는 차라리 시장평균 수익을 추구하는 인덱스펀드index fund(시장을 대표하는 주가지수index를 따라가는 펀드. 종목 선정에 따르는 위험과 비용을 피할 수 있다)에 들라고 권한다.

하지만 1977~1990년 피델리티마젤란펀드Fidelity Magellan Fund를 맡아 연평균 29%의 수익률을 기록한 전설적인 투자가 피터 린치Peter Lynch나 '오마하의 현인'으로 불리는 워런 버핏Warren Buffett의 놀라운 투자성과를 보면 이들의 주장에 고개를 갸우뚱하게 된다.

효율적시장가설은 얼마나 강력한 가정을 두느냐에 따라 세 가지로 나뉜다.

- 약형 효율적시장가설: 과거 주가의 정보가 이미 주가에 반영돼 있기 때문에 지난 주가 흐름을 분석하는 것은 도움이 되지 않는다고 본다.
- 준강형 효율적시장가설: 공개된 모든 정보가 이미 주가에 반영돼 있어 기술적 분석technical analysis(주가가 움직이는 패턴과 투자자의 심리 변화에 주목하는 것)과 기본적 분석fundamental

analysis(기업 자체의 성장성, 수익성, 안정성을 따지는 것) 모두 그다지 믿을 게 못 된다고 본다.

- 강형 효율적시장가설: 기업 내부정보inside information(일반 투자자들에게 공개되지 않은 은밀한 정보)[16]를 비롯한 미공개 정보까지 모두 주가에 반영돼 있어 아무도 초과수익률을 얻을 수 없다고 본다.

효율적시장가설 신봉자에 대한 농담 하나를 소개한다.

재규어 씨와 샤먼 박사가 여의도 증권가를 걷다 5만원권 한 장이 떨어져 있는 걸 보았다. 재규어 씨가 재빨리 주우려 하자 샤먼 박사가 말했다.

"그냥 가세. 그게 진짜 5만원짜리 지폐라면 아직 여기 있을 턱이 없지."

효율적시장가설에 대한 공격

샌퍼드 그로스먼과 조셉 스티글리츠는 이렇게 물었다. 주가가 이미 모든 정보를 반영하고 있다면 누가 힘들여 정보를 얻으려 하겠는가?[17]

헛수고가 될 게 뻔한 일이라면 아무도 아까운 시간과 돈을 들이려하지 않을 것이다. 거대 금융회사들이 리서치에 그토록 많은 비용을 쏟아 붓는 까닭은 완벽한 효율성과는 거리가 먼 시장에서 이익을 얻을 수 있다고 믿기 때문이다.

그렇다면 현실의 증권시장은 과연 얼마나 효율적일까? 현실에서 증시의 거품이 얼마나 오래 지속되는지 생각해보면 이 물음에 대한 답을 얻을 수 있을 것이다.

효율적 시장에서는 주식값에 거품이 끼었을 때 똑똑한 투자자들이 앞다퉈 주식을 팔아치움으로써 주가가 진정한 기업 가치를 반영하는 수준으로 돌아가도록 해줄 것이다(물론 진정한 가치가 무엇인지 알 수 있을지는 의문이다). 이들은 갖고 있는 주식이 없으면 빌려서라도 팔 것이다. 주가가 떨어질 것으로 보고 공매도short selling에 나서는 것이다(공매도에 대해서는 17장에서 설명한다). 하지만 현실은 이론과 다르다. 똑똑한 투자자들조차 대세에 저항하지 않고 편승하려 할 것이다. 결국 거품을 더 키우는 것이다.

효율적시장가설이 현실과 잘 맞지 않는다는 점은 미국의 인터넷 거품이나 집값 거품이 극명하게 보여준다. 단 하루 새 주가가 22%나 폭락한 블랙 먼데이Black Monday[18]도 효율적시장가설에 대한 반론의 근거로 활용된다. 효율적시장가설에 대한 비판은 이 이론이 싹을 틔울 때부터 시작됐다. 2008년 글로벌 금융위기 이후 이 이론은 위기의 주범으로까지 몰리며 집중 포화를 맞았다. 이 이론의 주창자들은 "그럼 믿을 만한 대안을 내놓으라"고 맞받아친다.

이 순간에도 수많은 학자가 격렬한 논쟁 속에 뛰어들어 상반되는 이론들을 절충하고 종합해 더 나은 모형을 만들어내려고 머리를 싸매고 있다. 물론 성공하면 노벨경제학상과 일확천금을 함께 얻을 수도 있다.

샤먼 박사가 효율적시장가설의 설명력과 예측력에 대한 골치 아픈 실증연구를 할 때 재규어 씨는 손쉬운 실험을 택했다. 여의도 증권거래소 주변에 5만원권 지폐 몇 장을 뿌려놓고 얼마나 빨리 없어지는지 지켜보는 것이다.

우리는 늘 합리적으로 행동하는가?
비합리적 투자행태에 대한 행동경제학자들의 성찰은
호모 에코노미쿠스에 대한 믿음을 흔들고 있다.

04

정글경제엔 어떤 인류가 살까?

합리적 인간의 실종

하지만 사실 서구 문명의 역사에서 합리적인 확실성에 대한 욕구보다
더 중요한 것은 없었네. 서구인들은 결국 이 욕구를 위해
자기들의 종교와 행복과 희망을 희생했고 급기야는 자기들의 목숨마저도 바쳤지.

─ 미셸 우엘벡Michel Houellebecq, 「소립자」에서

"덫에 걸린 꼬리를 잘라내고 달아난 여우는 운 좋은 놈이었다. 덫에
걸린 사향쥐는 자유의 몸이 되기 위하여 자기의 세 번째 다리라도 물
어서 끊는다고 한다."

헨리 데이비드 소로Henry David Thoreau의 『월든』에 나오는 한 대목이
다. 여우와 사향쥐는 절체절명의 순간에 냉철하게 판단하고 합리적으
로 행동했다. 그렇다면 인간도 여우나 사향쥐처럼 할 수 있을까?

경제이론은 인간의 합리성에 대한 믿음에서 출발한다. 하지만 우리
의 일상생활과 투자행태를 성찰하는 행동경제학은 이런 믿음을 흔들
고 있다. 가장 냉철한 이성이 지배할 것 같은 금융시장에서조차 사람

들은 감정에 휘둘려 변덕스럽고, 충동적이고, 근시안적이고, 셈에 서투르고, 자기과신에 빠져 어처구니없는 실수를 저지른다. 그런 인간의 참모습을 있는 그대로 볼 때 정글경제에서 벌어지는 온갖 이상한 일을 이해할 수 있다.

행동경제학자의 거울

"우물쭈물하다 내 이럴 줄 알았어.I knew if I stayed around long enough, something like this would happen"

아일랜드 극작가 조지 버나드 쇼George Bernard Shaw가 자신의 묘비에 남긴 말이다. 그에게도 익숙한 것들과 결별하기 싫어 꾸물거리다 뒤늦게 후회하는 습성이 있었을까?

새해에는 어떤 일이 있어도 담배를 끊겠다던 카푸친 씨의 다짐은 벌써 허물어졌다. 그는 모르긴 해도 자기가 폐암에 걸릴 확률이 극히 미미할 거라는 근거 없는 낙관을 하고 있다. 초콜릿 복근을 만들겠다는 각오가 대단했지만 기름진 스테이크나 달콤한 케이크를 보면 금세 자제력을 잃어버리는 것도 여전하다. 언젠가 '내 이럴 줄 알았다'며 후회할 것 같은 예감도 들지만 어쩔 수 없다.

투자를 할 때도 늘 그런 식이다. 그는 반 토막 난 정글전자 주식을 버리지 못하고 있다. 주가가 떨어질 때 오히려 주식 보유 물량을 늘리는 '물타기' 전략을 고집하고 있다. 급하게 목돈이 필요할 때는 짭짤한 재미를 본 아마존식품 주식을 팔았다. 정글전자의 손실을 실현하는 건 자존심이 허락하지 않았기 때문에 주가 전망이 더 밝은 아마존식품을 먼저 팔아버린 것이다.

　주식이든 부동산이든 당초 얼마에 샀느냐가 아니라 앞으로 얼마가 될까를 따져봐야 한다는 걸 알면서도 손절매loss cut(손실이 일정한 수준을 넘어서면 더 이상 우물쭈물하지 않고 일단 팔아서 추가손실을 막는 전략)를 감행하지 못했다. 그 후 아마존식품 주가는 날개를 달았고 정글전자 주가는 계속 곤두박질했다. 최악의 시나리오가 현실로 나타나자 카푸친 씨는 이렇게 중얼거릴 수밖에 없었다.

　"내 이리될 줄 진작 알고 있었어."

　사람들은 흔히 어떤 일의 결과를 보고 나서 실은 자기가 진작 그런 결과를 확실히 예견하고 있었다고 믿는다. 이른바 사후확신편향hindsight bias이다. 그런 사람들은 자신의 실수에서 배울 수 없다. 사후확신편향이 가장 심한 이들이 바로 경제학자라는 비아냥도 많다. 글로벌 금융위기 때도 그들은 위기를 예측하기보다 사후적으로 설명하는 데 뛰어난 능력을 보여주었다.

　우리가 지켜본 카푸친 씨의 행동은 기대효용expected utility(앞으로 나타날 여러 상황에 대해 각각의 확률과 효용을 따져 가중평균한 값)을 극대화하기 위해 언제나 냉철하게 판단하고 최선의 길을 선택하는 인간 유형과는 거리가 멀다. 그가 늘 합리적이었다면 지금보다 훨씬 더 건강하고 더 부유해졌을지도 모른다. 정글경제의 인류 대부분은 카푸친 씨를 닮았다. 그들은 완벽한 합리성을 보여주는 호모 에코노미쿠스Homo economicus(합리적인 경제인간. 감정에 휘둘리거나 비합리적인 군집행동을 하지 않는, 현실에서는 찾아보기 어려운 인간 유형이다)가 아니다.

우리는 왜 손실 앞에선 무모할까

행동경제학에서 가장 많이 회자되는 실험 하나를 살펴보자.

미국 방역당국은 정글모기가 퍼트리는 신종 전염병에 맞서고 있다. 이 병을 방치하면 600명이 목숨을 잃게 된다. 당국은 두 가지 전략을 마련했다. 예상되는 결과는 다음과 같다.

A안에 따르면 200명이 살게 된다. B안에 따르면 600명이 다 살 확률이 3분의 1, 아무도 살지 못할 확률이 3분의 2다.

당신은 어느 쪽을 택할 것인가? 이 물음에는 응답자 대부분이 A안을 선호했다. 200명의 목숨을 확실히 구할 수 있는 A안보다 결과가 불확실한 B안을 꺼리는 위험회피 성향을 보여준 것이다.

그러나 다음과 같이 말을 바꿔보면 어떨까?

A안에 따르면 400명이 죽는다. B안에 따르면 아무도 죽지 않을 확률이 3분의 1, 600명이 다 죽을 확률이 3분의 2다.

이번에는 대부분 B안을 선호했다. 400명이나 확실히 목숨을 잃는 걸 지켜보느니 차라리 가능성은 낮더라도 모두를 살릴 수 있는 모험을 택하겠다는 것이다. 위험회피적risk averse이던 응답자들이 갑자기 위험추구risk-seeking형으로 바뀐 것이다.

이처럼 같은 문제라도 대안을 어떻게 제시하느냐에 따라 선택이 달라지는 게 프레이밍framing 효과다. 심리학자 대니얼 카너먼Daniel Kah-neman과 아모스 트버스키Amos Tversky가 한 이 실험은 사람들이 늘 합리적인 판단을 내리지는 않는다는 걸 보여준다.[19] 첫 번째 물음에서 200명을 확실히 살리는 A안을 택한 게 합리적인 선택이었다면 두 번째 물음에서도 같은 A안을 택해야 합리적이다.

카너먼과 트버스키는 1979년 위험에 대한 선택의 문제를 다룬 프로스펙트이론prospect theory(사람들이 리스크를 지닌 대안들 중 실제로 어떤 선택을 하는지 밝히는 이론)으로 행동경제학의 새로운 지평을 열었다. 1950년대 이스라엘 군에서 활동한 두 사람은 평생 심리학과 경제학의 접점에서 공동연구를 계속했다. 하지만 2002년 카너먼이 노벨경제학상을 받을 때 트버스키는 이미 고인이 돼 있었다.

프로스펙트이론의 가장 중요한 발견 중 하나는 손실을 끔찍하게 싫어하는 인간의 행태에 관한 것이다. 다음과 같은 사고 실험으로 사람들의 손실회피loss aversion 성향을 단적으로 보여줄 수 있다(위험회피와 손실회피는 다르다).

당신은 150만원을 딸 확률이 50%, 100만원을 잃을 확률이 50%인 내기를 하겠는가?

이 물음에는 내기를 하겠다는 응답자가 거의 없었다. 이 내기의 기대이익은 25만원[20]이지만 사람들은 위험을 무릅쓰려 하지 않았다. 적어도 이득이 손실의 두 배는 돼야 내기를 받아들였다.

당신은 100만원을 확실히 잃겠는가, 아니면 50만원을 딸 확률이
50%, 200만원을 잃을 확률이 50%인 내기를 하겠는가?

이번에는 대부분 내기를 받아들였다. 내기의 기대이익은 –75만원[21]
이다. 사람들은 100만원을 확실히 잃는 것보다는 위험을 안더라도 손
실을 피할 수 있는 내기를 택했다.

이득을 위해서는 굳이 위험을 안으려 하지 않던 이들도 손실을 피할
수 있다면 기꺼이 위험을 안으려 한다. 위험보다 손실을 더 끔찍하게
싫어하기 때문이다. 카푸친 씨가 오기로 물타기를 계속하다 낭패를 본
것도 이 때문이다.

당신은 카푸친 씨와 얼마나 다른가

다음 그래프는 카푸친 씨의 효용함수를 보여
준다. 이득에 따라 효용이 커지는 것에 비해 손실에 따라 효용이 줄어
드는 폭이 훨씬 크다.

카푸친 씨의 일상생활과 투자결정을 찬찬히 뜯어보면 전통적인 경
제이론이 상정하는 합리적인 인간형에 잘 들어맞지 않는 게 한둘이
아니다. 물론 그런 행동이 모두 어리석거나 잘못된 것이라고는 할 수
없다.

- 카푸친 씨에게 물어보았다. 당장 10만원을 받겠는가, 내일
  10만5,000원을 받겠는가?

그는 당장 받을 수 있는 10만원이 더 낫다고 생각한다. 그러나 100일 후의 10만원과 101일 후의 10만5,000원 중에서는 하루 더 기다려 5,000원을 더 받는 쪽을 선택한다. 그는 오늘 하루만 참으면 5,000원을 더 받을 수 있는데도 이를 마다했다. 그런데도 100일 후에는 기꺼이 하루를 더 참을 수 있다고 생각한다. 일관성이 없는 것이다.[22]

● 카푸친 씨에게 1만원짜리 100장을 쥐여주면서 재규어 씨와 마음대로 나눠 가지라고 해보자. 단 재규어 씨가 자기 몫이 적다고 거부하면 카푸친 씨 역시 한 푼도 가질 수 없다. 이는 최후

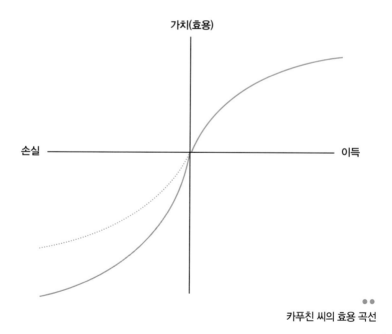

카푸친 씨의 효용 곡선

통첩게임ultimatum game으로 잘 알려진 실험이다.

전통적인 경제이론은 카푸친 씨가 99만원을 갖고 재규어 씨에게 1만원만 줄 것으로 본다. 하지만 카푸친 씨는 절반 가까운 돈을 나눠준다.

카푸친 씨가 1만원만 준다면 재규어 씨는 그 돈을 집어 던져버릴 것이다. 냉철하게 판단하자면 단돈 만원이라도 챙기는 게 합리적이겠지만 그보다는 양심 없는 카푸친 씨를 응징하는 쪽을 택한다. 설사 자신에게 손해가 되더라도 공정하지 못한 것은 참을 수 없다고 생각하기 때문이다.

재규어 씨에게 거부권이 없는 경우[23]에도 카푸친 씨는 달랑 만원짜리 한 장만 줄 정도로 욕심을 부리지는 않는다.

- 사형제도에 찬성하는 카푸친 씨는 사형이 범죄를 억제하는 효과가 있는지에 대한 연구보고서를 읽고 자기 견해가 더 확고해졌다고 믿는다. 사형제도를 반대하는 재규어 씨도 같은 보고서를 읽고 자기 견해가 옳았음을 더 확신하게 됐다.
같은 증거를 각자 입맛에 따라 반대로 해석하는 두 사람의 확신편향confirmation bias을 볼 수 있다.

- 자기과신에 빠져 있는 카푸친 씨와 재규어 씨는 매사에 잘되면 자기가 현명하기 때문이라고 믿고 잘못되면 불운이나 남의 탓으로 돌린다. 둘 다 자기의 운전실력이나 투자기술이 보통 사람들보다 뛰어나다고 스스로 믿는 데 의문을 품지 않는다. 주

위의 친구들도 마찬가지다. 세상에는 평균 이상의 사람들만 살고 있는 걸까?

- 뮤지컬 공연장에 도착한 카푸친 씨는 10만원을 주고 산 티켓을 오는 길에 잃어버린 걸 알았다. 표를 다시 사려니 너무 아까워 그만두었다.
  하지만 공연장에서 표를 사려고 서둘러 오다 현금 10만원을 잃어버렸다면 예정대로 표를 샀을 것이다. 마음속 회계mental accounting 장부에는 공연에 쓸 돈을 위한 계정과 현금 계정이 따로 있음을 알 수 있다.

- 1만원 하는 책을 사려다 한 푼이라도 아껴야겠다는 생각이 든 카푸친 씨는 다른 서점으로 20분을 걸어가 그 책을 10% 할인된 값에 샀다. 그는 같은 날 10만원 하는 넥타이도 샀다. 20분만 더 걸어가면 1,000원 싸게 살 수 있었지만 기껏 1% 할인 받으려 그런 수고를 할 필요는 없다고 생각했다.

- 카푸친 씨는 월급이 300만원에서 200만원으로, 또다시 100만원으로 줄어드는 것보다는 100만원에서 200만원으로, 다시 300만원으로 오르는 게 당연히 더 낫다고 생각한다. 두 경우 월급 총액은 똑같지만 큰 돈을 먼저 받을수록 유리한데도[24] 카푸친 씨는 이를 받아들이지 않는다.

경제학은 심리학에 길을 묻지만

　　　　　　　　물리학의 원리를 원용하던 경제학은 이제 심리학의 통찰을 받아들이고 있다. 행동경제학자들은 리스크에 대한 선택을 다루는 기존의 이론들이 잘못됐다거나 불완전하다는 것을 입증하는 증거들을 제시했다. 그들의 실험을 통해 재조명된 인간은 기껏해야 '제한적인 합리성bounded rationality'[25]만을 보여줄 뿐이다.

　하지만 글로벌 금융위기 이후 더욱 각광을 받고 있는 행동경제학이 기대효용을 극대화하는 합리적 인간의 패러다임을 완전히 대체할 수 있는 완성도 높은 이론체계로 발전했다고 평가하기에는 아직 이르다.

　인간의 합리성에 대한 가정은 현실과 완전히 맞아떨어지지는 않아도 여전히 유용하다. 이론적 모형은 현실을 그대로 복제하려는 게 아니다. 문제의 본질을 보여줌으로써 문제 해결에 도움을 줄 수 있으면 그만큼 쓸모가 있는 것이다. 실제로 시장은 합리적인 투자결정에 대해서는 보상을, 비합리적인 투자자에게는 벌을 줄 때가 많다.

　그러므로 우리는 행동경제학자들의 주장에 귀를 기울여야 한다. 그리고 자신은 물론 정글경제를 사는 뭇 사람의 행태를 늘 성찰해야 한다. 자신의 약점을 알면 더 현명해질 수 있기 때문이다. 그리스 신화에서 오디세우스Odysseus는 세이렌Seiren의 유혹을 뿌리치기 위해 선원들에게 밀랍으로 귀를 막을 것과 자기가 아무리 사정하더라도 돛대에 묶인 자신을 풀어주지 말 것을 지시했다. 나중에 세이렌의 노래에 홀린 오디세우스가 밧줄을 풀라고 명령했지만 선원들이 그를 더 단단히 결박한 덕분에 치명적인 유혹에서 벗어날 수 있었다. 바로 오디세우스처럼 스스로를 통제하기 위한 현명한 장치들을 만들어낼 수도 있다.

이를테면 이런 식이다. 무슨 수를 써서라도 담배를 끊어야겠다고 결심한 카푸친 씨는 담배 한 개피를 필 때마다 재규어 씨에게 10만원씩 주겠다고 약속했다. 그래도 효과가 없으면 담뱃갑에 손을 댈 때마다 그가 가장 싫어하는 정당에 10만원의 기부금을 내겠다고 약속할 생각이다.

리스크에는 보상이 따른다.
투자자는 리스크가 큰 만큼 높은 수익률을 기대한다.
그 위험은 분산투자로 최소화할 수 있다.

05
리스크는 무조건 피해야 하나?

위험을 안는 대가

"불확실성은 유일하게 확실한 것이다.
그리고 안전하지 않은 가운데 살아가는 법을 아는 게 유일하게 안전한 것이다."

– 존 앨런 파울로스 John Allen Paulos [26]

미래는 늘 불확실하다. 우리는 누구나 미래라는 짙은 안개 속에 도사리고 있는 온갖 리스크와 마주해야 한다. 슬기롭게 피해야 할 리스크도 있고 용감하게 끌어안아야 할 리스크도 있다. 이처럼 리스크에 맞서려면 먼저 리스크의 본질을 이해해야 한다.

우리 삶을 송두리째 바꿔놓을 수도 있는 그 숱한 위험 가운데 경제학이 설명할 수 있는 것은 작은 부분에 지나지 않을 것이다. 그렇더라도 정글경제의 리스크를 더 잘 이해하고 효과적으로 관리할 방법은 있다. 그러려면 우리는 현대 금융 이론의 가장 기본적인 개념에서 실마리를 찾아야 한다.

위험에 관한 사고의 혁명

요즘 재규어 씨는 침울하다. 지금 최선의 삶을 살고 있는 건지 스스로 확신이 서지 않기 때문이다. 그는 이름깨나 있는 대학 경영학과를 나와 괜찮은 직장을 잡은 그런대로 잘나가는 월급쟁이다. '88만원 세대'의 불운을 피한 것만 해도 얼마나 다행인가. 하지만 경쟁이 힘겨울 때나 언제 잘릴지 몰라 불안할 때는 연봉은 적더라도 오래 안정적으로 일할 수 있는 공무원의 길을 택했어야 했다며 후회도 많이 한다. 마음 한켠에는 불같이 일어나는 벤처기업을 차리거나 댄 브라운Dan Brown 같은 베스트셀러 작가가 되는 쪽에 승부를 걸어볼 걸 하는 아쉬움도 남는다.

우리는 누구나 재규어 씨와 같은 고민을 안고 산다. 몸값을 높이는 데 투자할 때나 금융자산에 투자할 때 늘 쉽지 않은 선택을 해야 한다. 수익성이 높은 투자는 안정성이 떨어지고 비교적 안전한 투자를 하려면 그다지 높은 수익률을 기대할 수 없다는 게 문제다. 상충관계trade-off(어느 한 가지를 얻으려면 다른 것은 포기해야 하는 관계)에 있는 두 가지 가운데 한쪽을 택하는 건 늘 어렵다.

1952년 스물다섯 살의 경제학도였던 해리 마코위츠Harry Markowitz도 같은 고민을 하고 있었다. 시카고대 대학원에서 공부하던 그의 화두는 우리가 살아가면서 온갖 상충되는 문제에 부딪힐 때 어떻게 최선의 선택을 할 수 있는가 하는 물음이었다. 특히 기대수익률expected rate of return이 높을수록 더 큰 리스크를 감수해야 하는 문제를 안고 있는 투자자들이 어떻게 하면 가능한 한 리스크를 줄일 수 있는가가 핵심적인 물음이었다.

마코위츠는 1952년 「포트폴리오 선택Portfolio Selection」이라는 14쪽 짜리 논문으로 그 물음에 답했다. 여러 자산의 묶음을 뜻하는 포트폴리오의 수익률과 리스크의 관계를 다룬 이 짧은 논문은 "모든 달걀을 한 바구니에 담지 말라"는 오래된 격언을 정교한 이론으로 바꿔놓았다.

투자자산의 수익률뿐만 아니라 리스크를 중시하고, 개별 자산이 아니라 포트폴리오 전체의 리스크에 주목한 그의 사고는 혁신적인 것이었다. 분산투자diversification 전략으로 투자위험을 최소화할 수 있다는 그의 생각은 지난 반세기 동안 금융과 투자의 정글을 지배하는 가장 중요한 이론으로 발전했다. 이 기념비적인 논문을 쓴 지 38년이 지나 마코위츠는 노벨경제학상의 영예를 안았다.

변동성으로 가늠하는 리스크

정글경제를 살아가는 우리에게 느닷없이 다가오는 리스크는 천f의 얼굴을 하고 있다. 리스크가 도대체 무엇이냐는 물음에 한마디로 답하기 어려운 까닭이 여기에 있다. 어쨌든 여기서는 투자론에서 말하는 리스크의 개념부터 살펴보자.

일반적으로 미래를 가리고 있는 불확실성의 안개가 짙을수록 우리가 마주할 리스크도 커진다. 미래가 우리 예상에서 크게 빗나갈 가능성이 커지기 때문이다. 투자론에서는 어떤 자산의 수익률이 기대했던 수준에서 크게 벗어날 확률이 높을수록 그 자산의 리스크가 크다고 말한다. 이런 리스크의 개념은 확률분포로 설명할 수 있다.

예를 들어 정글전자와 아마존식품 주식에 투자할 때 기대되는 수익률의 확률분포를 생각해보자. 다음 표는 정글전자의 주가가 경기 변동에 따라 롤러코스터를 타는 데 비해 아마존식품 주가는 매우 안정적으로 움직인다는 점을 보여준다.

경기 (확률)	주식투자 수익률 (%)	
	정글전자	아마존식품
활황 (0.3)	100	20
보통 (0.4)	15	15
침체 (0.3)	-70	10

이때 정글전자와 아마존식품 주식의 기대수익률은 15%로 같지만 수익률의 표준편차는 큰 차이를 보인다. 기대수익률은 경기 상황에 따라 달라지는 주식투자 수익률에 각각의 상황이 나타날 확률을 곱하는 식으로 구한 가중평균수익률이다. 표준편차는 상황별 수익률이 평균값에서 얼마나 멀리 흩어져 있는지를 가늠하기 위한 숫자다.(수식만 봐도 진저리를 치는 이들이라면 표준편차를 계산하는 대목은 건너뛰어도 좋겠다.)

- 정글전자 주식 투자의 기대수익률

    100(0.3)+15(0.4)-70(0.3)=15%
- 아마존식품 주식 투자의 기대수익률

    20(0.3)+15(0.4)+10(0.3)=15%

- 정글전자 주식 투자 수익률의 표준편차 65.87%[27]
- 아마존식품 주식 투자 수익률의 표준편차 3.87%[28]

예상되는 경기 상황을 세 가지로만 나누지 않고 수없이 많은 경우로 나눠볼 수도 있을 것이다. 이때 정글전자 주식 수익률의 확률분포는 그림의 회색 벨 커브bell curve(좌우 대칭의 종 모양을 한 확률분포)와 같은 매끄러운 모양이 될 것이다.

아마존식품 주식의 기대수익률(평균)은 정글전자와 같지만 수익률 변동성(표준편차)은 훨씬 적으므로 녹색 벨 커브와 같은 확률분포를 나타낼 것이다. 이처럼 기대수익률이 같은 두 주식 중에서는 수익률 변동성이 적은 쪽이 당연히 투자 리스크도 적다.

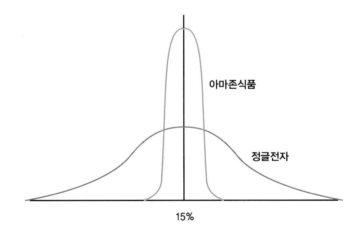

두 주식의 기대수익률이 다르다면 변동성의 상대적인 크기를 비교해봐야 한다. 기대수익률에 비해 변동성이 얼마나 큰가를 가늠하기 위

해 흔히 표준편차를 기대수익률로 나눈 값인 변동성계수coefficient of variation(수익률 표준편차를 기대수익률로 나눈 값. 수익률 단위당 위험 수준risk per unit of return을 나타낸다)를 구해본다.

정글전자 주식의 기대수익률이 70%, 수익률의 표준편차가 30%이고, 아마존식품 주식의 기대수익률이 5%, 수익률의 표준편차가 3%라고 하자. 정글전자의 변동성계수는 0.42인 데 비해 아마존식품의 변동성계수는 0.6이다.[29] 변동성의 절대적인 크기만 보면 정글전자 주식이 훨씬 위험해 보이지만 기대수익률을 감안한 상대적인 크기를 보면 아마존식품 주식이 오히려 리스크가 더 크다고 할 수도 있다.

투자자산의 리스크를 수익률의 변동성으로 가늠할 수 있다는 이런 생각은 수많은 금융이론의 바탕에 깔려 있다. 직업 선택에 따른 리스크도 같은 원리로 설명할 수 있다. 직업별 예상 소득에 비해 그 변동성이 얼마나 큰지를 보고 리스크를 가늠해볼 수 있을 것이다.

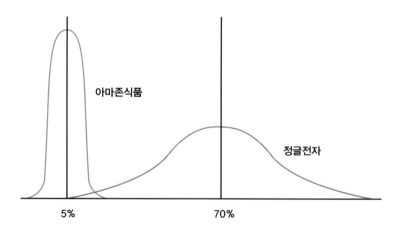

정글경제는 늘 불안정하다. 아마존 정글이 그렇듯이 금융과 경제의 정글 역시 언제든지 격변을 일으킬 수 있는 임계 상태critical state에 있다. 1980년대 중반 이후 세계적으로 생산, 물가, 고용을 비롯한 주요 경제지표들의 변동성이 크게 줄어든 대안정Great Moderation의 시기를 맞기도 했지만 21세기 첫 글로벌 금융위기는 정글경제의 안정과 균형이 얼마나 쉽게 무너질 수 있는지 극명하게 보여주었다. 오랫동안 산불이 없었던 곳에 한번 불이 붙으면 더욱 걷잡을 수 없이 번지듯이 오랫동안 안정을 구가하던 시장일수록 한번 위기가 찾아오면 더욱 격렬하게 요동친다.

시장이 안정적일 때 투자자들은 리스크에 대한 경계를 늦추기 마련이다. 투자자들은 안전하다고 느끼며 행복감에 젖는다. 미래를 낙관하는 이들은 리스크 수준에 비해 아주 작은 수익률에도 만족한다. 위험 자산risky asset에 대한 수요가 늘어나면서 리스크 프리미엄risk premium(위험 자산 수익률과 무위험 자산risk-free asset 수익률의 차이)과 리스크의 시장가격market price of risk은 떨어진다. 무모하게 리스크를 떠안는 투자자들이 늘어나면서 투기의 광풍이 몰아치고 자산시장에는 거품이 한껏 끓어오른다. 시장 참여자들의 리스크 선호risk preference에 따라 정글경제는 용광로처럼 뜨겁게 달아오르기도 하고 빙하처럼 얼어붙기도 한다.

리스크에 맞서기

사람들은 위험을 싫어한다. 지나치게 굴곡진 삶보다는 평탄한 삶을 살기 바란다. 아플 때나 건강할 때나, 일을 할 때나 백수가 됐을 때나, 투자에서 돈을 벌 때나 잃을 때나 소비와 생활 수준을 고르게 유지하고 싶어 한다. 사람들의 이런 성향을 위험회피 성향이라고 한다.

효율적인 금융시스템은 우리가 안기 싫어하는 리스크를 줄이거나 없애는 수단을 (적정한 가격에) 제공한다. 우리는 온갖 보험제도와 투자손실을 회피하는 헤지hedge전략과 여러 자산에 분산투자하는 기법을 활용해 위험을 줄일 수 있다. 특히 분산투자는 리스크를 최소한으로 줄일 아주 강력한 무기가 될 수 있다.

물론 지금 이 세상에 나와 있는 금융제도와 기법을 다 활용해도 우리가 살아가면서 부딪힐 모든 위험을 완전히 제거할 수는 없다.

재규어 씨의 고민에서도 엿볼 수 있듯이 직업 선택에 따르는 리스크는 우리를 움츠러들게 하는 가장 큰 위험 가운데 하나다. 하지만 그 위험을 덜어주는 완벽한 보험상품 같은 것은 어디에도 없다. 이를테면 재규어 씨가 여러 용도로 쓸 수 있는 경영학을 배우지 않고 '한국의 댄 브라운'이 되려고 문예창작을 하다가 생계마저 걱정하게 됐을 때 그의 소득을 보전해주는 보험상품 같은 것은 없다.[30] 하지만 재규어 씨는 금융시장을 통해 많은 고민을 해결할 수 있다. 효율적 금융시장에서는 투자자들이 리스크에 대한 적절한 보상을 기대할 수 있기 때문이다.

위험회피적 투자자들은 위험을 안는 데 대한 적절한 대가를 요구한다. 이는 투자자산의 리스크가 높을수록 기대수익률도 높아야 한다는 뜻이다. 물론 기대수익률과 실제로 거둔 수익률(이를 실현수익률realized rate of return이라고 한다)은 다르다. 정글전자 주식의 기대수익률은 15%이지만 실제 수익률은 100%도 될 수 있고 -70%도 될 수 있다.

존 록펠러John Rockefeller[31]는 저축으로 부자가 될 수 없다고 했다. 부자가 되려면 남들보다 잘할 수 있는 분야에서 값진 기회를 최대한 활용해야 하며 그러자면 어느 정도 리스크를 안을 수밖에 없다. 재규어 씨처럼 더 안정적이면서도 더 풍요로운 삶을 바라는 이들은 누구나 보상이 많은 리스크를 적극적으로 안으면서 보상이 부족한 리스크는 최대한 줄이는 길을 찾아야 한다. 우리는 정글경제를 탐사하는 동안 줄곧 이런 문제와 부딪히게 될 것이다.

미래에 들어올 현금을 할인하는 방식으로
현재 시점의 자산가치를 구한다.
당신의 몸값도 이렇게 따져볼 수 있다.

06
시간은 얼마에 살 수 있나?
현재가치의 셈법

"시간이 있다는 건 분명한 사실이에요. 하지만 만져볼 수는 없어요.
붙잡아둘 수도 없고요. 혹시 향기 같은 건 아닐까요?
하지만 시간은 계속 지나가는 어떤 것이기도 해요.
혹시 바람 같은 건 아닐까요? 아니, 아니에요! ……
시간은 언제나 거기 있기 때문에 듣지 못하는 음악 같은 걸 거예요."

─미하일 엔데Michael Ende, 「모모」에서

주여, 때가 왔습니다. 여름은 참으로 길었습니다.
해시계 위에 당신의 그림자를 얹으십시오.
들에다 많은 바람을 놓으십시오.

마지막 과실들을 익게 하시고
이틀만 더 남국의 햇볕을 주시어
그들을 완성시켜, 마지막 단맛이
짙은 포도주 속에 스미게 하십시오.

라이너 마리아 릴케Rainer Maria Rilke의 시 「가을날」이다. 릴케는 늘 기도하는 마음으로 시간을 마주했다.

17세기 영국 시인 로버트 해릭Robert Harrick은 뭇 소녀에게 이렇게 충고했다.

장미꽃을 딸 수 있을 때 모아라.
시간은 쉼 없이 날아가는 것.
오늘 미소 짓는 이 꽃도
내일이면 시들어가리라.

18세기 독일 작가 프리드리히 폰 실러Friedich von Schiller는 "미래는 느릿하게 다가오고, 현재는 화살처럼 날아가고, 과거는 영원히 멈춰서 있다"고 했다.

하지만 과학자들은 시간이 쏜살같이 날아간다거나 강물처럼 흐른다는 관념에 의문을 품었다. 과거, 현재, 미래를 나누는 것조차 환상에 불과하다고 본다. 아인슈타인은 시간이 절대적인 게 아니라 상대적인 것임을 보였다. 다른 속도로 움직이는 두 사람에게 '현재'는 서로 다를 수 있다.

시간의 의미를 찬찬히 되새기는 이들은 누구나 금융경제학자와 같은 깨달음을 얻을 수 있다. 정글 같은 금융과 투자의 세계에서 부딪히는 숱한 문제를 풀어줄 가장 중요한 열쇠는 시간 속에 감춰져 있다.

다행히도 금융경제학자들이 말하는 시간은 시인이나 철학자나 과학자들이 생각하는 시간보다 덜 추상적이고, 그만큼 덜 난해하다. 시간이라는 변수를 포함한 수식을 풀자면 컴퓨터의 힘을 빌려야 할 정도로 복잡한 계산이 필요하다. 하지만 그들은 어디까지나 측정할 수 있고 계산할 수 있는 시간을 이야기한다. 규칙적이고 정형화된 시간을 다루는 것이다. 주관적이고 상대적인 시간은 아직 미지의 영역이다.

금융의 정글에서 미래는 늘 불확실하다. 그래서 위험하다. 사람들은 불확실한 미래보다 확실한 현재에 더 많은 가치를 부여한다. 같은 돈이라도 먼 훗날보다는 지금 바로 쓸 수 있을 때 더 큰 만족을 얻을 수 있기 때문이다. 같은 100만원을 지금 당장 받고 싶은지 1년 후에 받고 싶은지 물어보면 누구나 지금 당장 받기를 원한다. 미래의 100만원보다 현재의 100만원에 얼마나 더 많은 가치를 부여할지는 사람들의 시간선호time preference(현재 소비가 미래 소비보다 얼마나 더 가치가 있다고 생각하는지를 표현하기 위한 개념)가 얼마나 강한지에 달려 있다.

어떤 개인이나 사회의 시간선호는 얼마든지 달라질 수 있다. 미래가 더 불투명하고 위험해 보일수록 사람들은 현재에 더 많은 가치를 두게 마련이다. 그럴수록 돈을 빌리는 이들은 빌려주는 이들, 다시 말해 미래 소비를 위해 현재 소비를 기꺼이 포기하고 기다리려는 이들에게 더 많은 대가를 지불해야 한다.

외환위기가 터진 1997년 말 회사채 수익률로 가늠한 시중 실세금리는 31%까지 치솟은 적이 있다. 기업이 100억원을 빌리려면 한 해 이자로 31억원이나 물어야 했다는 이야기다. 그때는 한 치 앞을 내다볼 수 없을 정도로 앞날이 어둡고 두렵던 때였다. 하지만 5년 후 이 금리는 3.7%까지 떨어졌다. 그 정도 이자만 받고도 기꺼이 돈을 빌려줄 만큼 미래보다 현재를 선호하는 성향이 급속히 약화됐다.

미래에 받을 돈은 지금 얼마일까

화폐의 시간가치time value of money라는 개념은 시간의 흐름에 따라 돈의 값어치가 어떻게 달라질지 따져보기 위한 것이다. 화폐의 시간가치는 이자율로 나타낼 수 있다. 돈을 빌리는 이들과 빌려주는 이들이 주고받는 이자를 알면 지금 가진 돈이 훗날 얼마나 불어나 있을지 쉽게 계산할 수 있다.

재규어 씨는 지금 100만원을 들고 있다. 이 돈은 지금 쓸 수도 있고 이자를 주는 이에게 빌려줄 수도 있다. 금리가 5%라면 재규어 씨가 빌려준 100만원은 3년 후에는 116만원 가까이 되고, 30년 후에는 432만원 남짓이 된다. 계산식은 다음과 같다.

$$100만원 \times (1+0.05)^3 = 115.76만원$$
$$100만원 \times (1+0.05)^{30} = 432.19만원$$

미래가치future value는 이렇듯 눈덩이처럼 불어난다. 그게 바로 복리複利의 마술이다. 이때 금리가 10%로 뛰면 어떻게 될까? 재규어 씨가 들고 있는 100만원은 3년 후 133만원, 30년 후 1,744만원이 된다.[32]

거꾸로 미래에 받을 돈이 지금 얼마의 가치를 갖는지 계산하는 것은 조금 더 복잡하다. 재규어 씨가 1년 후에 받을 100만원의 현재가치present value는 얼마일까? 당연히 100만원보다는 적을 것이다. 얼마나 적은지는 금리 수준에 달려 있다. 금리가 5%라면 3년 후 받을 100만원은 지금 86만원, 30년 후 받을 100만원은 23만원의 가치가 있다. 가까운 미래보다 먼 훗날 받을 돈의 현재가치가 더 적은 것은 당연하다.

$$\frac{100}{(1+0.05)^3} = 86.38만원$$

$$\frac{100}{(1+0.05)^{30}} = 23.13만원$$

이는 미래에 받을 현금을 '5% 수익률로 할인'해 현재가치를 구하는 셈법이다. 여기서 할인율discount rate은 5%다. 이때 할인율을 10%로 높이면 어떻게 될까? 재규어 씨가 3년 후에 받을 100만원의 현재가치는 75만원, 30년 후 받을 100만원은 지금 5만원의 가치밖에 없다.[33] 이처럼 할인율에 따라 현재가치는 크게 달라진다.

정글경제의 가장 중요한 셈법

미래 현금흐름cash flow(현금 수입이나 지출)을 할인해 현재가치를 구하는 셈법으로 참으로 많은 문제를 풀 수 있다. 심지어 재규어 씨의 몸값도 이런 식으로 계산할 수 있다.

정글전자에 들어간 재규어 씨가 25년 동안 매년 5,000만원의 연봉을 받는다고 하자. 할인율이 5%라면 그가 받는 연봉의 현재가치는 얼마일까? 계산식은 매년 5,000만원을 받는 연금의 현재가치를 구하는 식과 같다.[34] 이 식에 따르면 재규어 씨 연봉의 현재가치는 7억469만원이다(이 문제는 26장에서 상세히 다룬다).

25년 후 퇴직금 1억5,000만원을 따로 받는다면 그 현재가치는

4,429만원이다. 퇴직금까지 합하면 재규어 씨가 정글전자에서 얻는 소득의 현재가치는 모두 7억4,898만원이 된다.

할인율을 7%로 올리면 재규어 씨가 받을 25년치 연봉의 현재가치는 5억8,267만원, 퇴직금의 현재가치는 2,763만원으로 준다. 이처럼 시장 금리가 오를수록 재규어 씨의 몸값은 상대적으로 떨어진다(월급쟁이들의 몸값과 시중 실세금리 사이의 관계에 대해서는 26장에서 설명한다).

채권 값을 매길 때도 똑같은 셈법을 쓸 수 있다. 여러 차례에 나눠 받을 이자의 현재가치와 마지막에 돌려받을 원금의 현재가치를 더하면 된다. 안정된 소득을 얻는 월급쟁이라면 그의 미래 현금흐름은 채권의 현금흐름과 비슷하다. 어떤 이는 "존엄한 인간을 한낱 채권에 비교하다니!"라며 나무랄 수도 있겠다. 하지만 금융의 정글에서는 존재하는 모든 것에 값을 매긴다.

상환만기까지 남은 기간이 길수록 금리 변동에 따른 채권 가격 변동폭도 커진다. 마찬가지로 은퇴 시점이 가까운 이들에 비해 젊은이들의 몸값이 금리 변동에 더 크게 변할 것이다.

어떤 회사가 주는 배당금의 현재가치를 모두 더해 그 회사의 주식값을 구할 수도 있다.[35]

현재가치를 계산할 때 할인율을 무엇으로 할 것인가는 금융경제학, 특히 투자론의 핵심 질문이다. 미래에 수익을 내는 자산의 현재 가격을 알아내려면 먼저 할인율을 결정해야 하기 때문이다.

재규어 씨가 경영학석사MBA 출신이라면 할인율은 "무위험수익률risk-free rate에 위험프리미엄risk premium을 더한 것"이라는 틀에 박힌 대답을 할 것이다. 무위험수익률은 안전한 자산에 투자했을 때 얻는 수익률, 위험프리미엄은 안전하지 않은 자산에 투자한 대가로 얻는 추가적인 수익률이다. 그가 MBA소지자라는 걸 뽐내려고 늘 들먹이는 자본자산가격결정모형CAPM, Capital Asset Pricing Model이라는 것도 자산의 미래 현금흐름을 할인해서 현재가치를 구하기 위한 이론적 틀일 뿐이다. 자산의 가치를 계산하기 위한 여러 가지 이론적인 모형은 결국 불확실한 미래 현금흐름의 기대치를 할인해 현재가치를 구하는 기본식[36]의 다양한 변형으로 나타낼 수 있다.

현재가치니 할인율이니 하는 시간을 내포하는 말들은 금융과 투자의 정글에서 가장 자주 쓰이는 일상 언어다. 이런 언어를 제대로 이해하지 않고서는 이 정글에서 살아남기 어렵다.

금융의 정글에서 시간의 의미를 좇다 보면 언젠가는 '짙은 포도주 속에 마지막 단맛이 스며들 때'를 기다릴 줄 알게 될 것이다. 시들기 전에 장미꽃을 따야 한다는 것도 배우게 될 것이다. 남들보다 빠르게 움직이면 한발 앞서 미래에 이를 수도 있다는 것 역시 깨닫게 될 것이다.

경제와 금융시장은 유동성이 넘치고 복잡하며
예측하기 어렵다는 점에서 정글을 닮았다.
경제학은 정글에서 길을 찾는 데 필요한 지도와 같다.
하지만 지금까지 우리의 사고를 지배했던 경제이론 가운데
많은 부분이 정글경제의 지형과 잘 맞지 않는 낡은 것이다.

07
왜 정글경제인가?
유동성이 넘치는 복잡계

모든 것이 읽어달라고 외치는 비밀스러운 의미의 신호들이었다.
…… 그의 주위는 해독해야 할 어려운 신호들로 가득했다.

—오르한 파묵Orhan Pamuk, 『검은 책』에서

정글을 약육강식의 생태계로만 이해하는 이들이 많다. 그래서 정글
은 흔히 자유방임적 경쟁을 부추기는 극단적 시장자유주의market liber-
alism를 비판하는 수사로 쓰인다. 하지만 정글은 어떤 표현을 쓰더라도
한마디로 정의할 수 없는 복잡한 체계다. 갈수록 복잡해지고 있는 경
제와 금융시장도 그런 정글로 볼 수 있다.

왜 정글경제인가

우리는 정글경제의 어떤 면이 좋고 나쁜지를

따지기 전에 먼저 경제의 정글은 과연 어떤 곳인지부터 제대로 이해할 필요가 있다. 경제가 갈수록 정글을 닮아간다고 보는 까닭은 헤아릴 수 없이 많다. 그 가운데 몇 가지만 들어보자.

첫째, 엄청난 유동성liquidity이다(유동성 개념은 9장에서 설명한다). 메마른 사막과 달리 정글은 넘치는 유동성 때문에 놀라운 생명력을 간직할 수 있다. 온갖 생명이 경쟁하면서 공존하는 정글에서는 물질과 에너지의 순환이 숨 가쁘게 이뤄진다. 모든 것이 유동적인 이 세계에서는 변화의 속도를 따라잡기가 대단히 어렵다.

둘째, 고도의 복잡성complexity이다. 경제와 금융시스템은 하나의 복잡계complex system로 볼 수 있다. 일반적으로 복잡계에서는 개별적인 원자의 특성만 보고 전체 시스템의 변화를 예측하기란 어렵다. 반대로 원자는 혼돈 상태이지만 전체 시스템을 보면 놀라운 규칙성과 패턴을 발견할 수도 있다. 인간을 하나의 사회적 원자로 볼 때 그들의 상호작용으로 나타나는 경제현상은 원자의 특성과는 완전히 동떨어진 패턴을 나타낼 수도 있다는 말이다.

미시micro 분석의 통찰을 거시macro 분석에 그대로 적용하기 어려운 것도 이 때문이다. 복잡한 경제와 금융시스템을 이해하려면 또한 뉴턴의 물리학이 추구하는 것과 같은 균형equilibrium 개념에 얽매이지 말아야 할 것이다.

셋째, 높은 불확실성uncertainty이다. 정글에서 확실한 건 아무것도 없다. 정글의 지형은 금세 바뀐다. 낡은 지도에만 의존하면 길을 찾기 어렵다. 유동성과 복잡성과 불확실성은 모두 예측가능성을 떨어뜨리는 요소들이다. 물론 어떤 유용한 예측도 불가능하다는 말은 아니다.

죽은 경제학자들의 노예

존 메이너드 케인스John Maynard Keynes는 "누구의 지적 영향에서도 벗어나 있다고 믿는 현실적인 이들도 흔히 어떤 죽은 경제학자의 노예일 뿐Practical men, who believe themselves to be quite exempt from any intellectual influence, are usually the slaves of some defunct economist"이라고 지적했다. 경제학자들은 우리가 깨닫지 못하는 새 개인과 기업과 정부의 사고와 행동을 지배하고 있다는 말이다.

하지만 정글에 있는 모든 것이 그러하듯 경제사상도 끊임없이 경쟁하며 진화한다. 한때 지배적이었던 이론도 어느 시점에 이르면 현실을 보다 잘 설명하고 예측할 수 있는 새로운 이론에 자리를 내준다.

주류경제학은 언제나 비판의 대상이었다. 글로벌 금융위기와 같은 격변의 시대에는 주류에 대한 공격이 더욱 거세진다. 대공황Great Depression 이후 최대라는 21세기 첫 글로벌 금융위기로 지난 사반세기 동안 경제학계의 사고를 지배해온 주류경제학의 밑바탕까지 흔들리고 있다. 가장 혹독한 비판의 화살이 집중되는 곳으로 효율적시장가설EMH, Efficient Market Hypothesis을 꼽을 수 있다. 자산시장에서 결정되는 가격은 이용할 수 있는 모든 정보를 반영하는 가장 적절한 가격이라는 뿌리 깊은 믿음은 이제 밑바탕부터 흔들리고 있다.

이미 로버트 실러 예일대 교수를 비롯한 여러 비판자가 자산 가격의 변동성[37]은 효율적시장가설이 예측하는 것보다 훨씬 더 클 수 있음을 보여주었다. 소 떼처럼 우르르 몰려다니는 투자자들의 군집행동, 그들의 비이성적 과열로 끓어오르는 자산시장 거품, 거품이 급격히 꺼질 때의 패닉 현상만 보더라도 현실의 금융시장은 효율적시장가설이 상정하는 것과 얼마나 다른 세계인지 알 수 있다. 현실의 금융시장은 모든 리스크가 거래되는 완전시장complete market(미래에 발생할 수 있는 어떤 상황에서도 투자자에게 필요한 자산을 제공할 수 있는 시장)도 아니다. 특히 주택 가격이나 미래 소득 변동 위험을 효과적으로 헤지hedge(손실 위험을 상쇄하기 위한 거래)할 수 있는 금융상품[38]이 부족하다.

존 퀴긴John Quiggin 호주 퀸즐랜드대 교수는 효율적시장가설을 옹호하는 이들을 오이디푸스 콤플렉스Oedipus Complex이론은 언제나 옳다고 주장하는 심리학자들에 빗대었다.[39] 아들이 아버지를 미워하면 오이디푸스 콤플렉스를 입증하는 명백한 사례로 보고 아버지를 좋아하면 이 콤플렉스가 억압된 사례라고 설명하는 논법이다. 퀴긴은 "대공황, 닷컴 버블 붕괴, 글로벌 금융위기가 모두 효율적시장가설에 부합하는 것이라면 이 이론이 우리에게 가르쳐줄 수 있는 건 아무것도 없다"고 비판한다.

경제학 정글의 민물학파와 짠물학파

거시경제학의 정글에도 거센 변화의 바람이 불어닥쳤다. 2차 대전 후 한 세대가 지날 동안 지적 리더십을 발휘하며 경제정책의 흐름을 주도했던 케인스의 후예들은 1970년대 오일쇼크와 스태그플레이션stagflation(생산이 줄어드는 스태그네이션stagnation과 물가가 오르는 인플레이션inflation이 함께 나타나는 것)의 충격으로 영향력을 잃었다.

그 후 거시경제학의 정글에는 두 가지 큰 흐름이 나타났다. 시카고를 비롯한 미국 호숫가 대학의 '민물학파'는 스스로 잘 돌아가는 시장에 정부가 개입하면 오히려 경제 안정을 해칠 수 있다고 주장했다. 반면 하버드, 버클리를 비롯한 바닷가 대학의 '짠물학파'는 임금과 가격의 경직성 때문에 시장이 잘 돌아가지 않는다며 정부의 개입을 정당화했다.

대안정(경기변동성이 크게 완화된 1980년대 중반 이후의 안정 성장기) 시기에는 민물과 짠물이 합류하면서 절충적인 거시경제학으로 수렴됐다. 두 학파는 단기 금리를 조정하는 중앙은행의 통화정책을 통해 거시경제를 관리해야 하며, 통화정책의 가장 중요한 목표는 인플레이션을 낮은 수준에서 안정시키는 것이라는 데 대체로 공감했다.

민물학파 freshwater school ← → 짠물학파 saltwater school
: 시장 자율 중시   : 정부 개입 정당화

간간한 거시경제학 brackish macroeconomics
: 중앙은행이 통화정책으로 거시경제 관리
가장 중요한 목표는 인플레이션 안정

중앙은행들의 거시경제 분석모형인 동태확률일반균형DSGE[40]모형과 물가안정목표제inflation targeting[41]의 이론적 바탕은 이런 맥락에서 만들어진 것이다. 벤 버냉키Ben Bernanke 미 연방준비제도이사회 의장도 두 학파의 수렴과정에서 중요한 역할을 했다.

수학적으로 정교하고 우아한 모형을 만들어낸 거시경제학자들은 상품과 서비스 가격 안정에만 몰두하면서 자산가격 안정은 소홀히 다뤘다. 우리는 정글경제 두 번째 탐사에서 소비자물가만 쳐다보면서 자산시장 거품이 끓어오르는 것을 막지 못한 인플레이션목표제의 문제점에 대해 자세히 살펴볼 것이다.

동태확률일반균형모형을 비롯해 전통적인 미시경제학의 가정과 통찰에 바탕을 둔 모형들은 거시경제의 심각한 불균형과 금융위기를 제대로 설명하거나 예측하지 못한다는 비판을 피하지 못했다. 거시경제나 금융시장은 개별 경제주체들의 선택을 단순히 총합한 것이 아니다. 정글경제와 같은 복잡계에서는 원자의 특성과 전체 시스템의 움직임을 다른 차원에서 볼 필요가 있다.

정글경제에서 길을 찾으려면 경제학이라는 지도가 필요하다. 금융위기의 쓰나미가 정글의 지형을 뒤바꿔놓았다면 낡은 지도만으로 길을 찾기는 어려울 것이다. 경제학자들은 새로운 지도를 만들어내려고 애쓰고 있다. 주류경제학자들은 기존의 지도를 수정하고 보완하려 하고 그 반대 진영에서는 완전히 새로운 지도를 그려보려고 한다. 케인스학파Keynesian school와 고전학파Classical school의 후예들은 위기 이후 정책 처방을 놓고 또다시 치열한 공방을 벌이고 있다.

경제인간(호모 에코노미쿠스)에 대한 근본적인 성찰도 이뤄지고 있다. 경제주체들의 제한된 합리성bounded rationality[42]이나 야성적 충동animal spirit[43]을 중시하는 이론도 다시 주목 받고 있다. 앤드루 로Andrew Lo MIT 교수는 효율적시장가설과 행동경제학을 접목해 새로운 패러다임[44]을 만들려 한다.

하지만 경제학자들은 아직 믿을 만한 새 지도를 완성하지 못하고 있다. 경제학이 심리학, 물리학, 역사학, 정치학, 사회학, 철학과의 대화를 통해 인간과 사회를 더 깊이 성찰하는 진정한 통섭의 학문으로 거듭날 때 참으로 유용한 지도가 만들어질 것이다.

정글경제를 헤쳐나가는 지혜

카푸친 씨는 믿을 만한 정글경제 가이드를 찾고 있다. 그의 앞길에 도사리고 있을 온갖 리스크에 맞서기 위한 지혜가 필요하기 때문이다. 그는 정글경제에 헤아릴 수 없이 많은 족집게 도사와 주술사들이 살고 있다는 걸 안다. 하지만 정글이 아무리 두려워도 이들에게 운명을 맡길 수는 없다. 과학의 영역을 벗어난 주문呪文에 무작정 따르는 것은 어리석은 일이다.

그는 경제학의 통찰을 배우려 한다. 그렇다고 그가 스스로 뛰어난 경제학자가 되어야만 가르침을 얻을 수 있는 건 아니다. 그가 EMH니, DSGE니 하는 외계인의 언어 같은 전문용어들을 모두 이해할 수 있는 것도 아니다. 중요한 건 지난 2세기에 걸쳐 숱한 세속의 철학자들이 탐구한 정글경제의 생리를 이해하고 끊임없이 되풀이되는 위기의 역사에서 살아있는 교훈을 얻으려 노력하는 것이다.

카푸친 씨는 주류경제학의 가르침을 맹신하지도 않고 그들의 통찰을 송두리째 부정하지도 않을 것이다. 불가지론不可知論의 어두운 늪에 빠져 들어가지도 않을 것이다. 카푸친 씨는 이제 겨우 한 차례의 정글경제 탐사에서 복잡하고 위험한 세계의 한 귀퉁이를 살펴봤을 뿐이다. 그가 정글경제를 헤쳐나가려면 더 많은 지혜와 용기가 필요할 것이다.

정글경제의 격변

어느 날 아침, 그레고리 잠자는 불안한 꿈을 꾸다 깨어났을 때, 자신이 침대 속에서 한 마리의 커다란 벌레로 변해 있는 것을 깨달았다. 그는 딱딱하게 굳은 등을 대고 벌렁 누워 있었다. …… '이게 어찌된 셈일까?' 꿈은 아니었다.

프란츠 카프카Franz Kafka의 소설 『변신』의 첫 장면이다. 1923년 9월 카프카는 젊은 연인 도라 디아만트Dora Diamant와 함께 살기위해 베를린으로 갔다. 당시 독일은 절정에 이른 초超인플레이션hyperinflation 때문에 극심한 고통을 겪고 있었다. 그 해 10월 독일의 물가상승률은 29,500%였다. 3.7일마다 물건값이 두 배로 뛴 셈이다. 그 해 11월 1파운드짜리 빵 한 조각은 800억 마르크였다. 연초만 해도 700마르크에 살 수 있었고 불과 한 해 전에는 3.5마르크에 살 수 있었던 빵이었다.[1] 그해 7월에는 1,000만 마르크짜리 종이돈이 나왔고[2] 넉 달 후에는 1,000억 마르크짜리 지폐가 발행됐다. 11월 중순에는 완전히 새로운 화폐Rentenmark가 등장했다. 새 돈 1마르크는 헌 돈 1조 마르크에 해당하는 것이었다. 카프카는 무일푼이었다. 신문 한 부 살 돈이 없었다. 그 해 제야에 두 연인은 남은 양초 토막으로 음식을 데워야 했다. 베를린의 초인플레이션과 정치적 불안, 겨울의 매서운 추위와 가난 때문에 가뜩이나 허약한 카프카의 건강은 급속히 악화됐다. 그는 이듬해 6월 40세로 삶을 마감했다.

베를린 사람들에게 초인플레이션은 악몽이었다. 그들은 날마다 악몽을 꾸었고 악몽에서 깨어날 때마다 낯선 세상을 맞았다. 불안한 꿈에서 깨어난 그레고리 잠자가 전혀 다른 세상을 맞았듯이. 초현실적인 인플레이션은 하루아침에 세상을 바꿔놓는 마술 같은 것이었다.

통화가치가 떨어질 때 누가 울고 누가 웃을까?
돈의 값어치가 떨어질수록 빚을 진 이들의 어깨는 가벼워진다.
반면 저축한 돈의 구매력이 떨어져 땅을 치는 사람도 있다.
두 얼굴을 가진 인플레이션 때문에 빚쟁이의 이해는 엇갈린다.

08

인플레이션은
누구 돈을 훔칠까?

화폐의 타락

"오도된 국가의 첫 번째 만병통치약은 인플레이션, 두 번째 만병통치약은 전쟁이다."

— 어니스트 헤밍웨이Ernest Hemingway

인플레이션은 소리 없는 도둑일까? 아니면 난폭한 강도일까?

카푸친 씨는 인플레이션이 보통 사람들의 피땀 어린 저축을 훔쳐가는 비열한 도둑이라고 생각한다. 하지만 단순한 좀도둑은 분명 아닐 것이다. 존 메이너드 케인스는 "통화를 타락시키는 것보다 기존의 사회 기반을 뒤집는 더 교묘하고 확실한 수단은 없다There is no subtler, no surer means of overturning the existing basis of society than to debauch the currency" 고 갈파했다. 블라디미르 레닌Vladimir Lenin은 자본주의를 파괴할 가장 좋은 방법은 통화를 타락시키는 것이라고 보았다. 하지만 오셀롯 씨의 생각은 다르다. 누군가에게는 인플레이션이 오히려 고마운 존재가 될 수도 있다고 보는 것이다.

빚을 사라지게 하는 마술

인플레이션은 물가가 지속적으로 오르는 현상이다. 배추 값, 등록금 같은 특정 품목의 값이 뛰는 게 아니라 상품과 서비스 가격이 전반적으로 오르는 것을 말한다. 인플레이션 가운데서도 가장 끔찍한 인플레이션, 다시 말해 물가가 로켓처럼 하늘 높이 치솟는 현상을 초인플레이션이라고 한다.

역사적으로 가장 극악한 인플레이션은 1946년 헝가리에서 나타났다. 그 해 7월 한 달 동안에만 당시 헝가리 화폐[3]로 표시한 물가는 41,900,000,000,000,000%나 치솟았다.[4] 2011년 한국의 연간 소비자 물가 상승률 4%에 1억 배를 한 후 또다시 1억을 곱한 숫자다. 하루새 물가가 207%나 뛰고 15시간마다 물건 값이 두 배로 뛴 셈이다. 이쯤 되면 살인적인 물가라는 표현으로는 너무 모자라다. 한마디로 초현실적인 인플레이션이다.

2008년 11월 짐바브웨는 지구촌 역사상 두 번째로 끔찍한 인플레이션을 기록했다. 당시 월간 물가상승률은 7.96%에 100억 배를 한 숫자였다. 하루 상승률이 98%에 달했다. 세 번째로 높은 인플레이션 기록은 1994년 1월 유고슬라비아에서 세운 것이다. 물가상승률은 3.13%에 1억 배 한 숫자였다. 물가가 날마다 64%씩 뛴 셈이다.

흔히 가장 극악한 인플레이션 사례로 알고 있는 1923년 독일의 초인플레이션도 이들에 비하면 명함조차 내밀 수 없는 정도였다. 그 해

10월 독일의 물가는 29,500% 뛰었다. 물건 값은 3.7일마다 두 배가 됐다. 은행권을 아무리 열심히 찍어내도 모자라 철도회사까지 돈을 찍어내기도 했다.

하루 100% 가까운 물가상승을 경험한 짐바브웨의 경우를 생각해보자. 짐바브웨달러를 들고 있던 이들은 하룻밤 자고 일어날 때마다 그 돈의 값어치와 구매력이 절반으로 줄어드는 악몽 같은 현실에 부딪혔다. 그 돈의 구매력은 열흘만 지나면 1,000분의 1도 안 되는 수준으로 떨어진다.[5]

스콜피온 씨가 짐바브웨달러를 누군가에게 빌려주었다면 어떻게 됐을까? 그가 친구에게 정글피자 1,000개를 살 수 있는 돈을 이자 없이 빌려주었다면 열흘 후 돌려받은 돈으로 살 수 있는 피자는 달랑 하나뿐이었을 것이다. 이자를 받으면 손실을 조금이나마 줄일 수 있었을 것이다. 하지만 하루 100%에 이르는 살인적인 고금리가 아닌 한 채권자인 스콜피온 씨 재산의 실질가치는 폭락할 수밖에 없다.

그의 기분은 어땠을까? 불안한 꿈을 꾸다 일어났을 때 자신이 한 마리의 커다란 벌레로 변해 있는 것을 깨달은 그레고리 잠자처럼 현실이 믿기지 않고 비참한 심정이었을 것이다. 그렇다면 돈을 빌린 이는 어떻게 됐을까? 그는 열흘 만에 빚의 무게가 1,000분의 1로 줄어드는 거짓말 같은 마술을 경험했을 것이다.

빚쟁이 대 빚쟁이

살인적인 인플레이션을 겪어보지 않은 이들

에게는 앞서 한 이야기가 초현실적으로 들릴 수도 있겠다. 물론 초인 플레이션은 극히 드물게 일어난다. 하지만 예상을 뛰어넘는 인플레이션이 채권자와 채무자의 부富를 제멋대로 재분배하는 요술을 부릴 수 있다는 걸 극명하게 보여준다.

우리말로 빚쟁이는 빚을 준 이(채권자)를 뜻하기도 하고 빚을 진 이(채무자)를 의미하기도 한다. 빚쟁이가 도망갈까봐 겁나는 이는 채권자이고, 빚쟁이가 찾아올까봐 두려운 이는 채무자다. 인플레이션이 심할수록 이 두 빚쟁이의 이해는 날카롭게 부딪친다. 앞서 보았듯이 뜻밖의 인플레이션이 나타나면 빚이 많은 오셀롯 씨의 어깨는 가벼워진다. 반면 금융저축이 많은 카푸친 씨는 땅을 치게 된다.

그렇다고 오셀롯 씨가 무턱대고 인플레이션을 기다리는 건 위험하고 어리석은 짓이다. 그가 인플레이션의 마술을 기대하려면 두 가지 조건이 갖춰져야 한다. 첫째, 인플레이션이 예상을 뛰어넘는 수준일 것. 그래서 돈을 빌려주는 이가 미처 인플레이션에 따른 구매력 손실을 피할 수 있을 만큼 충분히 높은 이자를 물리지 못할 것. 둘째, 인플레이션으로 실질적인 빚의 무게가 가벼워지기도 전에 파산하지 않도록 충분히 버틸 힘이 있을 것.

오셀롯 씨의 반대 편에 있는 카푸친 씨가 인플레이션을 미워하는 까닭은 또 있다. 지난해 그의 연봉은 4% 올랐는데 물가도 4% 오르는 바람에 실질소득은 제자리걸음을 했다. 카푸친 씨는 연봉이 올라 기분이 잠시 좋았다가 소리 없는 도둑과 같은 인플레이션이 이를 고스란히 훔쳐갔다고 이내 분개한다.

하지만 샤먼 박사는 그리 분해할 것까지는 없다고 위로했다. 카푸친 씨가 사서 쓰는 상품과 서비스의 가격이 오른 만큼 그가 파는 노동력의 가격도 올랐기 때문에 인플레이션을 무조건 도둑이나 강도로 모는 것은 잘못이라고 지적했다. 인플레이션이 없었더라면 생산성이 오르지 않은 카푸친 씨의 연봉이 오르는 일도 없었을 것이라는 설명도 덧붙였다.

카푸친 씨는 인플레이션을 하나의 세금으로 본다. 현금 보유자들이 다 같이 물어야 하는 세금이다. 어쨌든 이 세금 부담을 줄이려면 수중의 현금을 줄일 수 있는 데까지 줄여놓고 돈 쓸 데가 생길 때마다 은행을 오가는 수밖에 없다. 그럴수록 그의 구두 밑창은 많이 닳을 것이다. 식당을 운영하는 그의 아버지는 음식 값이 바뀔 때마다 메뉴 판을 새로 만드느라 돈을 써야 한다. 경제학자들은 인플레이션 때 현금 보유를 줄이는 데 따르는 온갖 비용을 '구두창 비용'이라고 하고 잦은 가격 조정에 따른 비용을 '메뉴 비용'이라고 불렀다.[6]

인플레이션 때문에 손해를 보는 이들은 현금 보유자들뿐만이 아니다. 개인이든 기업이든 인플레이션 때문에 여러 값비싼 대가를 치르게 될 수 있다.

인플레이션 때는 카푸친 씨가 일해서 얻는 근로소득, 예금이나 채권에서 나오는 이자소득, 주식이나 부동산 같은 자산을 팔 때 생기는 양도소득도 어느 정도 늘어날 수 있다. 하지만 이는 명목소득이 늘어난 것일 뿐이다. 실질적인 구매력은 명목소득보다 적게 늘어나거나 오히려 줄어들 수도 있다. 그런데도 명목소득이 늘어난 만큼 세금도 더 내야 한다는 현실이 카푸친 씨에게는 억울하게 느껴진다. 저축을 할수록 손해를 본다는 생각이 들지 않을 수 없는 것이다.

정글경제의 돈은 얼마나 빨리 돌까

20세기 후반 경제학계의 가장 큰 거목으로 꼽히는 밀턴 프리드먼Milton Friedman은 "인플레이션은 언제 어디서나 화폐적 현상Inflation is always and everywhere a monetary phenomenon"이라고 했다. 그러므로 화폐에 대한 이해 없이는 인플레이션을 이해할 수 없다.

인플레이션에 대해 공부하기로 마음먹은 카푸친 씨는 익히 들어본 화폐수량설quantity theory of money부터 알아보기로 했다. 우선 1911년 어빙 피셔Irving Fisher라는 경제학자가 고안한 가장 유명한 화폐수량방정식부터 떠올렸다.

$$MV=PY$$

이 방정식은 통화량(M)과 통화의 유통속도(V)를 곱한 값은 상품과 서비스 가격(P)과 생산량(Y)을 곱한 값과 언제나 같다는 걸 뜻한다.

정글피자 한 가지만 생산하는 극히 단순한 경제를 가정해보자. 이곳 사람들은 한 해 피자 1,000개를 만들어 2만원씩 받고 판다. 이 정글경제의 명목국내총생산(GDP)이 2,000만원이라는 이야기다. 이곳에 돌고 있는 돈이 모두 1,000만원이라면 이 돈의 유통속도는 얼마나 될까?

화폐수량방정식에 따르면 2가 된다.[7] 연간 2,000만원 규모의 생산활동이 이뤄지는 경제에 공급된 통화의 양이 1,000만원이라면 이 돈은 한 해 평균 두 차례 손 바뀜이 이뤄지는 것이다.

다시 한 번 이 방정식을 눈여겨보자. 통화의 유통속도(V)가 변하지 않고 생산량(Y)도 크게 달라지지 않는다면 통화량(M)은 고스란히 물가(P)에 반영된다. 정글경제의 피자 생산량(1,000개)이 그대로이고 통화의 유통속도(2)도 바뀌지 않을 때 통화량만 두 배(2,000만원)로 늘리면 물가는 어떻게 될까? 정글경제 사람들은 크기와 품질이 같은 피자를 2만원에 사먹다 이제 4만원에 사먹을 수밖에 없다.[8]

물론 이처럼 단순한 경제는 이 세상에 없다. 하지만 이 방정식은 인플레이션과 통화량의 밀접한 관계를 강조하는 통화주의자들의 관점을 잘 보여준다.

앞서 말한 초인플레이션은 통화 증가가 곧바로 인플레이션으로 나타나는 극단적인 경우다. 초인플레이션의 경험은 통화량과 인플레이션에 관한 가장 간명한 사고실험이라 할 수 있다.

다시 이 방정식으로 돌아가 그 변수들을 뜯어보자. 정글경제에 통화 공급이 늘어나도 사람들이 그 돈을 다 쓰지 않아 돈의 손 바뀜이 느려지면 어떻게 될까? 앞서 본 예처럼 통화 증가가 그대로 물가 상승으로 이어지지는 않을 것이다. 이 대목에서 통화유통속도가 안정적이라고 보는 학파와 이를 반박하는 학파 사이에 격렬한 논쟁이 벌어졌다.[9]

실제 한국 경제에서 통화유통속도는 앞서 예로 든 정글경제의 통화 유통속도보다 훨씬 낮은 수준이다. 화폐수량방정식에서 PY로 표시된 명목국내총생산을 광의통화(M2)로 나눠서 구한 통화유통속도는 1990년대 초까지만 해도 1.3정도였으나 최근에는 그 절반으로 떨어졌다(통화량지표에 대해서는 9장에서 설명한다).

화폐수량방정식은 변수가 기껏 네 가지밖에 안 되지만 카푸친 씨가 생각하는 것처럼 만만하게 볼 게 결코 아니다. 이 단순한 방정식을 복잡한 현실에 적용해 정책을 펴면 뜻대로 되지 않는 경우가 많을 수밖에 없다.

각국 중앙은행들이 통화량을 적절히 늘리거나 줄임으로써 물가안정과 경제성장을 꾀하는 일은 생각보다 쉽지 않았다. 물가를 잡기 위해 통화량을 조절하는 데 주력하던 중앙은행들은 결국 다른 방법을 쓰게 됐다. 중앙은행이 인플레이션을 일정한 수준으로 안정시키겠다는 목표를 제시하고 그에 맞춰 통화량을 늘리거나 줄이는 게 아니라 금리를 내리거나 올리는 정책을 쓰게 된 것이다. 이런 정책 운용을 물가안정목표제라고 한다.[10] 한국은 외환위기 직후인 1998년부터 물가안정목표제를 운용하고 있다.

뜻하지 않은 범죄

물가안정목표제는 한동안 성공적이었다. 대부분의 나라에서 인플레이션이 매우 낮은 수준에 머무는 가운데 경제가 안정적으로 성장하는 이른바 대안정의 시대를 맞았다. 한국도 예외가 아니었다. 외환위기 이후 10년 동안 한국의 물가상승률은 연 평균 3%에 그쳤다. 중앙은행과 통화정책 수장들에 대한 일반의 신뢰도 크게 높아졌다. 적어도 글로벌 금융위기의 쓰나미가 지구촌을 덮칠 때까지는 그랬다.

하지만 대안정을 구가하며 자만에 빠져 있던 이들은 글로벌 금융위기 이후 호된 비판을 피할 수 없었다. 인플레이션 타겟팅은 비판의 타겟이 됐다. 중앙은행들이 소비자물가지수만 쳐다보면서 너무 낮은 금리를 너무 오랫동안 끌고 가 자산시장 거품을 부추겼다는 비판이 쏟아졌다.

주류경제학자들과 통화정책 당국자들 사이에서도 인플레이션 타겟팅에 대한 비판과 자성의 목소리가 나오는 건 당연하다. 그중에는 인플레이션 목표치가 너무 낮다는 주장도 있다. 대부분의 나라에서 이 목표치는 2% 정도였다. 물가상승률과 금리를 이처럼 낮은 수준에서 관리하다 보면 경기침체를 막기 위해 과감한 금리인하가 필요할 때 금리를 내릴 수 있는 여지가 별로 없다. 결국 인플레이션 목표를 4% 정도로 높이는 게 어떻겠느냐는 이야기다.

빚이 많은 오셀롯 씨가 반길 만한 아이디어다. 하지만 그렇게 하면 통화가치를 지키려는 중앙은행에 대한 보통 사람들의 믿음은 크게 떨어질 수밖에 없다.

글로벌 금융위기 이후 인플레이션과 통화정책을 둘러싼 논리싸움은 더욱 치열해지고 있다. 밀턴 프리드먼은 1976년 노벨경제학상 수상 강연의 끄트머리에서 19세기 프랑스 의회의 한 의원이 당시 화폐의 추가 발행안에 관해 했던 연설을 인용했다.[11]

"못된 이들이 의도적으로 저지른 범죄보다 잘못된 논리를 펴는 이들이 뜻하지 않게 저지르는 범죄가 더 많습니다."

통화정책을 둘러싼 논리싸움을 벌이다 뜻하지 않은 범죄를 저지르게 될 이는 누구일까? 금융위기 이후 인플레이션과 통화정책에 대한 경제학자와 정책당국자들의 생각이 바뀌면 오셀롯 씨와 카푸친 씨 가운데 과연 누가 웃게 될까?

넘치는 유동성은 위험하다.
물가를 밀어올리고 자산시장의 거품을 만들어낼 수 있기 때문이다.
금융위기를 이해하려면 유동성을 알아야 한다.

09
유동성 홍수는
얼마나 위험할까?
금융위기의 전조

"세상의 모든 물질은 독이다. 독이냐 약이냐를 결정하는 것은 사용량뿐이다."

―필리푸스 파라셀수스Philippus Paracelsus12

21세기 정글경제에는 엄청난 유동성liquidity이 존재한다. 이 유동성은 때로는 성난 홍수처럼 모든 것을 집어삼키기도 한다. 유동성 홍수는 절제를 잃은 각국 중앙은행들, 헤아릴 수 없이 많은 금융의 귀재들이 이뤄낸 온갖 혁신, 그들이 한껏 탐욕을 부릴 수 있도록 한 규제완화 이데올로기의 합작품이다. 그들의 자유와 창의력은 때로 카푸친 씨와 같은 애꿎은 투자자들을 위기로 몰아넣기도 한다.

정글경제의 유동성은 이곳에서 살아가는 수많은 사람의 생명수가 되기도 하지만 때로 난폭한 급류로 돌변해 그들을 덮치기도 한다. 유동성이라는 개념을 이해하지 못하면 금융과 투자를 이야기할 수 없다.

유동성을 제대로 이해하지 못한 이들에게 정글경제는 더욱 위험해진다. 그렇다면 유동성이라는 것은 도대체 뭘까?

경제학 교과서에서는 흔히 어떤 자산이 얼마나 쉽게 교환의 매개가 될 수 있는지를 가늠하는 말로 유동성이라는 용어를 쓴다. 화폐는 그 자체가 교환의 매개이기 때문에 가장 유동성이 높다고 설명한다. 하지만 금융과 투자의 세계에서 유동성이라는 개념은 그 쓰임새에 따라 아주 다양한 의미를 가진 유동적인 말이 된다. 우리는 크게 세 가지 맥락에서 유동성이라는 말을 자주 쓰고 있다.

첫째, 유동성은 '금융자산을 얼마나 쉽고 빠르게 현금화할 수 있느냐를 따질 때' 쓰는 말이다. 자산을 파는 데 오래 걸릴수록 유동성이 떨어진다고 말한다.

급하게 현금이 필요해 서둘러 자산을 팔 때는 값을 후려쳐야 할 경우가 많다. 공정한 시장가격에 비해 큰 폭으로 값을 후려쳐야 팔리는 자산은 유동성이 떨어지는 것이다. 일반적으로 어떤 자산을 즉각 팔려면 어쩔 수 없이 받아들여야 하는 할인율의 크기를 보고 그 자산의 유동성이 높은지 낮은지를 가늠한다.

예컨대 정글아파트 매도 호가와 매수 호가의 차이가 1억원인 경우를 생각해보자. 카푸친 씨가 급한 사정이 생겨 정글아파트를 당장 팔아서 현금화해야 한다면 당초 불렀던 값을 1억원[13]이나 낮춰줘야 할 것이다. 시장 상황이 달라져 아파트 거래가 활발해져 매도-매수 호가 차이가 1,000만원으로 좁혀졌다고 하자. 카푸친 씨는 원하던 가격에서 1,000만원만 깎아주면 바로 아파트를 팔 수 있을 것이다. 이 경우 아파트의 유동성이 높아졌다고 말한다.

이런 의미에서라면 유동성이 가장 높은 자산은 현금이다.[14] 언제나 쉽게 찾아 쓸 수 있는 요구불예금은 만기 때까지 찾을 수 없는 정기예금보다 유동성이 높다. 증권시장에서 쉽게 팔아 현금화할 수 있는 상장주식보다 매수자를 직접 찾아 매매조건을 협상해야 하는 비상장주식은 유동성이 떨어진다.

글로벌 금융위기 때 투자자들은 그 가치를 쉽게 가늠할 수 없어 유동성이 떨어지는 서브프라임모기지Subprime Mortgage 관련 금융파생상품보다 언제든 현금으로 바꿀 수 있는 미국 국채를 유동성이 높은 안전자산으로 여겨 선호했다. 한 번 사고팔려면 많은 시간과 비용이 드는 부동산은 유동성이 가장 낮은 자산 가운데 하나다. 보통 표준화된 아파트보다는 개별적인 상업용 부동산의 유동성이 더 낮을 것이다.

둘째, '기업이나 가계의 재무 상태가 얼마나 안정적인가를 이야기할 때'도 유동성이라는 말이 자주 쓰인다.

유동성비율은 전체 자산 가운데 급하게 현금이 필요할 때 서둘러 팔 수 있는 자산의 비중을 뜻한다. 이 비율이 높을수록 재무 상태는 안정적이라고 본다. 이 비율이 떨어질수록 제때 빚을 못 갚아 부도를 낼 가능성이 커진다. 자산이 부채보다 많고 회계장부상으로는 흑자를 내는데도 당장 손에 쥔 현금이 없어 부도를 내는 기업은 유동성 관리를 잘못한 것이다.

셋째, '시장에 전반적으로 돈이 얼마나 풀려 있는지 가늠할 때' 유동성이라는 말을 자주 쓴다.

통화 공급량과 정책금리 수준, 신용 여건에 관한 이야기에서 유동성 개념이 자주 등장한다. 시장에 유동성이 넘치면 인플레이션 압력과 자산시장 거품 가능성이 커지게 마련이다. 흔히 유동성 홍수를 걱정하는 이들은 이 세 번째 유동성에 관해 이야기하고 있는 것이다.

이 세 가지 유동성 개념이 서로 연관돼 있음은 물론이다. 예컨대 통화정책 당국이 공격적으로 통화공급을 늘리고 금리를 낮추면 시중에 유동성이 넘친다(이는 세 번째 맥락에서 본 시장의 유동성을 의미한다). 그러나 자산시장의 거품이 갑자기 꺼지고 금융시장 전반에 신용경색이 나타나면 지나치게 빚을 많이 안고 있던 금융회사나 기업 혹은 가계는 유동성 위기를 맞게 된다(이는 두 번째 맥락에서 파악한 기업이나 가계의 유동성을 뜻한다). 이들은 제값을 받고 신속히 현금화할 수 있는 유동성 높은 자산이 부족하다(이는 첫 번째 맥락에서 본 자산의 유동성을 말한다).

그 많은 돈은 어디로 갔을까

카푸친 씨는 자신의 얇은 지갑을 볼 때마다 '그 많은 돈은 다 어디로 숨었을까' 하고 넋두리를 한다.

그는 시중에 과연 얼마나 많은 돈이 돌고 있는지 알아보고 싶다. 카푸친 씨의 의문을 풀자면 먼저 한국은행이 매달 발표하는 통화와 유동성지표의 의미를 알아야 한다.

M1(협의통화): 주로 지급결제 수단으로 쓰이는 돈이다. 민간의 현금통화와 언제든지 찾아 쓸 수 있는 요구불예금, MMDA Money Market Deposit Account처럼 수시로 넣었다 뺄 수 있는 저축성예금을 합한 것이다. 2011년 11월 평균잔액은 423조원이다. 이 가운데 현

금은 35조원에 지나지 않는다.

M2(광의통화): M1에 만기가 2년 미만으로 비교적 짧은 단기금융 상품을 합한 것이다.[15] 2011년 11월 평균잔액은 M1의 4배가 넘는 1,753조원에 이른다.

Lf(금융기관유동성): 은행을 비롯한 예금취급기관을 대상으로 집계한 M2에 은행이 아닌 금융기관까지 포함한 모든 금융권의 만기 2년 이상 금융상품을 더한 것이다. 2011년 11월 평균잔액은 2,279조원.

L(광의유동성): 가장 넓은 의미의 유동성지표다. 금융기관이 공급한 유동성뿐만 아니라 정부와 기업이 발행한 유동성 있는 금융상품을 모두 합친 것이다. 국채, 지방채, 회사채, 기업어음이 다 포함된다. 2011년 11월 말 잔액은 2,967조원에 이른다.
M1과 M2처럼 M자가 붙은 것은 통화지표, Lf와 L 같은 L자 돌림은 유동성지표로 구분한다.

지난 50년 동안 한국 경제의 유동성이 얼마나 늘어났는지를 보면 입을 다물 수 없을 정도다.

1960년 M2는 249억원에 불과했다. 그 후 10년 새 30배로 늘어났고 그다음 10년 동안 다시 17배로 불어났다. 1980년대(11배)와 1990년대 (4.8배), 2000년대(2.3배)에는 통화증가율이 경제개발 초기 단계보다는 낮아졌지만 절대금액은 가파른 증가세를 보였다. 지난 반세기 동안 M2는 6만8,000배로 늘어났다. 1970년부터 2010년까지 40년 동안 국내총생산(GDP)은 422배[16]로 늘어난 데 비해 같은 기간 통화량(M2)은 2,180배[17]로 늘어났다. 1995년 광의유동성(L)은 그 해 GDP의 1.4배에 조금 못 미쳤으나 2010년에는 2.4배를 웃도는 수준으로 불어났다.[18] 실물경제가 성장하는 속도에 비해 통화량과 유동성이 엄청나게 빨리 불어났음을 보여준다. 광의유동성은 글로벌 금융위기가 본격화한 2008~2009년에도 11% 안팎의 높은 증가세를 보였다.

이처럼 넘치는 유동성은 정글경제의 가장 중요한 특징 중 하나다. 우리는 정글경제를 탐사하는 여정 내내 유동성의 흐름이 급격히 변할 때 나타나는 리스크와 마주치게 될 것이다.

얼어붙은 유동성이 풀리면

2000년대 미국 연방준비제도이사회 FRB는 정책금리를 낮은 수준에 묶어둠으로써 적어도 가까운 장래에는 계속해서 금융시장에 유동성이 넘치도록 하겠다는 분명한 신호를 보냈다. 이에 따라 금융회사들은 언제든지 싼 돈을 끌어올 수 있다는 걸 확신하면서 유동성이 떨어지는 대출과 투자자산을 늘렸다. 이자부담이 줄어든 개인들은 더 많이 소비하고 더 무리해서 얻은 빚으로 집을 샀다.

가계나 기업이나 금융회사들은 시장의 유동성이 갑자기 줄어들 것에 대비해 현금이나 다른 유동자산을 쌓아둘 필요를 느끼지 못했다. 연방준비제도이사회는 시장에 위기가 닥치면 언제든지 유동성을 공급

할 것이라는 기대를 심어줬다. 이른바 '그린스펀 풋Greenspan put'은 그래서 생긴 것이다(그린스펀 풋에 대해서는 다음 장에서 자세히 알아본다).

글로벌 금융위기가 터지자 연방준비제도이사회는 유동성을 더욱 늘렸다. 단기 기준금리를 제로 수준으로 끌어내렸을 뿐만 아니라 이른바 양적 완화quantitative easing 정책을 통해 유동성 공급을 한껏 늘렸다. 이는 일시적으로 금융회사의 유동성 위기를 해소하는 데에는 도움이 됐지만 실물경제를 살리는 데에는 기대한 만큼 효과를 내지 못했다. 은행에 그토록 많은 돈을 지원했지만 그들은 그 돈을 대출해주는 데 쓰지 않고 그냥 들고 있었다. 경제에 돈을 홍수처럼 쏟아 부어도 가계가 이 돈을 소비하는 데 쓰지 않고 그냥 들고 있으면 효과가 별로 없다. 케인스는 이런 상황을 유동성 함정liquidity trap이라 일컬었다. 하지만 더 큰 문제는 얼어붙었던 유동성이 다시 풀릴 때 어떤 일이 일어날지 알 수 없다는 데 있다. 느릿느릿 움직이던 유동성이 갑자기 급류로 돌변할 가능성이 있기 때문이다. 이때 중앙은행들은 유동성 홍수가 불러올 인플레이션 압력과 자산시장 거품 위험을 막기 위해 금리를 올리면서 유동성을 빨아들이려 한다. 하지만 역사적으로 중앙은행들이 그 일을 충분히 기민하게 수행한 경우는 드물었다. 너무 낮은 금리를 너무 오래 끌고 가 결국 인플레이션과 자산시장 거품을 불러오는 경우가 많았다.

그럴수록 카푸친 씨는 더욱 경계심을 갖고 유동성 수위를 살펴봐야 한다. 소규모 개방경제에 살고 있는 그는 국내뿐만 아니라 글로벌 금융시장의 유동성 수위는 어느 정도인지, 홍수에 대비한 치수와 방재시스템은 얼마나 치밀한지 따져봐야 한다. 과잉유동성의 파괴력을 알고 대비하는 것은 정글경제를 살아가는 가장 중요한 생존전략 중 하나다.

중앙은행은 언제 파티를 멈추려 할까?
자산시장 거품에 대한 통화정책 수장들의 태도와
대응전략은 어떤 것일까?

10

누가 파티를 멈출 수 있나?

통화 정책의 딜레마

"처음엔 네가 술을 마시고, 다음엔 술이 술을 마시고, 그다음엔 술이 너를 마신다."

— F. 스콧 피츠제럴드 F. Scott Fitzgerald

"중앙은행이 할 일은 파티가 막 시작될 때 펀치보울을 가져가버리는 일 to take away the punch bowl just as the party gets going 이다."

미국 통화정책을 결정하는 연방준비제도이사회 FRB 아홉 번째 의장으로 가장 오랫동안 FRB를 이끈 윌리엄 맥체스니 마틴 William McChesney Martin[19] 이 한 말이다. 중앙은행은 굳이 파티의 흥을 깨려 할 만큼 심술 궂은 존재란 말일까? 달콤한 펀치에 모두가 기분 좋게 취하게 내버려 둘 수는 없는 것일까?

카푸친 씨는 중앙은행 수장들이 한마디씩 던지는 알 듯 모를 듯한 말들을 언론이 그토록 대서특필하는 까닭을 짐작한다. 그래서 암호 같은 그들의 언어를 다 이해하지는 못하더라도 결코 흘려듣지 않고 곱씹어보려 애쓴다.

그들도 파티를 망치고 싶어 하진 않는다

앨런 그린스펀Alan Greenspan은 18년 이상 FRB를 이끌었다.[20] 그는 미국과 글로벌 경제를 지휘한 마에스트로이자 역사상 가장 위대한 중앙은행 총재라는 찬사를 들었다. 어쩌면 당시에는 그런 상찬조차 부족한 것이었는지도 모른다. 그는 차라리 신이었다.

실제로 금융위기를 넘기는 그의 기술은 신기神技에 가까웠다. 취임한 지 두 달도 안 돼 맞은 블랙 먼데이의 주가 대폭락, 1997년 러시아 디폴트default(채무상환불능 사태)와 헤지펀드 롱텀캐피털매니지먼트LTCM의 붕괴, 2000~2001년 정보기술IT 거품이 꺼진 데 따른 충격파를 거뜬히 넘었다. 그린스펀 재임 기간 중 미국 경제는 인플레이션이 거의 사라진 가운데 역사상 가장 긴 두 번의 경기확장을 구가한 대안정의 시기였다. 이 기간 중 경기침체는 아주 약하게 두 번만 겪었다.

노벨경제학상 수상자인 폴 크루그먼Paul Robin Krugman은 1997년 한 잡지에 이렇게 썼다.

"앞으로 몇 년 동안 실업률을 예측하는 간단한 모형이 여기에 있다. 그린스펀이 원하는 실업률에 그가 신이 아니라는 사실을 반영한 랜덤 오차를 더하고 빼면 된다."

결국 그린스펀이 원하는 대로 된다고 보면 크게 틀리지 않을 거란 이야기였다. 하지만 그로부터 10년이 지난 다음 크루그먼이 다시 같은 주제로 기고를 했다면 그렇게 쓰지 않았을 것이다. 그린스펀이 신이 아니라는 게 너무나 분명해졌기 때문이다.

2008년 글로벌 금융위기로 그린스펀 신화는 무참히 깨졌다. 그린스펀은 전지전능한 신이 아니었다. 커다란 실수를 저지를 수 있는 한낱 인간이었다. 그는 여러 차례 위기를 넘으면서 너무 낮은 금리를 너무 오래 끌고 가며 자산시장 거품과 글로벌 경제의 불균형을 방치했고 이는 결국 더 큰 위기를 불러왔다는 비판이 쏟아졌다.

그린스펀이 마에스트로로 추켜세워진 것은 운이 좋았기 때문이라고 평가절하하는 이들도 있다. 인플레이션이 낮아진 건 다른 선진국들도 마찬가지였기 때문이다. 미국의 성장률이 유럽이나 일본보다 높았던 건 인구 증가나 노동시장 유연성 같은 구조적 요인 때문이지 그의 통화정책 덕분으로 돌리기는 어렵다는 시각이다.

글로벌 경제 전반에 걸쳐 인플레이션을 억누르는 압력(이를 디스인플레이션 압력disinflation pressure이라고 한다)이 나타난 덕분에 FRB가 인플레이션과 싸우기 쉬웠다는 점은 그린스펀 자신도 인정한다. 그는 자서전[21]에서 1987년 베를린장벽 붕괴가 세계 경제를 바꾼 결정적인 순간이었다고 밝혔다. 베를린장벽이 무너진 후 옛 공산권에서 글로벌 경제로 값싼 노동력이 대거 쏟아져 나오면서 임금과 물가를 억누르는 커다란 압력으로 작용했다고 분석했다.

그린스펀 풋과 헬리콥터 벤

그린스펀은 파티장의 펀치보울을 치워버리는

걸 좋아하지 않았다. 오히려 위기가 닥칠 때마다 과감하게 금리를 내리며 흥을 깨지 않으려 애썼다. 언론은 위기 때마다 되풀이되는 FRB의 구제조치를 '그린스펀 풋'이라 일컬었다. 여기서 '풋'은 풋옵션put option을 뜻한다(풋옵션은 23장에서 더 자세히 설명한다). 풋옵션은 자산가격이 떨어질 때 손실이 일정 수준 이상으로 커지지 않도록 막아주는 계약이다. 투자자들은 위기가 닥치면 으레 그린스펀이 금리를 내려 손실을 막아줄 걸로 기대했다. 그럴수록 투자자들은 더욱 무모하게 리스크를 안았다. 그린스펀 풋이 투자자들의 도덕적 해이moral hazard를 부추긴 것이다(도덕적 해이는 21장에서 설명한다).

그린스펀 시대에는 중앙은행이 시장의 큰 흐름을 거스르는 통화정책을 펼 것이라는 예상이 빗나갈 때가 많았다. 정글경제에 엄청난 투기의 바람이 불어닥칠 때도 그 바람에 맞서려는 모습은 찾아보기 어려웠다. 그린스펀은 특히 통화정책을 주택시장이나 주식시장의 거품을 터트리기 위한 수단으로 쓰는 건 곤란하다고 주장했다. 자산가격 상승이 인플레이션 압력이 되지 않는 한 중앙은행은 자산시장에 너무 신경 쓸 필요가 없다는 말이었다. 그린스펀 독트린으로 불린 그의 논리는 이랬다.

자산시장 거품은 사후적으로 확인할 수는 있겠지만 미리 알아보기는 어렵다. 설사 거품을 알아볼 수 있더라도 금리를 올려 선제적으로 대응하기는 어렵다. 금리는 자산시장의 거품을 다스리기에는 너무 무딘 무기다. 자산가격 상승세를 꺾을 만큼 큰 폭으로 금리를 올리면 경제 전체가 가라앉을 수도 있다. 그렇다면 거품이

저절로 꺼지기를 기다렸다 사후적으로 충격을 줄이기 위한 정책을 펴는 게 안전하다.

이는 집값이나 주식 값이 오를 때는 소극적으로 대응하다 떨어질 때는 공격적으로 금리를 내리는 비대칭적asymmetric 통화정책이라는 비판이 많았다. FRB는 자산가격이 오를 때는 천천히 오르는 데 비해 떨어질 때는 급격히 추락하기 때문에 자연히 그렇게 대응할 수밖에 없다고 반박했다. 하지만 자산가격이 오를 때는 뒷짐만 지고 있다가 떨어질 때는 받쳐주어야 한다는 것은 중앙은행이 자산시장 투자자들에게 공짜로 풋옵션을 주자는 것이나 다름없다.

벤 버냉키 FRB 의장은 2006년 조지 W. 부시 대통령 재임 시 그린스펀의 뒤를 이어 통화정책 수장 자리에 올랐고 버락 오바마 대통령의 재지명을 받아 2010년 초 두 번째 4년 임기를 시작했다. 프린스턴대 교수 출신으로 FRB의 어떤 전임자들보다 학문적 백그라운드가 든든한 그는 시장의 효율성을 굳게 믿는다. 그린스펀 재임 시절부터 FRB의 통화정책에 대해 지적 기반을 제공했던 그는 자산시장 거품을 미리 막기 위한 통화정책을 쓰는 데 대해 그린스펀보다 더 강경하게 반대했다. 그는 이런 정책을 "큰 망치로 뇌수술을 하는 것"에 비유했다.

1930년대 대공황을 깊이 연구한 버냉키는 2008년 글로벌 금융위기에 대응하는 데 남다른 과단성과 창의력을 발휘했다. 2007년 9월 5.25%였던 단기 기준금리를 15개월 새 열 차례나 내려 제로 수준으로 낮췄다. 그리고 명목금리를 더 이상 낮추기 어렵게 되었을 때는 국채를 비롯한 다양한 금융자산을 사들이거나 담보로 잡고 돈을 푸는 양적 완화quantitative easing 정책을 썼다. 그런 그를 시장에서는 '헬리콥터 벤'으로 불렀다. 헬리콥터에서 돈을 뿌려대듯이 무차별적으로 유동성을 살포했기 때문이다.

망치로 뇌수술을 할 수 없다

유럽중앙은행ECB이나 영국은행을 비롯한 여러 중앙은행은 '자산거품에 대해 메스 대신 망치를 써서는 안 된다'는 FRB의 주장과 생각을 달리한다. 머빈 킹Mervyn King 영국은행 총재는 자산가격이 오를 때는 인플레이션 예상치가 목표 범위 안에 있더라도 긴축적인 통화정책을 쓸 필요가 있다고 생각한다. 장클로드 트리셰 Jean-Claude Trichet 전 유럽중앙은행 총재도 인플레이션이 낮더라도 자산시장 붐에 대응해 긴축을 해야 할 때가 있다고 보았다. 이들은 통화긴축에 따른 경제적 비용은 거품 붕괴의 충격을 줄이기 위한 일종의 보험료로 생각한다.

중앙은행들은 자산시장 거품에 대한 태도와 대응전략에서만 차이를 보이는 게 아니다. 중앙은행으로서 추구하는 궁극적인 목표가 무엇인지, 그 목표를 달성하기 위해 어떤 지표에 주목하면서 어떤 식으로 통화정책을 운용해야 하는지에 대한 생각에서 뚜렷한 차이를 보인다.

대공황을 겪었던 미국 중앙은행은 물가안정뿐만 아니라 성장과 고용을 중시한다. 이에 비해 초인플레이션의 트라우마trauma가 남아 있는 독일이 주도하는 유럽중앙은행은 평소 물가안정에만 주력하는 편이다. FRB는 통화정책을 운용할 때 소비자물가 상승률만 쳐다보는 데

비해 유럽중앙은행은 물가뿐만 아니라 통화량 지표도 중시한다.[22]

　유럽중앙은행의 통화정책은 인플레이션뿐만 아니라 통화량과 신용 지표를 함께 고려하는 체제다.[23] 이런 시스템에서는 단기적인 인플레이션 리스크를 가늠하기 위한 경제적인 요인과 중장기적인 인플레이션 리스크를 점검하기 위한 통화적 요인을 모두 살펴봐야 한다. 유럽중앙은행은 장기적으로는 통화증가율이 높은 나라가 인플레이션도 높으며, 자산거품은 언제나 과잉유동성과 함께 간다는 생각을 깔고 있는 것이다.

카푸친 씨가 해독해야 할 암호

　　　　　카푸친 씨는 FRB 의장이나 유럽중앙은행 총재 같은 딴 세상 사람들이 외계인의 언어보다 더 난해한 말들을 쏟아낼 때마다 골치가 지끈거린다. 하지만 그들의 말 한마디 한마디가 카푸친 씨의 음식 값과 옷값, 집값과 주식 값은 물론 카푸친 씨의 몸값에도 영향을 미친다는 걸 알고 있다.[24]

　그래서 가능한 한 그들의 언어에 익숙해지려고 애쓴다. 그들의 생각과 정책운용 스타일을 이해하는 게 생각만큼 어려운 건 아닐 수도 있다. 카푸친 씨도 그들의 화법을 이해하게 되면 그들이 언제 파티를 멈추려 할지, 언제 다시 시작하려 할지 어느 정도 가늠할 수 있게 될 것이다.

글로벌 금융위기 이후 세계 통화체제는 어떻게 바뀔까?
유로나 위안화, SDR이나 새로운 글로벌 통화가
달러를 대체할 수 있을까?

11

어느 나라 돈이 가장 안전할까?

글로벌 통화체제의 미래

"중국은 결코 패권을 추구하지 않을 것이다." [25]

— 후진타오胡錦濤 중국 국가주석

"저우 샤오촨周小川 인민은행 총재, 글로벌 통화체제global monetary system가 어떻게 돌아가는지 그토록 빨리 꿰뚫어본 당신의 혜안에 놀랐소. 당신처럼 명석한 분이라면 세계에서 가장 많은 빚을 지고 있는 미국의 문제는 미국 국채를 가장 많이 쥐고 있는 중국의 문제라는 점도 이미 깨닫고 계시겠지요? 당신이 벼락치기로 공부를 했다면 모를 수도 있겠지만, 존 메이너드 케인스라는 걸출한 경제학자가 이런 말을 한 적이 있지요. '당신이 은행에 100파운드를 빚졌다면 그건 당신의 문제이지만 당신이 100만 파운드를 빚졌다면 그건 그들의 문제다.'"

G2와 상호확증파괴

"벤 버냉키 FRB 의장, 달러 가치가 떨어지는 걸 걱정하는 우리의 속내를 그토록 훤히 들여다보고 있는 당신의 통찰은 그다지 놀랍지 않소. 당신처럼 공부를 많이 한 분이라면 글로벌 준비통화global reserve currency(외국에 빚을 갚거나 물건 값을 치를 수 있도록 준비하고 있는 돈)를 함부로 찍어내면 지금 같은 통화체제를 지탱할 수 없다는 점도 잘 알고 계시겠지요? 당신은 우리가 잘 모르고 있기를 바랄 수도 있겠지만, 케인스는 방코bancor라는 새로운 글로벌 통화를 만들자고 제안한 적이 있지요. 그때 당신들은 콧방귀를 뀌었지만 지금 우리가 원하는 건 바로 어느 한 나라의 변덕스러운 정책에 휘둘리지 않는 새로운 통화체제란 말이오."

이는 물론 가상의 대화다. 하지만 세계 경제의 패권을 잡은 미국과 미국의 패권에 도전하는 중국 사이에는 실제로 이런 공방이 벌어지고 있다. 미국 FRB 의장과 중국 인민은행 총재가 속내를 완전히 드러낸다면 이보다 훨씬 더 격한 논쟁이 벌어질 것이다. 하지만 지구촌의 두 강대국(G2)이 어떤 의미에서는 상호확증파괴mutual assured destruction를 두려워한다는 점을 두 사람 모두 이해하고 있을 것이다.

상호확증파괴는 냉전 시대 지정학에서 흔히 쓰이던 말이다. 이를테면 어느 한쪽이 핵 공격을 하면 상대가 확실히 보복 공격을 할 것이기 때문에 어느 쪽도 살아남을 수 없다는 인식에 바탕을 둔 핵 억지전략의 개념이다.

2011년 9월 말 현재 3조2,017억 달러의 외환보유액을 쌓아두고 있는 중국은 미국이 무분별하게 달러를 찍어내 달러 자산의 가치가 떨어지게 될까봐 염려한다. 공격적인 양적 완화 정책에 따른 인플레이션으로 미국 국채의 가치가 떨어지면 중국으로서는 땀 흘려 모은 자산을 도둑맞는 기분이 들 것이다.

하지만 중국은 한꺼번에 달러 자산을 팔아치울 수도 없다. 달러 자산을 한꺼번에 내던지면 자국이 보유하고 있는 달러 자산의 가치가 급락할 뿐만 아니라 달러의 구매력이 떨어져 중국 상품의 대미 수출에서도 큰 타격을 입을 것이기 때문이다.

공멸을 각오하지 않는 한 G2가 당장 파국적인 세계 통화대전을 벌이기는 어렵다. 상호확증파괴의 관계에 있는 나라들은 상대국을 쑥밭으로 만들겠다는 생각을 버려야 하는 것이다.

트리핀의 딜레마

달러 가치 하락은 비단 중국만의 고민이 아니다. 세계가 하나의 준비통화에만 의존할 때 생기는 심각한 딜레마를 모든 나라가 안고 있는 것이다. 이는 일찍이 벨기에 출신 경제학자 로버트 트리핀Robert Triffin이 간파한 문제이다.

미국처럼 글로벌 준비통화를 찍어내는 나라는 준비통화에 대한 수요를 충족시키기 위해 글로벌 금융시장에 엄청난 유동성을 풀어놓아야 한다. 유동성 공급은 주로 국채 발행을 통해서 이뤄진다. 문제는 무위험 준비자산risk-free reserve asset[26]에 대한 글로벌 시장의 수요가 늘어나고 그 수요를 충족시키기 위해 미국이 더 많은 국채를 발행할수록, 다시 말해 미국이 더 많은 빚을 질수록 그 채권의 위험성은 오히려 더 커진다는 데 있다.

안전한 준비자산에 대한 수요가 클수록 준비통화 발행국의 빚은 쌓이고 이는 결국 준비통화에 대한 신뢰를 떨어트리게 된다. 경제학자들은 이를 트리핀의 딜레마Triffin's dilemma 또는 트리핀의 역설Triffin's paradox이라고 일컫는다. 실제로 안전한 준비자산에 대한 글로벌 시장의 수요가 급격히 늘어나면서 미국의 빚도 눈덩이처럼 불어났다.

1995년 글로벌 외환보유액은 세계 국내총생산GDP의 5%인 1조 3,000억 달러였다. 지금은 세계 GDP의 14%인 8조4,000억 달러에 이른다. 이 가운데 달러 자산의 비중은 60%를 웃돈다. 국제통화기금IMF은 이대로 가면 현재 미국 GDP의 60% 수준인 글로벌 외환보유액이 2020년에는 200%, 2035년에는 700%로 불어날 수 있다고 본다.

글로벌 외환보유액 대부분은 신흥·개도국들이 쌓은 것이다. 이들 나라의 외환보유액은 대부분 지난 10년 새 늘어났다. 그렇다면 왜 그토록 악착같이 달러를 쌓아두려 할까?

많은 신흥국이 수출을 성장의 엔진으로 삼고 있으며, 수출을 늘리기 위해 외환시장에서 달러를 사들이는 방식으로 자국 통화 가치를 떨어트리는 정책을 취하고 있다. 통화가치가 떨어질수록 자국 제품을 해외에서 싸게 팔 수 있어 수출이 늘어나기 때문이다. 중국과 같은 수출대국이 이런 전략을 고수하면 다른 나라들도 수출 경쟁력을 잃지 않기 위해 그 전략을 따라 할 수밖에 없다.

또한 외화 유동성 부족에 따른 금융위기의 악몽에서 벗어나지 못한 신흥국들은 일종의 자가보험self insurance 구실을 할 외화자산을 가능

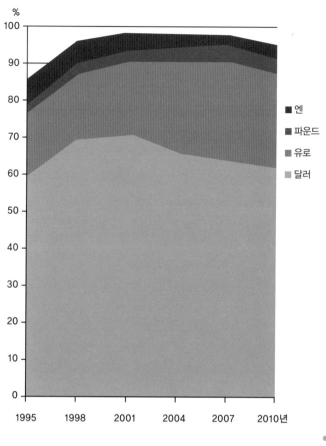

%

100 ─

90 ─

80 ─

70 ─

60 ─

50 ─

40 ─

30 ─

20 ─

10 ─

0 ─

1995　　1998　　2001　　2004　　2007　　2010년

■ 엔
■ 파운드
■ 유로
■ 달러

글로벌 준비통화 비중

한 한 많이 늘리려 한다. 외환위기에 대한 트라우마가 강한 나라일수록 안전자산 선호도 강하다. 한국의 경우 2008년 말 글로벌 금융위기가 고조됐을 때 상환만기 1년 이내 단기외채의 1.3배에 이르는 외환보유액을 쌓아두고도 국가부도설에 시달려야 했다.

　자국 통화가 달러의 그림자를 좇도록 하는 나라들이 늘어남에 따라 이른바 '브레튼우즈 2Bretton Woods 2' 체제가 만들어졌다. 글로벌 준비통화 공급을 한 나라에만 의존하는 오늘날의 글로벌 통화체제는 불안정하고 불공정하다는 지적을 받고 있다. 오늘날과 같은 체제에서는 준비통화 발행국이 엄청난 특권을 누릴 수 있다. 배리 아이켄그린Barry Eichengreen UC버클리 교수는 이를 '터무니없는 특권exorbitant privilege'이라고 묘사했다.[27]

무엇보다 자국 통화로 돈을 빌릴 수 있다는 점이 미국의 엄청난 특권이다. 외국에 달러 표시 채권을 팔고 외국 통화 표시 채권을 산 미국은 달러 가치가 떨어지면 가만히 앉아서 자본이득capital gain (주식, 채권, 부동산 같은 자본자산capital asset 에 투자해 얻은 차익)을 챙길 수도 있다. 갚아야 할 돈은 가치가 떨어지고 돌려받을 돈은 가치가 오르기 때문이다.

경제 위기 때 비대칭적인 조정asymmetric adjustment이 이뤄진다는 불만도 많다. 준비통화를 찍어내지 못하는 적자국들이 상대적으로 큰 타격을 받기 때문이다.

지구촌의 여러 나라는 어떤 의미에서는 준비통화를 찍어내는 나라의 볼모가 될 수 있다. 준비통화의 가치를 안정적으로 유지하려는 통화당국의 의지와 능력에 대한 신뢰가 무너질 때 엄청난 갈등과 혼란이 초래될 수 있다. 개발도상국들이 자국 내의 수익률 높은 투자를 마다하고 이자도 거의 붙지 않는 중심국 채권을 사들임에 따라 글로벌 자원 배분이 왜곡되는 문제도 있다.

미래의 글로벌 통화체제

각국 통화와 달러의 교환비율을 고정시키고 달러 가치를 금이라는 닻에 묶어둔 브레튼우즈체제Bretton Woods system가 1970년대 초에 무너진 것은 미국이 자국 경제사정에 맞는 통화정책을 포기하면서까지 이 체제를 유지하려 하지 않았기 때문이다. 미국은 당연히 글로벌 통화체제보다 자국 경제를 우선시한다. 글로벌 금융위기 후 FRB가 취하고 있는 공격적인 양적 완화 정책을 봐도 알수 있다.

각국의 엇갈린 이해 때문에 글로벌 통화체제의 균열은 더욱 커질 것이다. 준비통화에 대한 수요를 줄이는 게 근본적인 해결책이 되기 어렵다면 새로운 준비통화를 공급하는 문제를 고려해야 한다. 당장 통화체제의 격변이 일어나지는 않더라도 지금의 달러 중심 체제를 대체할 새로운 글로벌 통화체제가 부상할 가능성은 충분하다.

그 가능성은 크게 세 가지로 생각해볼 수 있다.

첫째, 지배적인 단일 준비통화가 없고 여러 준비통화가 경쟁하는 체제[28]다. 이런 체제로 가려면 유로나 위안화가 달러만큼 유동성과 신뢰를 확보할 수 있어야 한다. 가장 믿을 만한 준비통화에 수요가 집중되는 것[29]이 걸림돌이 될 수도 있다. 19세기 금과 은이 경쟁하던 체제, 또는 2차 대전 후 파운드와 달러가 경쟁하던 체제가 결국 단일 통화 체제로 바뀐 것처럼 어느 한 준비통화로 쏠림 현상이 나타나면 복수통화체제는 오래갈 수 없다. 투자자들이 가치저장store of value 수단으로 삼는 여러 통화 사이에서 이리저리 옮겨 다니면 환율 변동성과 통화체제의 불안정성이 커질 수도 있다.

둘째, 특별인출권special drawing right, SDR[30]에 바탕을 둔 체제다. 2009년 3월 저우 샤오촨 중국 인민은행 총재는 SDR이 달러를 대체하는 진정한 글로벌 준비자산이 돼야 한다고 주장해 금융시장에 큰 파장을 일으켰다. 달러, 유로, 파운드, 엔화 같은 주요 통화의 바스켓에 따라 가치가 정해지는 SDR은 글로벌 외환보유액의 4%에 불과하다. SDR이 달러처럼 풍부한 유동성을 확보해야 준비통화 구실을 제대로 할 수 있다. SDR이 광범위하게 통용되는 체제에서는 트리핀의 딜레마를 걱정하지 않아도 된다. 각국 중앙은행이 달러에 집중된 외환보유액을 자연스럽게 다른 통화로 분산시킬 수 있는 장점도 있다(분산투자의 효과diversification effect에 대해서는 24장에서 설명한다).

셋째, 완전히 새로운 글로벌 준비통화global reserve currency, GRC를 발행할 수도 있다. 이는 지금의 IMF와는 다른 지배구조를 갖는 독립적인 기구가 진정한 글로벌 무위험 자산이 될 통화를 발행하고 최후의 대부자lender of last resort[31] 역할도 하는 체제다. 세계정부를 만들지 않는 한 글로벌 중앙은행도 만들 수 없으므로 GRC는 유토피아적인 발상이라는 비판도 있다. 하지만 이미 유럽중앙은행처럼 각국의 통화주권을 넘겨받은 중앙은행이 있다는 점을 보더라도 GRC 체제가 불가능한 일은 아니라는 주장도 있다.

외화라고는 서랍 속에 잠자고 있는 몇백 달러밖에 없는 재규어 씨도 글로벌 통화체제에 일어날 크고 작은 지진을 피해갈 수 없을 것이다. 달러와 유로와 위안화의 거대한 판이 강력한 마찰을 일으킬 때 그가 소비할 휘발유나 그가 간접적으로 투자할 미국 채권 값이 요동칠 수도 있다. 그가 몸담고 있는 정글전자나 수출에 의존하는 소규모 개방경제인 한국의 운명이 뒤바뀔 수도 있다.

아이켄그린 교수는 1914년까지만 해도 국제 통화의 구실을 하지 못했던 미국 달러가 1925년 영국 파운드화를 제치고 가장 중요한 글로벌 준비통화로 부상했다고 지적했다. 그로부터 한 세기가 지났을 때 재규어 씨는 어떤 글로벌 통화의 부상을 목도할 수 있을까?

환율은 끊임없이 롤러코스터를 타고 있다.
그때마다 수출업체와 수입업체, 외화채권자와 채무자의 이해가
엇갈리고 기러기아빠는 울고 웃는다. 구매력평가이론을 바탕으로 한
빅맥지수로 원화의 저평가 또는 고평가 정도를 가늠해보자.

12
한국 돈은 제값을 받고 있나?
구매력과 환율

"하지만 (햄버거) 원가는 엄두도 못 낼 정도로 비쌉니다. ······
독일에서 양파 1kg을 수입하는 데 괜찮은 위스키 한 병 값을 물어야 합니다."[32]
―아이슬란드 레이캬비크에서 맥도날드 식당을 경영하던 욘 오그문드손Jon Ogmundsson

2011년 7월 25일 카푸친 씨가 서울의 맥도날드에서 사먹은 빅맥은 3,700원이었다. 그는 얼마 전 뉴욕에 갔을 때 같은 빅맥을 4.07달러에 사먹었다. 한국 돈 3,700원과 미국 돈 4.07달러는 똑같이 빅맥 하나를 사먹을 수 있는 돈이다. 그렇다면 1달러는 909원의 값어치가 있다고 봐야 한다.[33] 1달러와 909원의 구매력이 같다는 말이다. 하지만 서울의 외환시장에서 1달러를 사려면 1,056원을 줘야 한다.[34]

︱빅맥 구매력만 따지면 1달러는 909원

빅맥에 대한 구매력만 따지면 1원은 909분의 1달러의 값어치가 있다.[35] 하지만 실제 외환시장에서는 한국 돈 1원의 값을 1056분의 1달러밖에 안 쳐준다.[36] 외환시장의 원화 값(1/1,056달러)은 구매력을 감안한 원화의 값어치(1/909달러)의 86%밖에 안 된다는 말이다.

빅맥은 빵, 고기, 치즈, 야채를 포함한 꽤 많은 상품의 바스켓으로 볼 수 있다. 이 바스켓에 대한 원화의 구매력에 비해 외환시장의 원화 값은 14%나 낮게 평가되고 있다. 뉴욕으로 여행을 떠난 카푸친 씨는 저평가된 원화를 달러로 바꿔 빅맥을 사먹게 된다. 그는 배가 아플 수밖에 없다. 서울에서 3,700원에 사먹던 빅맥을 뉴욕에서 4,297원을 주고 사먹는 셈이기 때문이다.[37]

중국 위안화에 대해서도 같은 셈법을 적용해보자. 최근 상하이에서 카푸친 씨가 사먹은 빅맥은 14.7위안이었다. 빅맥 구매력만 따질 때 1달러와 같은 값어치를 갖는 중국 돈은 3.61위안이다.[38] 하지만 시장에서는 1달러는 6.45위안에 거래된다. 시장에서 쳐주는 위안화의 값어치는 구매력의 56%밖에 안 된다. 위안화는 구매력에 비해 44%나 저평가돼 있는 것이다.

상하이에서 14.7위안에 빅맥을 사먹던 중국인들이 뉴욕에 가면 26.2위안을 줘야 사먹을 수 있다.[39] 반면 상하이로 여행을 간 미국인들은 4.07달러에 사먹던 빅맥을 2.28달러에 즐길 수 있다.[40]

달러를 쓰는 여행자가 빅맥을 먹으려면 노르웨이나 스위스에서는 8달러 이상을 줘야 하지만 말레이시아, 태국, 인도네시아, 러시아에서는 2달러 남짓한 돈으로 같은 식사를 할 수 있다.

시간을 1년 전으로 되돌려보자. 그 사이 빅맥 값과 환율이 어떻게 움직였는지 비교해보기 위해 앞서 설명한 상황을 시점만 바꿔 고스란히 재현해보자.

2010년 5월 28일 카푸친 씨가 서울의 맥도날드에서 사먹은 빅맥은 3,400원이었다. 그는 얼마 전 뉴욕에 갔을 때 같은 빅맥을 3.58달러에 사먹었다. 한국 돈 3,400원과 미국 돈 3.58달러는 똑같이 빅맥 하나를 사먹을 수 있는 돈이라면 1달러는 949원의 값어치가 있다고 봐야 한다.[41] 하지만 서울의 외환시장에서 1달러를 사려면 1,194원을 줘야 했다.[42] 빅맥에 대한 구매력만 따지면 1원은 949분의 1달러의 값어치가 있지만[43] 실제 외환시장에서는 한국 돈 1원의 값을 1,194분의 1달러밖에 안 쳐준 것이다.[44] 외환시장의 원화 값(1/1,194달러)은 구매력을 감안한 원화의 값어치(1/949달러)의 79%에 불과했다는 말이다.

다시 말해 빅맥이라는 하나의 상품 바스켓에 대한 원화의 구매력에 비해 외환시장의 원화 값은 21%나 낮게 평가되고 있었다. 뉴욕 여행을 간 카푸친 씨는 저평가된 원화를 달러로 바꿔 빅맥을 사먹으면서 배가 아플 수밖에 없었다. 서울에서 3,400원에 사먹던 빅맥을 뉴욕에서 4,274원을 주고 사먹은 셈이기 때문이다.[45]

같은 시기 상하이에서 카푸친 씨가 사먹은 빅맥은 12.5위안이었다. 빅맥 구매력만 따질 때 1달러와 같은 값어치를 갖는 중국 돈은 3.49위안이다.[46] 하지만 시장에서는 1달러는 6.82위안에 거래됐다. 시장에서 쳐주는 위안화의 값어치는 구매력의 51%밖에 안 됐다. 위안화는 구매력에 비해 49%나 저평가돼 있었던 것이다.

상하이에서 12.5위안에 빅맥을 사먹던 중국인들이 뉴욕에 가면 24.4위안을 줘야 사먹을 수 있었다.[47] 반면 상하이로 여행을 간 미국인들은 3.58달러에 사먹던 빅맥을 1.83달러에 즐길 수 있었다.[48]

달러를 쓰는 여행자가 빅맥을 먹으려면 노르웨이나 스위스에서는 6달러 이상을 줘야 했다. 하지만 말레이시아, 태국, 인도네시아, 러시아에서는 2달러 남짓한 돈으로 같은 식사를 할 수 있었다.[49]

스위스 은행그룹 UBS가 2009년 3월 전 세계 73개 도시의 임금과 물가를 조사한 결과 지구촌 사람들은 빅맥 하나를 사기 위해 평균 37분을 일해야 하는 것으로 나타났다. 서울 사람들은 27분을 일하면 빅맥 하나를 벌 수 있었다. 도쿄(12분), 런던(13분), 뉴욕(14분) 사람들은 10분 남짓만 일하면 되지만 나이로비(158분), 자카르타(136분), 멕시코시티(129분) 사람들처럼 두 시간 이상 일해야 빅맥 한 끼를 살 수 있는 곳도 있었다.

환율 높낮이를 가늠하는 주먹구구 셈법

빅맥은 지구촌 어디를 가나 거의 똑같은 내용물로 팔린다. 쇠고기 대신 양고기 또는 닭고기를 쓰거나 칼로리와 무게가 조금씩 다른 건 무시할 만한 차이다. 이런 상품은 각국 통화의 구매력에 비해 환율이 높은지 낮은지를 가늠하는 데 안성맞춤이다.

『이코노미스트』지가 1986년 빅맥지수Big Mac Index를 선보인 후 라

테지수Tall Latte Index나 아이팟지수iPod Index 같은 여러 변형이 나왔다. 지구촌 사람들이 표준화된 막걸리를 즐겨 마시게 되면 막걸리지수도 나올 수 있을 것이다. 빅맥지수의 이론적 바탕은 일물일가의 법칙law of one price이다. 똑같은 물건은 어느 곳에서나 같은 값에 팔려야 한다는 가설이다.

정글시장에서 10만원 하는 옷이 판도라시장에서 15만원에 팔리면 정글시장에서 옷을 사 판도라시장에서 파는 차익거래arbitrage(일물일가의 법칙과 차익거래는 25장에서 더 상세히 설명한다)가 발생하기 마련이다. 이 거래는 두 시장의 가격 차이가 사라질 때까지 계속될 것이다.

일물일가의 법칙을 국제시장에 적용한 게 구매력평가purchasing power parity, PPP이론[50]이다. 국경을 넘나드는 차익거래가 이뤄질 수 있으면 어느 한 나라의 통화는 어느 곳에서나 같은 구매력을 가져야 한다는 주장이다. 한국 시장에서 100만원으로 옷 10벌을 살 수 있는데 미국 시장에서는 이 돈(100만원을 달러로 바꾼 돈)으로 같은 옷 7벌밖에 못 산다면 한국에서 옷을 사 미국에 파는 국제 차익거래가 나타날 것이다. 이 거래는 가격 차이가 없어질 때까지 계속될 것이다. 구매력평가이론은 각국 통화가 구매력에 비해 얼마나 고평가 또는 저평가돼 있는지 가늠하는 데 유용한 셈법을 제공하고 있다. 실제 외환시장에서 수요공급에 따라 결정된 환율이 구매력평가이론에 따라 예측한 수준을 크게 웃돌거나 밑돌게 되면 환율 흐름을 되돌리는 차익거래의 유인이 커질 것이다.

물론 현실은 이 이론과 많이 다르다. 특히 비교역재[51]의 경우 두 나라 사이에 가격 차이가 많이 나더라도 차익거래가 이뤄질 수 없다. 런던에 비해 서울의 이발 요금이 싸다고 해도 머리를 깎으러 런던에서 서울로 날아오기는 어렵다. 상하이의 빅맥이 싸다고 서울이나 뉴욕으로 사 나를 수도 없다. 빅맥 값에는 건물 임차료와 서비스 비용도 반영돼 있으며 이런 비용은 소득수준에 따라 나라마다 큰 차이를 보일 수밖에 없다.

컴퓨터나 자동차 같은 교역재도 운송비용이나 관세·비관세 장벽, 환 리스크 때문에 완전한 일물일가가 실현될 때까지 차익거래가 이뤄지기는 어렵다. 구매력평가 환율만 보고 어떤 통화가 고평가 또는 저평가돼 있다고 단언할 수는 없다는 이야기다.

경상수지current account balance[52]가 흑자도 적자도 아닌 균형수준이 되도록 해주는 환율을 알아보는 셈법도 있다(복잡한 건 딱 질색인 카푸친 씨는 이 부분을 건너뛰어도 괜찮다). 삼성경제연구소는 우리나라 경상수지가 균형을 이룬 1993년을 기준시점으로 하는 실질실효환율real effective exchange rate지수를 산출하고 있다.

환율은 원-달러, 원-엔 환율처럼 두 통화의 교환비율을 나타낸다. 이에 비해 전체 교역상대국 통화에 대한 자국 통화 가치 변동을 가늠하고자 각각의 통화에 가중치를 두어 종합적으로 살펴본 게 실효환율effective exchange rate이며, 여기에다 교역상대국의 물가변동까지 고려해 산출한 게 실질실효환율이다. 삼성경제연구소는 1993년 이후 주요 교역상대국 통화와 원화의 명목환율 변동을 각국별 교역비중과 물가변동을 감안해 조정하는 방식으로 지수를 산출했다. 이 지수가 기준시점(100)보다 높은지 낮은지에 따라 원화의 저평가 또는 고평가 정도를 가늠하는 것이다. 이 지수에 따르면 2011년 3월 (다른 나라 통화와 원화의 환율을 현 상태에서 고정시킬 때) 우리나라 경상수지를 균형수준에 맞춰주는 달러당 원화 환율은 1,018원이었다.

아찔한 환율 롤러코스터는 계속될까

2007년 7월 서울의 빅맥은 2,900원, 뉴욕의 빅맥은 3.41달러였다. 당시 빅맥에 대한 구매력만 보면 1달러는 850원 의 값어치가 있었지만 실제 시장 환율은 923원이었으므로 원화는 구 매력에 비해 8% 저평가돼 있었다.[53] 그 후 4년 새 서울의 빅맥 값은 27% 이상 올랐지만 뉴욕의 빅맥 값은 19% 남짓밖에 안 올랐다. 빅맥 에 대한 원화의 구매력이 달러의 구매력보다 더 많이 떨어진 것이다. 하지만 빅맥 값이나 일반 물가가 오른 것만으로 외환시장에서 원화 환 율이 큰 폭으로 치솟은 것을, 다시 말해 원화 값이 큰 폭으로 떨어진 것을 다 설명할 수는 없다.

달러당 원화 환율은 글로벌 금융위기 초기인 2007년 11월 초 902원에서 2009년 3월 초 1,573원으로 74%나 치솟았다. 16개월 새 원화 가치가 43% 가까이 떨어진 것이다. 외환위기가 한껏 고조된 1997년 말 두 달 새 원화 가치가 53%나 떨어진 것에 비하면 약과지만 이 정도면 폭락이라 할 만하다.

이처럼 1년 반이 채 안 되는 기간에 달러당 원화 환율이 70%나 치 솟으면 정글경제에 사는 모든 사람의 이해와 희비가 엇갈릴 수밖에 없 다. 특히 달러로 학비를 보내야 하는 기러기아빠와 달러로 빚을 갚거 나 수입대금을 치러야 하는 기업들의 부담은 그만큼 늘어난다.

■ 원/달러 ■ 원/100엔 ■ 원/유로

롤러코스터를 타는 원화 환율

　반면 수출대금을 달러로 받는 기업이나 달러표시 자산을 갖고 있는 투자자들은 그만큼 큰 이득을 본다. 달러를 들고 온 외국인 투자자들은 원화표시 자산을 거의 반값에 살 수 있게 된다.

　글로벌 금융위기 때처럼 환율이 아찔할 정도로 롤러코스터를 타는 현상을 각국 통화의 구매력 변동만으로 다 설명할 수 없다면 글로벌 금융·자본시장을 뒤흔드는 다른 요인들을 살펴봐야 한다. 특히 외환시장의 수급 불균형을 심화시키는 급격한 자본이동을 이해해야 한다 (이 문제에 대한 논의는 15장에서 살펴본다).

　글로벌 경제의 불균형이 심각할수록 세계 금융시장은 미친 듯 요동치게 되고 소규모 개방경제인 한국의 통화가치도 더욱 큰 폭으로 널뛰기할 수밖에 없다. 빅맥지수의 셈법을 익히느라 골치 아팠던 카푸친 씨가 고민해야 할 것도 그만큼 많아졌다.

　빚을 진 미국과 빚을 준 중국의 갈등이 큰 폭의 환율 조정으로 이어 질까? 안으로 폭발한 유로권이 또 다른 글로벌 금융위기를 불러올까? 글로벌 불균형이 심화되면 제2의 플라자합의Plaza Accord[54]와 같은 정치 적 해결이 시도될까? 이런 변수들이 어떻게 전개되느냐에 따라 카푸 친 씨의 빅맥 값도 엄청나게 달라질 것이다.

유럽 여러 나라는 단일통화를 갖기 위해
스스로 통화주권을 유럽중앙은행에 넘겼다.
그리스 위기로 시험에 든 유럽통화동맹은 깨질 것인가?
달러의 패권에 도전한 유로는 안전할까?

13

유로를 믿어도 좋을까?

유럽의 위험한 도박

"유럽 내 전쟁은 끔찍하겠지만 가능성이 없는 건 아니다.
경제정책을 둘러싼 갈등과 주권에 대한 간섭 때문에 역사와 민족,
종교에 따른 오랜 적대감이 더욱 강해질 수 있다. ……
남부가 떨어져 나갔던 미국의 경험에서 출구가 없는 조약이나
헌법의 위험에 관한 어떤 교훈을 얻을 수 있을 것이다."

— 마틴 펠드스타인Martin Feldstein [55]

500유로 지폐는 '빈 라덴'이라는 별명을 갖고 있었다. 알 카에다al-Qaeda 지도자 오사마 빈 라덴Osama bin Laden처럼 몰래 돌아다니면서도 눈에 띄지는 않았기 때문이다. '빈 라덴'은 우리 돈으로 73만원이 넘는다.[56] 한국 돈으로 120만원이 넘는 1,000스위스프랑짜리 지폐에 이어 지구촌에서 통용되는 주요 국제통화 가운데 두 번째로 값나가는 돈이다.[57]

런던으로 여행을 간 카푸친 씨는 500유로짜리 지폐를 하나 사고 싶었다. 하지만 2010년 5월부터 영국 내 환전소에서 500유로 지폐를 살수 없게 됐다. 영국 중대조직범죄국Soca이 이 나라에서 '빈 라덴'을 퇴

출시키고 싶어 하기 때문이다.

영국 중대조직범죄국의 500유로권 퇴출작전

시중에 돌고 있는 유로 현금 가운데 36%를 차지하는 500유로 지폐가 눈에 잘 띄지도 않는 건 이 돈이 시중에 풀리는 족족 지하로 숨어버리기 때문이다. 영국에 흘러드는 500유로권 10장 중 9장은 조직범죄나 돈세탁 같은 검은 거래에 쓰이고 있다. 합법적인 거래에서 500유로권에 대한 수요가 별로 없는데도 해마다 이 돈이 5억 유로나 수입되는 건 그만큼 검은 거래가 많다는 뜻이다. 이탈리아 중앙은행도 돈세탁을 하려는 마피아나 테러리스트와 온갖 유형의 탈세자들이 이 고액권을 끌어 모으고 있다는 보고서를 냈다.

각국 지하경제에서 '빈 라덴'이 이처럼 환영을 받는 건 당연하다. 큰 돈을 간편하게 옮기고 숨길 수 있기 때문이다. 러시아 마피아나 남미 마약조직원이 100만 달러가 든 가방을 들고 비행기를 타려는 상황을 생각해보자. 그 가방을 100달러짜리 지폐로만 채우면 10킬로그램이 넘는다. 무게 제한에 걸리지 않으려면 비즈니스 석을 타야 할 것이다. 하지만 500유로권으로 채운다면 1.6킬로그램들이 핸드백 하나면 충분하다. 2만 유로까지는 담뱃갑 속에 숨길 수도 있다(물론 철통같은 한국 세관은 통과할 수 없을 것이다).

그러나 고액권이 아무리 편리해도 돈값이 불안하게 출렁거리면 환영받을 수 없다. 마피아들이 유로를 가치저장 수단으로 선호하는 건 유동성이 확보돼 있고 통화가치가 안정적일 것이라는 기대 때문이다.

유로 가치의 안정을 바라는 건 각국 중앙은행들도 마찬가지다. 전 세계 외환보유액에서 유로가 차지하는 비중은 1999년 17%에서 2011년 상반기 26%로 늘었다. 같은 기간 달러 비중은 70%에서 60%로 줄어들었다. 엔화 비중은 6% 남짓한 수준에서 4%에도 못 미치는 수준으로 줄었다. 유로는 과연 각국의 마피아와 중앙은행들의 이런 기대를 저버리지 않을까?

┃ 두 차례 세계대전을 겪은 유럽의 위험한 도박

유로가 세상에 나온 건 1999년 1월 1일이었다. 실제로 유로 지폐와 동전이 시중에 풀린 건 3년 후였지만 유럽 단일통화로 거래가 시작된 것은 1999년이었다.

20세기가 다 저물어가던 1998년 12월 31일 11개국(독일, 프랑스, 이탈리아, 스페인, 네덜란드, 벨기에, 오스트리아, 핀란드, 포르투갈, 아일랜드, 룩셈부르크) 통화와 유로의 교환비율이 최종 확정되면서 유로권 eurozone 내 각국 간 환율변동 위험은 완전히 사라졌다. 그 후 그리스(2001년), 슬로베니아(2007년), 키프로스와 몰타(2008년), 슬로바키아(2009년), 에스토니아(2011년)가 합류함에 따라 유로를 쓰는 나라는 17개로 늘었다. 유로권 인구는 3억3000만 명 남짓 된다. 지구촌 70억 인구의 20분의 1이 채 안 된다.

하지만 경제 규모는 전 세계의 5분의 1에 이른다. 국제통화기금 추정에 따르면 유로권은 2011년 전 세계 명목국내총생산GDP 70조 달러 가운데 19%(13조 달러)를 차지했다. 미국의 21%(15조 달러)와 맞먹는다.

덴마크와 라트비아, 리투아니아, 불가리아는 자국 통화 가치가 유로를 따라 움직이도록 하고 있다. 글로벌 금융위기 때 통화동맹이 든든한 보호막이 될 수 있음을 알게 된 폴란드, 체코를 비롯한 동유럽 여러 나라까지 가세하면 유로권은 세계 최대 단일통화권으로서 영향력을 더욱 키울 수 있다. 유로를 쓰는 나라들은 자발적으로 통화주권을 유럽중앙은행ECB에 넘겨줬다. 유로권 내 각국 중앙은행들은 자국 내 경제상황에 따라 독자적으로 금리를 올리고 내릴 수 없다는 점에서 미국의 각 지역 연방준비은행들과 같은 처지다.

독일 번영의 상징이었던 마르크화는 탄생 50주년인 1999년 사실상 역사의 무대에서 퇴장했다. 하느님은 믿지 않아도 마르크는 믿는다던 독일인들이 자국 통화를 포기한 것은 유럽이 또다시 전쟁의 참화에 휩싸이지 않도록 하자는 정치적 비전에 이끌렸기 때문이었다.

헬무트 콜Helmut Kohl[58] 당시 독일 총리를 비롯한 유럽 지도자들은 경제통화동맹Economic and Monetary Union, EMU[59]이 유럽의 정치적 통합도 앞당겨줄 것으로 믿었다. 출범 후 10년간 유로는 성공적으로 자리를 잡았다. 인플레이션은 연 평균 2% 남짓한 수준에서 안정됐다. 1999년 초 1유로의 가치는 1.17달러였다. 2000년 10월 한때 0.82달러까지 떨어졌던 유로는 2008년 7월 1.59달러까지 치솟기도 했다.

하지만 남유럽 국가들의 재정위기를 계기로 유럽 경제와 통화동맹의 구조적 문제가 부각되자 다시 약세를 보였다. 유로권이 PIIGS(포르투갈, 아일랜드, 이탈리아, 그리스, 스페인) 재정위기에 효과적으로 대응하지 못하면 유로권의 내분으로 통화동맹 자체가 깨질 수도 있다는 암울한 분석까지 나왔다. 유럽통화동맹은 과연 그토록 위험한 도박일까?

유럽통화동맹을 시험하는 재정위기

'유로화의 대부'로 불리는 로버트 먼델 컬럼비아대 교수는 유로가 공식 출범한 1999년 노벨경제학상을 받았다. 1960년대 그가 발표한 '최적통화지역optimum currency area이론'[60]은 유럽 통화통합의 이론적 기초를 제공했다.

최적통화지역은 같은 돈을 쓰기에 적합한 지역을 말한다. 단일 통화와 공동 통화정책을 쓸 수 있는 지역이 되려면 무엇보다 자본과 상품의 흐름을 막는 장벽이 없어야 한다. 또한 노동력의 이동도 자유로워야 한다. 예컨대 캘리포니아 지역 경기가 침체됐을 때 그곳에서 일자리를 잃은 노동자가 뉴저지나 텍사스로 쉽게 옮겨갈 수 있어야 한다. 이와 함께 경기 활황지역에서 침체지역으로 자원을 재배분하는 재정정책도 필요하다. 각 지역의 경기사이클이 완전히 따로 놀아서도 안 된다. 획일적인[61] 통화정책에 따른 부작용이 나타나기 때문이다.

유럽중앙은행은 유로권 주변부보다는 중심부 국가들의 경기 상황을 더 중시하며 금리수준을 결정할 것이다. 유로 출범 후 저리 자금이 물밀듯이 들어온 아일랜드와 스페인에 부동산 거품이 끓어오른 건 획일적 금리정책의 부작용을 단적으로 보여준다. 이들 나라의 통화가치가 떨어져 투자자금을 회수할 때 손실을 볼 위험이 사라진 만큼 투자자들은 더욱 공격적으로 투기에 나섰다.

미국과 달리 유럽은 아직 최적통화지역의 조건을 다 갖췄다고 하기 어렵다. 경기침체를 겪는 그리스의 실업자가 경기가 좋은 독일에 가서 일자리를 찾기가 쉽지 않다는 점만 봐도 알 수 있다. 유로권에는 미국 연방정부가 수행하는 것과 같은 강력한 재정정책 기능이 없다는 점도 문제다. 엄격한 규정에 따라 재정건전성을 확보해야 하는 유로권 국가들은 경기 침체에 대응해 공격적으로 재정지출을 늘릴 수도 없다.

'불가능한 삼위일체Impossible Trinity'라는 가설을 바탕으로 유로권의 구조적인 문제를 생각해보자. 이 가설은 어떤 나라든 자유로운 자본이동, 고정된(안정된) 환율, 독자적인 통화정책이라는 세 마리 토끼를 한꺼번에 다 잡을 수는 없다는 주장이다.

각국은 다음 그림의 삼각형에서 어느 한 선분만 택할 수 있다. 꼭짓점 세 가지 중 하나는 포기해야 한다. 그림에서 녹색 선분을 선택한 나라는 자유로운 자본이동을 허용하면서 독자적으로 통화정책을 펼 수 있다. 하지만 환율을 고정시킬 수는 없다. 환율변동 위험을 안아야 한다는 말이다. 미국, 영국, 유로권[62]을 비롯해 환율변동을 허용하는 선진국은 대부분 여기에 속한다.

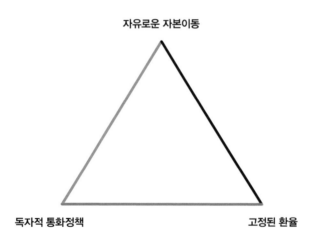

불가능한 삼위일체

회색 선분을 택하면 자본흐름을 통제하는 대신 독자적 통화정책과 환율 안정을 얻을 수 있다. 이런 정책을 택한 나라로는 중국이 대표적이다. 하지만 중국이 실질적으로 독자적인 통화정책을 편다고 볼 수 없다는 지적도 많다. 달러 대비 위안화 가치를 안정시키려면 중국이 미국의 금리 정책을 따라갈 수밖에 없기 때문이다.

검은색 선분을 택한 경제는 자본이 자유롭게 드나들게 하면서도 환율을 일정한 수준으로 고정시킬 수 있다. 대신 통화공급과 금리 수준은 맘대로 결정할 수 없다. 그리스, 스페인과 같은 유로권 내 개별 국가들이나 홍콩이 여기에 해당된다.

유로권 밖에 있는 영국은 안정된 환율과 독자적인 통화정책 가운데 후자를 택한 것이다. 물론 독일인들 손에 통화주권을 넘길 수 없다는 국민 정서도 중요하게 작용했다.

불가능한 삼위일체의 가설에 비춰보면 그리스를 비롯한 PIIGS 국가들은 유로권 나라들의 고민을 쉽게 이해할 수 있다. 이들 나라는 통화 가치를 떨어트려 수출을 늘릴 수도 없고 맘대로 금리를 내려 경기를 활성화시킬 수도 없다. 그렇다고 적극적으로 재정을 확대할 수도 없다. 결국 고통스러운 구조조정과 개혁을 통해 근본적으로 경쟁력을 높이는 수밖에 없다.

유럽의 내전

유럽 단일통화가 오랜 진통 끝에 빛을 보게 됐을 때 미국 경제학자들은 그 역사적 탄생을 진심으로 축하하지 않았다. 오히려 저주에 가까운 경고를 쏟아냈다. 확고한 정치적 통합 없는 경제통화동맹은 결국 실패할 수밖에 없다는 것이었다. 그중에서도 압권은 전미경제조사국NBER을 이끌던 마틴 펠드스타인 하버드대 교수의 경고였다. 그는 유로 출범을 앞두고 『포린어페어 Foreign Affairs』 지에 기고한 글[63]에서 경제정책을 둘러싼 유로권 갈등이 결국 내전으로 이어질 수 있다고 주장했다. 남부의 분리를 막느라 내전을 치른 미국의 경험에서 알 수 있듯이 탈출구가 없는 동맹은 전쟁을 부른다는 것이었다.

참으로 역설적인 이야기다. 경제통화동맹은 인류의 목숨을 가장 많이 앗아간 두 차례 세계대전을 치른 유럽이 또다시 전화戰禍를 겪지 않으려고 만들어낸 것이다. 이를 위해 독일인들은 신앙과도 같은 마르크를 버렸다. 그런 동맹이 전쟁을 부른다면 얼마나 얄궂은 역사의 아이러니가 될까?

유럽의 순항은 우리에게도 바람직한 일이다. 더 강해진 유럽이 책임 있는 리더십을 갖고 유일한 패권국 미국의 대항마 노릇을 할 수 있다면 지구촌은 더 균형 잡힌 가운데 번영을 누릴 수 있을 것이기 때문이다. 효율적이지만 비정한 영미식 자본주의 체제에 비판적인 나라들은 유럽 사회가 롤모델이 될 수 있을 것으로 믿기도 했다.

유럽은 아직도 지구촌 최대 부국클럽이다. 나라살림이 엉망이 된 PIIGS 국가도 1인당 GDP가 2만~4만 달러나 된다. 그러나 재정위기로 사정없이 망가졌다. PIIGS의 나랏빚은 4조 달러에 이른다. 2008년 9월 글로벌 금융시스템에 동맥경화를 일으켰던 리먼브러더스 부채의 7배나 된다.

유럽 은행들은 재정위기의 직격탄을 맞았다.[64] ECB는 최후의 대부자 구실을 못 하고 독일을 비롯해 재정적으로 여력이 있는 나라들은 무절제한 이웃 나라들을 구제하는 데 손을 내저었다. 분노한 대중과 정치권의 포퓰리스트들은 유럽의 통합보다는 분열을 부추겼다. 요새화한 유럽이 안으로 폭발하는 최악의 시나리오도 있다. 허리띠를 졸라매다 지친 나라들이 통화동맹에서 뛰쳐나가거나 유로권이 남북으로 갈라지리라는 전망도 나왔다.

그렇지 않아도 유럽은 늘 핵분열의 불씨를 갖고 있다. 유럽의 지도는 금세 낡은 것이 되고 만다. 지난 20여 년 동안 동서독을 가르던 경계가 사라졌고 체코와 슬로바키아를 나누는 국경이 새로 생겼다. 옛 소비에트연방에 속했던 우크라이나, 벨라루스, 리투아니아, 라트비아, 에스토니아, 몰도바가 독립국으로 거듭났고, 옛 유고연방은 슬로베니아, 크로아티아, 보스니아-헤르체고비나, 마케도니아, 세르비아, 몬테니그로로 쪼개졌다. 앞으로 유럽에 얼마나 많은 나라가 새로 생겨날지 알 수 없다. 벨기에, 이탈리아, 영국, 스페인이 여러 나라로 쪼개지지 않으리라고 누구도 장담할 수 없다.

유럽의 내전을 경고했던 이들은 2011년 PIIGS 국가들의 재정위기가 고조되자 내심 '내 그럴 줄 알았다'고 생각했을 것이다. 유럽 각국 간 물리적 충돌은 벌어지지 않더라도 자원과 위험의 배분을 둘러싼 싸움은 이미 격렬하게 벌어지고 있었기 때문이다. 통화동맹이 흔들릴 때 유럽합중국을 꿈꾸던 지도자들은 보이지 않았다. 임기응변 식 타협으로 최악의 사태만은 피해가는 데 급급한 정치인과 기술관료들의 모습만 보였다.

유럽은 언젠가 아시아에 붙은 반도나 극서極西지역이 될지도 모른다. 『십자군 이야기』에서 시오노 나나미塩野七生는 "전쟁은 인간이 여러 난제를 한꺼번에 해결하려 할 때 떠올리는 아이디어"라고 했다. 유럽은 전쟁이 아니라 통합이 해결책이라는 신념을 얼마나 굳게 지켜갈 수 있을까?

카푸친 씨의 유로는 안전할까

　　　　　　　인간이 만든 모든 제도가 그러하듯 유럽 통화동맹은 많은 결함을 지니고 있다. 무엇보다 정치적 통합에 앞서 이뤄진 통화통합의 한계를 안고 있다. 하지만 PIIGS 국가들의 재정위기를 계기로 통화동맹의 구조적 문제를 줄이려는 노력이 이뤄질 것이다. 그 과정에서 발생하는 진통도 클 것이다. 무엇보다 통화통합에 이어 재정통합을 진전시키려 할 때 개미처럼 저축을 많이 한 나라와 베짱이처럼 대책 없이 살았던 나라 사이의 이해가 날카롭게 부딪칠 것이다.

유로 클럽이 해체되거나 일부 회원들이 탈퇴하리라는 전망은 성급한 것일까? PIIGS 국가들이 클럽을 박차고 나가는 순간 글로벌 금융시장의 엄중한 처벌을 받을 게 뻔하기 때문에 고통스럽더라도 일단 구조조정의 길을 택할 것이라는 견해는 믿어도 좋은 것일까? 독일 중앙은행인 분데스방크Bundesbank의 엄격함과 절제를 이어받은 유럽중앙은행이 미국 중앙은행인 연준에 비해 상대적으로 정치적인 입김을 덜받는다는 점은 유로화 가치 안정에 긍정적인 요인으로 작용할 수 있을까?

카푸친 씨는 유럽합중국의 비전에 관심을 가질 필요도 없고 500유로짜리 지폐를 사 모아야 할 필요도 없다. 하지만 달러 대비 유로 가치가 8년 만에 곱절이 될 정도로 심한 부침을 겪었던 사실은 알아둘 필요가 있다. 그는 달러와 유로 중 어느 쪽을 더 믿어야 할까?

황금의 찬란한 빛은 때로 우리의 눈을 멀게 한다.
금은 가장 안전한 피난처가 될 때도 있지만
가장 위험한 투기의 대상이 되기도 한다.
금은 안전하다는 통념을 맹신하면 안 되는 까닭은 무엇인가?

14
금은 언제 가장 반짝일까?
안전자산에 대한 투기

"안전은 대개 환상이다. 그것은 자연에 존재하지 않는다."
─헬렌 켈러 Helen Adams Keller

피라냐 씨가 1975년 1월 첫돌 때 받은 금반지를 2011년 10월에 판다고 하자. 36년 9개월이 지나는 동안 피라냐 씨의 금반지 값은 25배로 뛰었다. 같은 기간 자장면 값은 30배, 남자 구두 값은 9배, 전세 값은 10배가 됐다. 그동안 한국의 소비자물가는 10배로 올랐다. 36년 전에는 1만원에 살 수 있던 것을 지금은 10만원을 줘야 살 수 있다는 뜻이다.[65]

5년 전 재규어 씨가 금을 사두었다면

피라냐 씨의 아버지가 아들의 첫돌 때 일찌감치 아들 몫으로 100만원어치의 금반지를 사서 지금까지 장롱 속에 고이 모셔두었다고 하자. 지금 이 금반지를 팔아 쓴다면 2,500만원짜리 승용차를 살 수도 있다. 하지만 금반지를 사지 않고 현금을 묻어두었다면 지금도 100만원어치의 물건밖에 살 수 없다. 물가가 10배로 뛰었으므로 이 돈으로 살 수 있는 물건은 10분의 1로 줄어들었다.

100만원을 은행이나 기업에 빌려주었다면 그동안 이자가 붙었을 것이다. 그동안의 물가상승률을 감안하면 원리금이 1,000만원이 돼야 그 돈의 구매력purchasing power이 유지된 것으로 볼 수 있다. 100만원이 36년 만에 1,000만원으로 불어나려면 해마다 6.6%의 이자가 붙어야 한다.[66] 100만원이 2,500만원으로 불어났다면 금반지와 같은 구매력을 유지한 것으로 볼 수 있다. 100만원을 주식이나 채권에 투자해 그만큼 불리려면 해마다 9.3%의 수익을 내야 한다.[67]

장롱 속의 금반지에는 이자가 붙지 않는다. 하지만 금반지를 사둔 아버지는 지난 36년 동안 연 9%대의 높은 이자를 주는 채권에 투자한 것과 같은 수익률을 기록한 셈이다.[68]

하지만 그동안 금값 움직임을 뜯어보면 그가 안정적인 고수익을 얻었다고 할 수만은 없다. 소비자물가 통계를 보면 금반지 가격지수는 1980년 1월 고점을 기록한 후 내리막으로 돌아섰다. 그 후 외환위기 당시 잠시 오른 걸 제외하면 1980년 고점을 완전히 돌파하기까지 22년이나 걸렸다.

재규어 씨는 왜 5년 전에 금반지를 사 모으지 않았을까 후회하고 있다. 다른 많은 사람처럼 재규어 씨도 지금 아는 걸 그때는 알지 못했다. 하지만 이는 너무 속상해 할 일이 결코 아니다. 다음 그래프만 봐도 알 수 있듯이 금반지는 안정적인 가치저장 수단이라고 하기 어렵다. 1980~1990년대 금반지 값은 게걸음만 계속했다. 그러다 2005년 이후 7년이 채 안 되는 기간에 4배로 치솟았다.

한국이 1975년부터 금반지를 화폐로 썼다면 어떻게 됐을까? 36년 동안 구매력이 엄청나게 커진 금반지화폐로 표시하면 물가는 60%나 떨어졌다고 볼 수 있다.[69] 인플레이션이 아니라 엄청난 디플레이션이

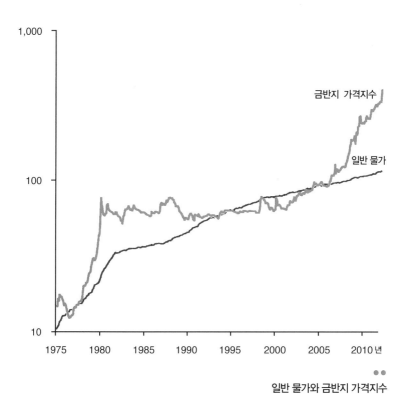

일반 물가와 금반지 가격지수

일어난 것이다. 같은 기간 금반지로 계산한 자장면 값은 20% 올랐고, 구두 값은 64%, 전세 값은 60% 떨어졌다.

10년 전 영국은행은 왜 헐값에 금을 팔았을까?

영국 중앙은행은 1999년 7월부터 2002년 3월까지 금 1,270만 트로이온스(395톤)를 팔았다. 온스[70]당 평균 275달러를 받아 총 35억 달러를 챙겼다. 하지만 지나고 보니 이는 엄청난 실수였다. 금값은 그 후 가파르게 올라 2011년 9월 초 온스당 1,900달러를 넘어서 명목가격으로는 사상 최고치를 기록했다.

영국은행이 문제의 금을 10년만 기다렸다 팔았다면 200억 달러 넘게 받을 수 있었을 것이다. 거시경제와 금융시장 분석에 관한 한 최고의 두뇌집단으로 꼽히는 영국은행도 금을 사고팔 타이밍을 잡는 데에서는 필부와 다름없는 실수를 저질렀다. 그러니 재규어 씨가 장롱 속 금반지를 언제 팔아야 할지 헷갈려 하며 실수를 저지르는 건 당연하다.

돌이켜보면 바보짓을 한 건 영국은행뿐만이 아니었다. 1997년 호주 중앙은행은 갖고 있던 금 3분의 2(166톤)를 팔아버렸다. 스위스 중앙은행은 영국은행에 한발 앞서 보유한 금 절반(1,300톤)을 팔겠다고 선언했다. 프랑스, 네덜란드, 벨기에, 스웨덴, 포르투갈, 스페인도 금을 파느라 바빴다.

영국은행이 금을 바닥 시세에 팔아버리게 한 당시 재무장관은 고든 브라운Gordon Brown이었다. 하지만 금 매도 타이밍을 잡는 데 그보다 더 큰 실수를 한 이는 제프리 하우Geoffrey Howe였다. 하우는 1980년 금값이 온스당 850달러로 고점을 기록했을 때의 재무장관이었다. 그때 영국은행이 1,270만 온스를 팔았다면 110억 달러 가까운 돈을 챙겼을 것이다. 이 돈을 국채에 투자해 30년간 연 평균 7%의 수익을 얻었다면 800억 달러 이상으로 불어나 있을 것이다.

물론 1980년 당시 금값 고점은 한여름 밤 꿈처럼 지나가버렸다. 그 짧은 시간에 재빨리 금을 내다 팔기는 어려웠을 것이다. 하지만 그때 매도 타이밍을 놓친 것은 참으로 뼈아픈 실수였다.

금의 명목가치는 그 후 20년 동안 3분의 2가 날아갔다. 1980년 고점을 회복하는 데 28년이 걸렸다. 인플레이션을 감안한 실질가치로 따지면 아직도 금값은 당시 고점에 한참 못 미친다. 2010년 달러 가치로 환산하면 1980년 금값 고점은 온스당 2,400달러에 가깝다. 그때 금을 많이 팔아치우지 않았던 나라들은 엄청난 평가차익을 얻었다.

세계 최고의 금 부자는 미국 중앙은행이다. 2011년 11월 현재 8,133톤의 금을 보유하고 있다. 이 나라 외환보유액 중 금이 4분의 3을 차지한다. 세계 2위의 골드버그goldbug(금을 공격적으로 사들이는 투자자나 금본위 통화제도를 지지하는 이)는 독일 중앙은행으로 3,496톤(외환보유액의 74%)을 쌓아두고 있다.

중국 중앙은행은 글로벌 금융위기 전후에 금 보유량을 두 배로 늘렸다. 1,054톤의 금을 갖고 있지만 외환보유액에서 금이 차지하는 비중은 2%에도 못 미친다. 러시아 중앙은행도 공격적으로 금을 사 모아 873톤(외환보유액의 9%)을 보유하고 있다. 인도 중앙은행은 2009년 말 국제통화기금이 갖고 있던 금 200톤을 온스당 평균 1,045달러에 샀다. 인도 중앙은행은 557톤의 금을 갖고 있는데 이는 전체 외환보유액의 10% 수준이다.

2011년 말 한국은행의 금 보유량은 54.4톤으로 세계 43위다. 금은 외환보유액 3,064억 달러의 0.7%(매입원가 기준 21억7,000만 달러)에 불과하다. 황금 보기를 돌같이 하던 한국은행은 2011년 7월 외환보유액 중 12억4,000만 달러를 들여 금 25톤을 사들였다. 이는 금반지 667만 개를 만들 수 있는 양이다. 평균 매입 단가는 온스당 1,500달러대 중반 수준이었다. 한국은행은 같은 해 11월 8억5,000만 달러를 들여 15톤을 더 매입했다. 매입 단가는 온스당 1,700달러대 중반으로 추정된다.

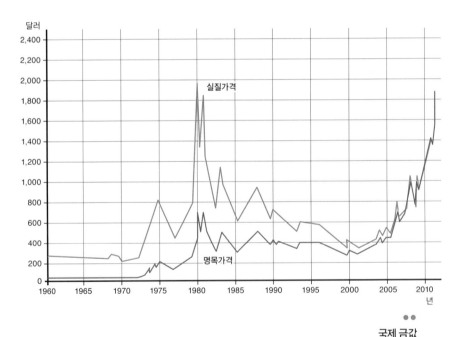

국제 금값

＊실질가격은 미국 소비자물가 상승을 감안해 2011년 달러가치로 환산

누구의 빚도 아니어서 빛나는 금

금은 혼돈과 공황의 시기에 더욱 빛난다. 종이돈과 금융자산에 대한 신뢰가 떨어질수록 금값은 치솟는다. 인플레이션에 대한 불안감이 커질수록 금처럼 손에 잡히는 실물은 더 값져 보인다.

달러 가치에 대한 믿음이 약해질수록 달러로 표시한 금값은 오르기 마련이다. 1970년대 들어 금이 더 이상 달러 가치를 안정시키는 닻의 역할을 할 수 없게 되자 금값은 치솟았다. 그러나 인플레이션이 잡히고 중앙은행에 대한 신뢰가 높아진 1980~1990년대 금값은 줄곧 약세를 면치 못했다.

하지만 2000년대 들어서는 흐름이 다시 바뀌었다. 글로벌 금융위기를 거치면서 달러와 유로를 비롯한 주요 국제통화가 잇달아 신뢰의 위기를 겪자 금값은 수직 상승했다. 초저금리와 과잉유동성으로 인플레이션에 대한 불안감이 커지자 금이 인플레이션 헤지hedge(인플레이션 리스크를 상쇄하기 위한 투자) 수단으로 인기를 끌게 됐다. 금리가 제로 수준으로 떨어짐에 따라 이자가 없는 금을 보유하는 데 따르는 기회비용opportunity cost(어떤 선택을 하려면 포기해야 하는 것)[71]도 그만큼 줄어들었다.

케인스와 함께 20세기 경제학계의 양대 산맥으로 꼽혔던 밀턴 프리드먼은 "녹색의 종잇장(달러)이 가치를 지니는 건 모든 사람이 그게 가치 있다고 생각하기 때문The pieces of green paper have value because everybody thinks they have value"이라고 말했다.[72] 종이돈을 찍어낸 중앙은행과 정부가 통화가치를 잘 지켜줄 것이라는 믿음이 사라지면 그 돈은 한낱 종잇장일 뿐이다. 일반적으로 금융자산은 누군가가 다른 누군가에게 돈을 빌려주었다는 증서로 표현된다. 누군가의 청구권은 다른 누군가의 부채다. 돈을 빌린 이가 믿음을 저버리면 그 증서는 휴지 조각이 될 수도 있다.

금은 누구의 빚도 아니다. 따라서 누구의 약속에도 의존하지 않는다. 금을 가진 이들은 종이돈이나 증권을 가진 이들만큼 정부나 중앙은행, 금융회사나 기업이 약속을 제대로 안 지킬까봐 노심초사할 필요가 없다. 전쟁이나 혁명과 같은 정치적 격변, 또는 금융시스템 전체가 무너지는 위기 시에는 금에 대한 수요가 폭증한다. 하지만 금이 언제나 안전한 피난처라고 하기는 어렵다. 금도 하나의 자산으로서 극심한 투기의 대상이 될 때가 많기 때문이다.

연금술의 기적이 일어나지 않는 한 금의 공급은 수요에 맞춰 늘어날 수 없다. 유사 이래 2010년 말까지 땅속에서 캐낸 금은 16만6,600톤에 불과하다. 이 가운데 보석과 장신구로 쓰이는 52%와 공적 보유 물량 16%를 빼고 민간의 투자용으로 유통되는 양은 19%에 불과하다.[73] 인도와 중국을 비롯한 신흥국들의 금 수요가 늘어나는 데다 5년 전부터는 상장지수펀드ETF, Exchange Traded Fund[74]를 통한 새로운 형태의 투자가 급속히 확산되면서 금을 둘러싼 머니 게임은 더욱 뜨거워졌다.

금값은 치솟는데 장기채권 금리는 낮은 수준에 머물러 금시장과 채권시장이 인플레이션 전망에 대한 엇갈리는 신호를 보낼 때도 많다. 금값에는 인플레이션에 대한 기대와 함께 투기적 가수요가 반영돼 있다고 볼 수 있다.

금이 믿을 만한 가치저장 수단이라는 통념을 무턱대고 맹신하는 것은 위험하다. 이는 역사가 말해준다. 우리는 국제 금값이 명목가치로 따지더라도 한 세대가 지나서야 1980년의 고점을 회복했고 한국의 금반지 값은 20년 이상 게걸음하는 것을 목격했다.

황금은 과연 인간의 눈을 멀게 할 정도로 치명적인 아름다움을 지닌 것일까? 금은 안전자산이라는 통념이 뿌리 깊지만 투기적 매수세가 몰리면 가장 불안한 가격 변동을 나타낸다. 재규어 씨는 안전을 담보한다는 피난처가 때로는 가장 위험한 투기장이 될 수 있다는 역설을 이해해야 한다.

글로벌 자본은 소 떼처럼 우르르 몰려다닌다.
작은 개방경제의 투자자들은
질주하는 그들에게 치여
로드킬 당할 위험을 늘 생각해야 한다.

15
외국자본은 위험한 소떼인가?

글로벌 자본이동

"언제나 소 떼 위쪽에서 물을 마셔라."

−카우보이 속담

한가롭게 풀을 뜯던 들소 무리 가운데 어느 한 마리가 갑자기 뛰기 시작한다. 숲속에서 움직이는 이상한 그림자를 보았기 때문이다. 그게 사냥감을 노리는 맹수인지, 바람에 춤추는 나무인지 확인해볼 생각은 하지 않고 냅다 뛰고 본다. 곁에 있던 소들은 영문도 모르고 덩달아 뛴다. 뒤처지면 사자들에게 잡아먹힐 것 같은 공포 때문에 더욱 무섭게 질주한다. 이들에게 치여 짓밟히기라도 하면 살아남기 힘들다.

전자 소 떼의 위험한 질주

『뉴욕타임스』 칼럼니스트 토머스 프리드먼 Thomas Friedman은 글로벌 자본을 소 떼에 비유했다.[75] 소 떼처럼 지구촌 어느 곳이든 우르르 몰려다니는 습성이 있기 때문이다. 그들은 펀드매니저의 컴퓨터 마우스 클릭 한 번으로 움직일 수 있는 전자 소 떼 electronic herd다. 물론 둔중한 코끼리나 겁 많은 가젤 무리를 닮은 글로벌 자본도 있다. 실제로 글로벌 자본은 소 떼처럼 질주한다. 뭔가에 놀라면 뒤도 돌아보지 않고 내달리고 본다.

다음의 그래프는 그들의 위험하고 파괴적인 질주를 잘 보여준다. 이 그래프는 국경을 넘는 은행 대출과 예금, 채권과 주식 투자, 외국인직접투자 foreign direct investment, FDI[76]의 순유입 금액으로 측정한 글로벌 자본흐름을 나타낸 것이다.[77]

1980년대 초까지만 해도 연간 5000억 달러 수준이었던 (순)자본흐름은 글로벌 금융위기 직전인 2007년 10조9,000억 달러로 급증했다. 신흥국들에까지 자본 자유화 바람이 불었던 1990년대 이후에는 연 평균 15%씩 늘었다. 그러나 글로벌 금융위기의 쓰나미가 닥친 2008년에는 1조9,000억 달러로 격감했다. 2009년에는 1조6,000억 달러로 더 줄었다. 글로벌 금융위기 전에 비해 85%나 줄어든 것이다. 특히 2007년 4조9,000억 달러나 순유입된 대출은 2008년 1조3,000억 달러 순유출로 바뀌었다. 위기에 몰린 선진국 은행들이 앞다퉈 대출을 회수했기 때문이다. 같은 기간 외국인 주식투자는 8,000억 달러 유입에서 2,000억 달러 유출로 바뀌었다.

신흥시장 emerging market으로 유입되는 자본흐름은 1년 새 6,000억

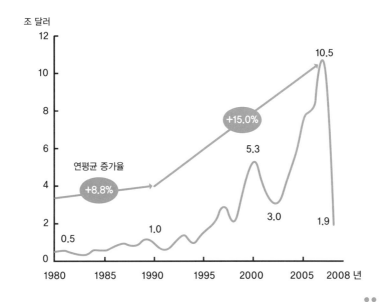

조 달러

연평균 증가율

+8.8%

+15.0%

0.5

1.0

5.3

3.0

10.5

1.9

글로벌 자본흐름의 급격한 부침

＊국경을 넘는 대출과 예금, 주식과 채권 투자, 외국인직접투자 순유입액.
출처: 맥킨지 글로벌 인스티튜트

달러가 줄었다. 글로벌 자본 순유입은 2010년 4조4,000억 달러로 회복됐지만 세계 GDP 규모에 비하면 1998년 이후 가장 저조했다. 금융의 세계화는 크게 후퇴한 것이다. 한국에서도 외국자본은 썰물처럼 빠져나갔다. 외환위기 직후인 1998년 4월부터 10년 5개월 동안 2,219억 달러나 밀려들었던 외국자본은 리먼브러더스 파산으로 글로벌 금융시장이 패닉에 빠진 2008년 9월 이후에는 불과 넉 달 새 695억 달러나 빠져나갔다.

밀물과 썰물의 속도는 큰 차이를 보였다. 특히 단기차입금이 무섭게 빠져나갔으며 외국은행 지점들이 그 선두에 섰다. 한국은 외환위기를 겪은 지 11년 만에 또다시 외환 유동성 부족으로 벼랑 끝에 몰렸다. 원화 가치와 주가는 폭락세를 나타냈다.

위기 이전에 지나치게 낙관적인 태도를 취했던 외국자본은 위기가 닥치자 공포에 질려 한꺼번에 출구를 향해 질주하는 군집행동을 보였다. 신흥시장으로 과도하게 몰려와 환율의 오버슈팅overshooting과 자산가격 거품을 일으켰던 이들은 위기 때는 안전한 피난처로 폭주하는 습성을 드러냈다. 이들의 폭주에 치이면 로드킬roadkill을 피하기 어렵다. 대표적인 희생자가 아이슬란드였다.

자본 자유화의 바퀴에 모래 뿌리기

2010년 2월 IMF의 이코노미스트들이 낸 짤막한 보고서 하나가 이데올로기들이 경합하는 시장에 큰 파장을 일으켰다. '자본유입: 통제의 역할Capital Inflows: The Role of Controls'이라는 제목의 이 보고서는 IMF의 공식 견해를 밝힌 것은 아니었다. 하지만 급증하는 자본유입을 통제하는 것도 정당한 정책 수단이라는 이 보고서의 결론은 자본 자유화의 전도사였던 IMF의 터부를 깨는 것으로 받아들여졌다.

물론 이 보고서는 자본이동 통제가 아무 때나 정당화될 수 없다는 점을 분명히 했다. 자본유입을 막기 전에 먼저 통화가치 상승을 용인할 수 있는지, 외환보유액을 더 쌓을 수 있는지, 인플레이션 걱정 없이 금리를 내릴 수 있는지, 재정 긴축 여지가 있는지부터 살펴봐야 한다는 것이다. 이런 조치들을 취할 수 있다면 굳이 자본이동부터 가로막을 필요가 없다는 것이다.

또한 유입되는 자본이 신용거품과 금융위기를 초래할 만한 위험한 돈인지, 건전성 감독을 통해 그 위험을 해소할 수 있는지도 살펴보고, 자본유입 통제가 실효성을 지니는지, 유입을 막기보다 유출을 늘리는 쪽이 효과적인지, 다른 나라들이 너도나도 자본이동 통제에 나섬에 따라 역효과가 나타날 가능성은 없는지도 고려해봐야 한다고 주장했다.

지금까지 IMF의 지배적인 이데올로기는 자본이동을 가로막는 건 모두에게 해로운 일이라는 것이었다. 글로벌 투자자들이 지구촌 어느 나라든 리스크에 비해 기대수익률이 가장 높은 곳을 찾아 투자할 수 있고, 자본이 부족한 나라들이 값싼 외국 돈을 끌어들여 가장 필요한 곳에 투자할 수 있으면 누이 좋고 매부 좋은 일이라는 것이었다.

1970년대 초 브레튼우즈체제[78]가 무너진 후 선진국들부터 자본이동 통제를 없앴고 1980~1990년대에는 신흥국들이 그 뒤를 따랐다. 1997년 아시아 경제위기 때도 기존의 교리를 고수했던 IMF는 글로벌 금융위기 이후에는 좀 더 현실적인 인식을 하게 됐다. 비록 여러 조건을 달긴 했지만 때로 지나친 자본유입을 통제할 필요도 있다는 걸 인정하면서 기존의 자유화 논리에 대해 수정주의적 자세를 취하게 된 것이다.

소 떼처럼 폭주하는 글로벌 자본을 두려워하며 그들의 비위를 거스르지 않기 위해 절대 순응하는 법을 배웠던 작은 개방형 경제small open economy 국가들은 각자 사정에 따라 자본 자유화의 바퀴에 모래를 뿌리는 조치를 취하기 시작했다. 심지어 유럽 선진국들까지 전자 소 떼

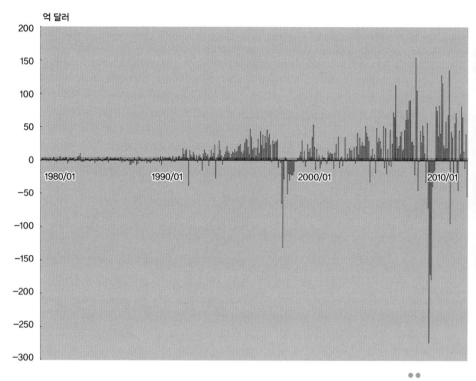

억 달러

한국 경제의 외국자본 유출입
＊ 외국인 주식, 채권 순매수와 외화차입금을 합한 금액

의 속도를 줄이고자 금융거래에 세금을 매기는 토빈세Tobin tax[79] 도입을 추진하기도 했다.

한국도 2010년 6월 자본 유출입 변동성을 줄이려는 조치를 취하기 시작했다. 은행들의 선물환 포지션을 자기자본의 일정 비율 이내로 줄이도록 하고 달러나 엔화로 받은 대출은 원칙적으로 해외에서만 쓸 수 있도록 했다. 단기외채가 급격하게 밀려들어왔다 썰물처럼 빠져나가면서 경제 전체를 위기에 빠트리는 사태가 되풀이되지 않도록 하려는 것이다. 정부는 이를 자본 통제라기보다는 금융시스템 건전성 강화 조치라고 설명한다.

금융연구원이 2008년 45개국의 자본 유출입 변동성[80]을 조사한 결과 한국은 11번째로 높은 변동성을 나타냈다. 22개 신흥국 중에서는 6번째로 변동성이 심했다. 변동성을 줄이기 위한 적절한 조치가 필요하다는 걸 보여준다. 하지만 2010년 정부가 변동성을 줄이기 위해 취한 조치는 외국자본의 밀물과 썰물 중 밀물 쪽에만, 은행 차입과 주식, 채권투자 중 단기차입에만 초점을 맞춰 효과는 제한적일 것이다. 앞서 이야기한 IMF 보고서는 자본유입을 제한하기 전에 통화가치 상승을 용인할 여지가 있는지부터 따져보라고 권하고 있지만 정부는 원화 가치가 오르는 것은 달가워하지 않았다.

전자 소 떼에 짓밟히지 않으려면

선진국들과 신흥국들 사이의 금리 격차가 커지면 조금이라도 더 높은 수익을 기대하고 몰려다니는 글로벌 자본도 다시 늘어날 것이다. 안전한 곳으로 질주하던 소 떼들이 다시 맛있는 풀이 많은 곳을 찾아 돌아오는 것과 같다.

그동안 거의 모든 나라가 자본시장을 많이 열어젖혔지만 아직 지구촌이 하나의 자본시장으로 완전히 통합된 것은 아니다. 자본이동에 대한 완전한 자유화가 이뤄지지 않는 한 모든 나라의 금리 수준이 늘 지구촌 전체의 금리와 같을 수는 없다. 아무리 작은 개방형 경제라고 하더라도 나라마다 고유한 리스크country risk가 있고 환율변동 위험도 있기 때문이다. 글로벌 자본은 금리 격차를 보이는 나라들의 국경을 끊임없이 넘나들 것이다.

질주하는 전자 소 떼에 치이지 않으려면 늘 그들의 움직임을 잘 지켜봐야 한다. 경상수지 흑자를 내는 나라는 더 많은 흑자를 내고 적자를 내는 나라는 더 많은 적자를 보는 글로벌 불균형global imbalance이 심화될수록 글로벌 자본은 더 큰 무리를 지어 이리저리 몰려다니게 되고 급격하게 방향을 바꿀 가능성도 커진다. 이들 소 떼 가운데서도 더 위험한 무리는 어느 쪽이며 그들은 어떻게 움직이는지를 주시해야 한다.

글로벌 금융위기가 왔을 때 사자를 본 소 떼처럼 가장 먼저 도망칠 자금은 어떤 것일까? 단기외채보다는 장기외채가 급격한 유출 위험이 덜한 건 자명하다. 물론 단기외채보다 더 많은 이자를 줘야 하므로 무조건 장기외채가 바람직한 건 아니다. 위기 때 가장 먼저 빠져나갈 수 있는 자금부터 순서대로 세우면 다음과 같다.

- 환율에 상관없이 바로 빠져나갈 수 있는 외화채권foreign-currency debt 투자자금
- 소비자물가연동 현지통화채권consumer-price-indexed local currency debt 투자자금
- 현지통화채권local-currency debt 투자자금
- 주식을 팔아야 떠날 수 있는 포트폴리오투자 자금
- 공장이나 기업을 팔아야 빠져나갈 수 있는 외국인직접투자FDI 자금. 단 동유럽의 경우에서도 보듯이 FDI 중 금융 부문에 유

입된 자본은 사실상 은행 차입과 비슷한 성격을 지녀 위기 때 훨씬 빨리 도망갈 위험이 있다.

예민한 전자 소 떼는 놀라는 걸 싫어한다. 투자대상국의 사정을 잘 모르는 외국투자자들은 정치·경제적인 안정이 흔들릴 기미만 보여도 화들짝 놀라 달아날 때가 많다. 때로 너무 겁이 많고 때로 너무 난폭하게 질주하는 그들이 정글경제를 휘젓고 있다. 카푸친 씨는 그들에게서 눈을 떼지 말아야 한다.

주식, 채권, 부동산 같은 자산들은 알을 낳은 거위와 같다.
이들 자산의 수익률을 비교해보면
어느 것이 얼마나 더 큰 알을 낳을지 가늠할 수 있다.
채권수익률이 올라가면 주식의 매력은 떨어진다.

16

내 자산은 어떤 알을 낳을까?

주 식 대 채 권

"백조의 알에서 나오기만 했다면 오리의 집에서 태어난 것은 아무 문제될 게 없다."
―한스 크리스티안 안데르센Hans Christian Andersen

오셀롯 씨가 기르는 거위가 알을 낳듯이 그가 보유한 어떤 자산들은 알을 낳는다. 보통 주식, 채권, 부동산은 알을 낳을 수 있는 자산이고 금이나 현금은 알을 낳지 않는 자산으로 친다. 이때 어떤 자산이 얼마나 많은 알을 낳는지 가늠하기 위한 숫자가 수익률yield이다.

수익률이라는 하나의 잣대

여러 가지 자산 가운데 어느 것이 황금알을 낳는 거위처럼 값진 것인지 알아보려면 수익률이라는 하나의 잣대가 필요하다. 우리에게 가장 익숙한 투자자산인 채권과 주식, 부동산의 수익률에 관해 생각해보자.

먼저 채권수익률을 살펴보자. 판도라금융이라는 회사가 발행한 3년 만기 채권수익률이 5%라고 하자. 오셀롯 씨가 이 채권을 100만 원어치 사서 3년 동안 갖고 있으면 이 채권의 가치는 3년 후 115만 7,625원으로 불어난다.[81] 그동안 받는 이자는 5% 수익률로 재투자하고 약속대로 원금을 돌려받는다면 그렇다. 오셀롯 씨의 거위가 알을 낳고 그 알에서 깨어난 새끼가 커서 또 알을 낳듯 채권 가치도 이자가 이자를 낳는 복리계산compounding의 원리에 따라 불어난다.

오셀롯 씨가 채권 만기수익률yield to maturity(채권 상환 만기 때까지 투자 원금이 얼마나 불어나는지를 보여주는 수익률)을 정확히 계산하는 법까지 익힐 필요는 없을 것이다. 다만, 모든 자산의 가치평가valuation 방식이 그러하듯이 채권의 현재가치는 앞으로 받을 이자와 만기 때 돌려받을 원금을 어떤 이자율로 할인한 금액이라는 기본 원리는 알아둘 필요가 있다(현재가치와 할인의 개념은 6장에서 설명했다).

판도라금융 채권의 만기수익률이 5%라는 말은 무슨 뜻일까? 오셀롯 씨가 3년 동안 받을 이자와 원금의 현재가치가 이 채권의 현재 시장가격(100만원)과 같아지도록 하는 할인율이 5%라는 뜻이다. 할인율이 높을수록 원금과 이자의 현재가치는 줄어든다. 이런 원리를 이해하면 채권수익률과 채권 가격은 반대로 움직인다는 걸 알 수 있다. 시장 실세금리가 오를수록, 다시 말해 이자와 원금의 현재가치를 구할 때 적용되는 할인율이 높아질수록 채권 값은 떨어지는 것이다. 또한 일반적으로 채권 만기가 길수록 투자자가 안아야 할 위험도 커지고 그만큼 수익률도 높다. 투자 자금을 회수하기 위해 불확실한 상황에서 오랫동안 기다려야 할 때 리스크가 커지는 것은 다른 자산도 마찬가지다.

채권수익률과 비교할 수 있는 주식의 수익률을 어떤 것일까? 아마존식품이 발행한 주식을 거위에 비유한다면 이 거위가 낳는 알은 무엇일까? 채권을 보유한 투자자들이 받는 이자처럼 주식을 보유한 투자자들의 통장에 들어오는 직접적인 수입은 배당금이다.

아마존식품의 주가가 5만원이고 이 회사의 주당순익이 3,500원, 배당금이 1,000원이라고 하자. 이 회사의 배당수익률dividend yield은 2%다.[82] 그러나 아마존식품이라는 거위가 낳는 알은 이 회사가 창출한 순익 가운데 실제 주주들에게 지급하는 배당금뿐만 아니라 회사 내에 유보하는 이익, 다시 말해 잠재적인 배당금까지 모두 합한 금액으로 볼 수 있다. 이는 거위가 낳은 알과 거위 뱃속에 밴 알을 합한 것과 같다.

이런 논리에 따르면 이 회사 주식의 내재적인 수익률은 2%가 아니라 7%라고 할 수 있다.[83] 이 수익률을 배당수익률과 구분해 주식수익률earnings yield on stock이라 부르기로 하자. 주식수익률은 오셀롯 씨도 익히 알고 있는 주가수익비율Price-Earnings Ratio, PER의 분자와 분모를 뒤집은 숫자다. 따라서 수익주가비율로 부를 수도 있겠다.

$$주가수익비율 = \frac{주가}{주당순익} \qquad 주식수익률 = \frac{주당순익}{주가}$$

PER은 배율이기 때문에 백분율인 채권수익률과 비교할 수 없지만, 주식수익률은 채권수익률과 직접 견줘볼 수 있다.

주식수익률의 개념에 대해 오해하지 말아야 할 게 있다. 주식수익률은 시세차익이 아니라 기업의 이익창출 능력에 초점을 맞춘 것이다. 예를 들어보자. 아마존식품 주가가 5만원에서 7만원으로 오르면 오셀롯 씨는 2만원의 시세차익을 챙길 수 있다. 그는 투자원금의 40%에 이르는 차익을 얻게 된다. 반대로 이 주식이 3만원으로 떨어지면 투자수익률은 −40%가 된다. 이처럼 주식 값이 오르내림에 따라 생기는 자본이득capital gain이나 손실capital loss을 투자원금에 대비시키는 것을 투자수익률rate of return on investment이라고 한다. 이와 달리 주식수익률은 아마존식품이 창출하는 순익을 주가에 대비한 값으로 주식의 내재적인 수익률을 뜻한다.

부동산 수익률도 주식수익률과 같은 원리로 구해볼 수 있다. 오셀롯 씨가 투자한 정글아파트의 시가가 5억원이고 이 아파트의 전세금이 2억원이라 하자. 이 아파트를 거위에 비유한다면 전세금 2억원을 모두 이 거위가 낳는 알이라고 볼 수는 없다. 전세금은 계약기간이 끝나면 돌려줘야 할 돈이다.

실제로 오셀롯 씨가 손에 쥘 수 있는 수익은 전세금을 은행에 맡기고 받는 이자나 전세금으로 다른 자산에 투자해 얻는 배당금이다. 그 금리나 배당률이 4%라면 정글아파트 전세금에서 얻는 수익은 연간 800만원이 되고 정글아파트의 임대수익률은 1.6%에 지나지 않는 셈이다.[84]

주식-채권수익률 대역전

　　　　　　　　다음 그래프는 지난 20년간 우리나라 증권시장에서 주식과 채권수익률이 어떻게 오르내렸는지를 보여준다.[85]

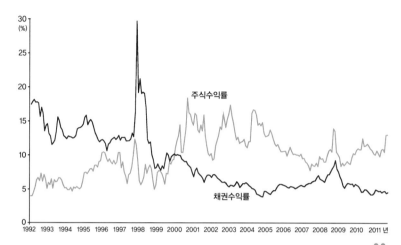

주식과 채권수익률

　이 그래프는 지난 20년간 한국 경제와 자본시장의 역사를 압축적으로 보여주는 것이다. 가장 먼저 눈에 띄는 것은 2000년 초 주식수익률과 채권수익률 간에 역전이 일어났다는 사실이다.

　1990년대에 회사채수익률은 월 평균 13.3％였으나 2000년대에는 1990년대의 절반 수준에도 못 미치는 5.9％로 낮아졌다.[86] 반면 주식수익률은 1990년대 7.2％에 그쳤으나 2000년대 들어서는 11.4％로 높아졌다. 1990년대에는 주식수익률이 회사채수익률의 절반 수준이었다. 외환위기가 한껏 고조됐던 1997년 12월에는 회사채수익률과 주식수익률 사이의 격차가 18.2％포인트까지 벌어지기도 했다. 하지만 2000년대에는 거꾸로 회사채수익률이 주식수익률의 절반 수준이었다. 2003년 3월과 2004년 7월에는 주식수익률이 회사채수익률을 11.4%포인트나 웃돌았다.

구분	1990년대	2000년대
회사채수익률(%)	13.3	5.9
주식수익률(%)	7.2	11.4

정글경제를 탐사하는 이들은 이 하나의 그래프를 보면서 수많은 질문을 던질 수 있다. 무엇 때문에 주식과 채권수익률 간에 이처럼 뚜렷한 역전이 일어났을까? 이 물음에 한마디로 답할 수는 없을 것이다. 주식과 채권 값에 영향을 미치는 경기와 물가, 통화정책, 글로벌 시장금리와 금융시장 개방, 주식과 채권 수급 상황, 금융시스템 불안 요인을 비롯한 여러 측면에서 설명이 가능하다.

2000년대 주식수익률이 채권수익률을 웃도는 것은 정상적인가? 그렇다면 채권이 주식보다 훨씬 높은 수익률을 기록한 1990년대는 비정상적인 시기였을까? 1990년대 투자자들은 왜 그토록 낮은 수익률에도 불구하고 주식시장에 몰렸을까? 이에 대한 정밀한 실증연구까지 하지는 않더라도 지금까지 논의한 정글경제의 원리를 갖고 이론적인 사고훈련을 해볼 수는 있겠다.

일반적으로 주식은 채권보다 리스크가 높은 자산으로 여겨진다. 채권을 가진 이들은 언제 얼마의 이자를 받을지 확실히 알 수 있다. 또한 만기가 되면 원금을 돌려받을 수 있다. 이에 비해 주식 보유자들은 언제 얼마의 배당을 받을지 확실히 알 수 없다. 상환 만기가 없는 주식은 시장에 팔아야 투자 원금을 회수할 수 있다. 기업이 쓰러져 빚잔치를 하게 되면 먼저 채권자들이 자기 몫을 챙겨간 후에 남는 게 있어야 주주들이 그걸 나눠 가질 수 있다.[87] 이처럼 채권 투자자들보다 많은 위험부담을 안는 주식 투자자들은 채권보다 더 높은 수익률을 요구할 것이다.

1990년대에는 2000년대보다 인플레이션이 심했다. 1990년부터 10년 동안 소비자물가지수는 75.2% 뛰었다. 이에 비해 2000년부터 10년간 물가상승률은 35.9%에 그쳤다. 인플레이션이 심할수록 채권 투자자들은 실질가치 보전을 위해 더 높은 수익률을 요구할 것이다. 또한 1990년대에는 2000년대보다 한국 경제의 성장률이 높았다. 1990년대 10년 새 명목국내총생산GDP은 246% 늘어났지만 2000년대 10년 동안에는 93% 증가하는 데 그쳤다.

경제가 빠르게 성장할수록 기업 이익도 급속히 늘어날 것이다. 기업 이익이 빠르게 늘어날 것으로 기대되면 주식의 매력도 커진다. 주식에 대한 투자 수요가 늘어나 주가가 오르면 주식수익률(주당순익/주가)은 떨어진다. 1990년대처럼 경제가 빠르게 성장하는 시기에는 기업의 투자 수요도 늘어나고 투자에 필요한 자금을 조달하기 위한 채권 발행도 늘어날 것이다. 다른 자산과 마찬가지로 채권도 수요에 비해 공급이 많으면 값은 떨어진다. 채권 가격이 떨어지면 채권수익률이 오른다는 것은 앞서 설명했다.

대체로 1990년대는 2000년대보다 한국 경제의 성장잠재력에 대한 기대도 높았고 안정적인 수익을 안겨주는 채권보다 리스크가 큰 주식에 대한 선호가 강한 시기였다고 볼 수 있다. 리스크에 대한 투자자들의 선호가 너무 강해 주식시장에 투기적 거품이 일었다고 보는 이도 많다.

거위를 팔까 알을 팔까

늘 주먹구구 셈법에 만족하는 오셀롯 씨가 투자 결정을 하는 데 각종 자산의 수익률은 유용한 잣대가 될 수 있다. 물론 수익률뿐만 아니라 자산마다 다른 리스크 구조를 잘 이해하는 것이 중요하다.

지금까지 살펴본 주식과 채권, 부동산 수익률은 자본이득(시세차익)을 뜻하는 게 아니라는 것도 기억해야 한다. 오셀롯 씨는 거위의 알을 팔 수도 있고 거위를 팔 수도 있다. 자산의 수익률을 따져보는 것은 거위가 얼마나 굵고 좋은 알을 거르지 않고 낳는지를 따져보는 것과 같다. 이에 비해 거위의 몸값이 얼마나 오를지 따져보는 것은 자산의 시세차익을 겨냥한 베팅을 고려하는 것과 같다. 훗날 거위의 몸값이 얼마가 될지는 미리 알 수 없으므로 이는 매우 투기적인[88] 베팅이다.

오셀롯 씨가 채권이나 주식의 수익률과 리스크 구조에 대해 제대로 이해했다면 여러모로 창의적인 응용을 해볼 수 있을 것이다. 예컨대 포도밭을 늘리고 싶은 오셀롯 씨는 친구들에게 현금 대신 와인을 이자로 주는 채권을 발행할 수도 있을 것이다. 이 채권을 사는 이들은 해마다 생산되는 와인의 양이나 품질이 달라지는 데 따르는 리스크를 안아야 한다.

오셀롯 씨는 더 많은 거위를 기르기 위해 현금 대신 거위가 낳는 알을 이자로 주는 채권을 발행할 수도 있다. 거위가 황금 알을 낳지는 않더라도 이자로 주고도 남을 만큼 충분히 많은 알을 낳는다면 수지맞는 장사가 될 것이다.

정글경제의 **투쟁**

2011년 3월 15일. 바람이 방향을 틀었다. 소문은 바람보다 빨리 왔다. 일본에서 태평양 쪽으로만 분다던 방사능 바람이 이제 한국으로 불어온다고 했다. 일본 후쿠시마 지역의 대지진으로 손상된 원자력발전소의 방사능 물질이 곧 한국을 덮칠 것이라는 이야기다. 확인되지 않은 소문은 메신저와 트위터, 휴대전화 문자메시지로 눈 깜짝할 새 퍼졌다. 시장은 패닉에 빠졌다. 후쿠시마 원전 폭발 화재로 도쿄증시 니케이 지수가 14% 넘게 폭락한 데다 방사능이 한국으로 날아온다는 루머가 가세하자 오름세로 출발했던 코스피는 한때 4.5%(89포인트)나 추락했다. 하지만 오셀롯 씨는 남 몰래 회심의 미소를 지었다. 주식 공매도 short selling와 풋옵션으로 주가 하락에 베팅한 그는 바람을 맘대로 부리는 21세기의 제갈공명이라도 나오기를 내심 바랐던 것 같다. 형언할 수 없는 비극을 돈벌이에 이용한다는 죄책감도 엄청난 투자수익 앞에서 눈 녹듯 사라졌다.

2010년 11월 11일. 증시에서 투자한 돈의 499배를 버는 잭팟이 터졌다. 장이 끝나기 전 10분 새 코스피200지수가 2.7% 폭락했기 때문이다. 이 지수를 기초로 한 풋옵션은 장중 한때 1,000원까지 떨어졌다. 막판에 49만 9,000원으로 치솟았다. 이 대박 옵션을 판 쪽은 물론 쪽박 신세가 됐다.[1] 이날 막판에 지수가 폭락한 것은 도이치뱅크의 매물폭탄 때문이었다. 검찰은 이날 코스피200지수 풋옵션을 대량 매수한 뒤 지수 폭락으로 448억원의 이득을 챙긴 도이치뱅크 홍콩지점과 한국도이치증권 관계자 4명을 자본시장법 위반 혐의로 기소했다.

이 두 가지 사례는 참으로 비정한 정글경제의 단면을 보여준다. 이 정글 같은 시장에서는 도대체 어떤 일이 벌어지고 있는 걸까?

짜릿한 추락도 있을까?
주가나 집값이 폭락하면 돈을 버는 이들이 있다.
자산가격 폭락에 베팅하는 그들은 현자인가, 마녀인가?
정치인과 투자자들은 이 불온한 세력을 시장에서
몰아내려 마녀사냥을 계속해야 할까?

17

누가 짜릿한 추락을 기다리나?

공매도와 마녀사냥

네가 저 여자의 아름다움으로 인해 번민하고 있다면……
그것만으로도 저 여자는 마녀의 혐의를 벗지 못한다.

─움베르토 에코, 『장미의 이름』에서

2001년 말 파산한 미국 에너지기업 엔론Enron의 창업자 케네스 레이Kenneth Lay를 심문하던 존 휴스턴John Hueston 검사가 물었다.

"그도 독수리였단 말입니까? 아니지요?"

휴스턴 검사는 레이의 아들이 엔론 주식을 공매도한 기록을 들이대며 이렇게 다그쳤다.

앞서 레이의 변호인은 엔론 주식을 공매도한 투자자들을 독수리에 비유했다. 독수리는 남의 곤경을 이용해 이득을 보려는 이들을 빗대는 말이다. 레이는 "미국이 테러리스트 공격을 받은 것처럼" 엔론이 공매도 세력의 조직적인 공격을 받았다고 주장했다.

그렇다면 레이의 아들도 공매도를 했으니 그도 엔론의 몰락을 즐기는 독수리란 말인가? 휴스턴 검사는 그렇게 따져 물은 것이다.[2]

누군가의 파멸을 기다리는 베팅

대규모 회계부정으로 부실을 숨긴 엔론은 파산 당시 634억 달러의 자산을 보유하고 있었다. 그때까지의 기록으로는 사상 최대의 기업 파산이었다. 그 해 8월 90달러였던 이 회사 주가는 불과 석 달 만에 1달러 아래로 추락했다.

엔론에 투자했던 이들은 모든 걸 잃었다. 그러나 그 주식을 공매도한 소수의 투자자들은 남 몰래 웃고 있었다. 엔론 주식 한 주를 빌려서 팔 때는 90달러를 받았으나 다시 그 주식을 사서 갚을 때는 1달러짜리 한 장이면 충분했기 때문이다. 이때가 바로 누군가의 파멸이 다른 누군가의 행복이 되는 순간이다. 이런 순간에 카푸친 씨는 비정한 정글경제의 단면을 볼 수 있다.

거의 모든 투자자가 주식은 싸게 사서 비싸게 팔아야 한다고 생각한다. 하지만 비싸게 팔고 싸게 사려는 이들도 있다. 자기가 갖고 있지도 않은 주식을 나중에 싸게 사서 갚을 요량으로 먼저 팔고 보는 것이다. 주가가 오를 때뿐만 아니라 떨어질 때도 이익을 남기려는 게 바로 공매도 전략이다.

예를 들어보자. 정글금융 주식은 지금 20만원에 거래되고 있다. 거의 모든 투자자가 정글금융의 주가가 오를 걸로 믿고 있다. 하지만 재규어 씨는 그 주식이 터무니없이 높은 값에 팔리고 있다고 생각한다.

그는 증권사를 통해 정글금융 주식 100주를 빌린다. 증권사는 카푸친 씨가 갖고 있는 주식을 재규어 씨가 빌릴 수 있도록 다리를 놓아준다. 재규어 씨는 이렇게 빌린 주식을 팔아 일단 2,000만원을 챙긴다.[3] 보름 후 재규어 씨가 예상한 대로 정글금융 주가가 15만원으로 떨어진다고 하자. 그는 시장에서 정글금융 100주를 1,500만원에 사서 돌려줌으로써 공매도 거래를 끝냈다.[4]

정글금융 주식을 빌려서 높은 값에 팔고 낮은 가격에 되사 갚은 재규어 씨는 그 차액 500만원에서 수수료를 뗀 금액을 이익으로 챙길 수 있다. 카푸친 씨에게도 주식을 빌려준 대가가 주어질 것이다. 주식을 빌려주는 동안 정글금융이 배당금을 주었다면 이는 당연히 카푸친 씨 몫이다. 물론 재규어 씨의 전략이 빗나가면 그는 큰 낭패를 당할 수 있다. 재규어 씨가 정글금융 주식을 빌린 후 주가가 30만원으로 치솟으면 그는 3,000만원을 주고 주식을 되사 갚아야 한다. 공매도 거래로 1,000만원의 손실을 보는 것이다. 주가가 더 오를 것 같으면 그는 서둘러 주식을 되사야 한다.

주식 현물을 산 투자자는 최악의 경우라도 처음 투자한 돈만 날리면 된다. 하지만 공매도 투자자의 잠재적인 손실은 (이론적으로는) 무한대다. 정글금융 주식이 느닷없이 100만원으로 폭등하면 그가 빌린 주식을 되살 때 1억원이 든다. 누군가의 파멸을 기다리던 이들이 스스로 파멸할 수도 있는 것이다.

헤지펀드 매니저들은 흔히 공매도를 통해 공격적인 베팅을 한다. 주식시장이 추락할 때도 높은 수익을 낼 수 있는 포지션을 취하는 것이다. 주식이 아니라 아파트나 그림이라고 해도 공매도의 원리는 같다.

다만 아파트나 그림의 실물을 빌려서 팔기는 어렵기 때문에 아파트 값이나 그림 값에 따라 움직이는 증권이나 지수를 팔아 실물을 공매도하는 것과 같은 효과를 얻을 수 있다.

벌거벗은 CDS : 남의 집에 보험 들기

서브프라임 모기지subprime mortgage(신용도가 낮은 이들이 이용하는 주택담보대출) 시장의 폭락을 예견한 미국의 헤지펀드 운용자 존 폴슨John Paulson은 공매도의 원리를 이용한 전략으로 돈을 벌기 위해 신용부도스왑credit default swap, CDS이라는 파생금융상품에 베팅했다. CDS는 돈을 빌린 기업이나 국가가 부도를 냈을 때 채권자의 손실을 메워주는 일종의 보험상품이다. CDS를 산 쪽은 보험가입자, 판 쪽은 보험회사의 처지와 같다. 부도 위험이 높을수록 보험료에 해당되는 CDS 프리미엄도 올라간다.

예를 들어보자. 정글전자가 발행한 채권 1,000만 달러어치를 갖고 있는 판도라펀드는 아마존금융으로부터 이 채권에 대한 CDS를 300bp(베이시스포인트, 100bp는 1%포인트)의 프리미엄을 주고 샀다. 아마존펀드는 해마다 1,000만 달러의 3%(30만 달러)를 보험료로 낸다. 만약 정글전자가 부도를 내면 아마존금융은 판도라펀드에 채권 원금 1,000만 달러를 대신 물어줘야 한다. 판도라펀드는 정글전자 채권을 갖고 있지 않더라도 투기나 헤지 목적으로 이 CDS를 살 수 있다. 이런 CDS를 네이키드 CDSnaked CDS라고 한다. 이는 자기 집이 아니라 이웃집의 화재 위험에 대해 보험을 드는 것과 마찬가지이기 때문에 규제해야 한다는 주장도 많다.

규제를 주장하는 이들은 이렇게 묻는다. 보험금을 노리고 자기 집에 불을 내는 이도 있는데 하물며 남의 집에 보험을 든 이의 심보는 어떻겠는가? 일부러 그 집에 불을 내지는 않더라도 불 난 집에 부채질이라도 하고 싶은 마음이 생기지 않겠는가? 규제를 해서는 안 된다는 쪽은 이렇게 답한다. 반드시 그 집에 불이 나기를 바라는 나쁜 심보로 보험을 드는 것은 아니다. 단지 불이 날 가능성이 크다고 보고 내기를 걸 뿐이다. 이런 내기는 투기 목적인 경우도 있지만 다른 위험에 대한 헤지를 위해 필요한 경우도 많다. 실제로 불이 나지 않으면 CDS를 산 쪽이 보험료만 날리게 된다.

어쨌든 폴슨은 모기지 시장에 엄청난 화재가 날 것으로 보고 거액의 보험을 들었다. 모기지 관련 증권 값이 폭락하면 그 손실을 보상해주는 CDS의 가치는 치솟는다. CDS를 갖고 있는 이는 큰 이득을 보는 것이다. 투자의 정글에서 이름도 없던 폴슨은 모기지 시장이 파국을 맞자 일약 헤지펀드 업계의 별이 됐다. 하지만 그는 사기 혐의로 제소된 글로벌 투자은행 골드만삭스의 모기지 관련 파생상품 설계에 개입한 것 때문에 논란의 대상이 되기도 했다.

400년 동안 되풀이된 마녀사냥

1602년 동인도회사East India Company 설립 때 8만5,000길더를 투자했던 네덜란드의 한 상인[5]은 7년 후 이 회사 주식을 대량으로 팔아치웠다. 하지만 그는 갖고 있던 주식보다 더 많은 물량을 팔았다. 갖고 있지도 않던 주식을 공매도한 것이다. 그는 주가가 더 떨어지도록 나쁜 소문도 퍼트렸다. 동인도회사 주가가 폭락하자 네덜란드 당국은 결국 공매도를 제한하는 조치를 취했다. 금융의 역사에서는 이를 주식 공매도가 문제화된 가장 오래된 사건으로 기록하고 있다.

주가 하락에 베팅하는 공매도는 주가 상승을 기대하는 다른 모든 투자자의 비난을 받게 마련이다. 대중의 인기에 민감한 정치인들이나 주가 하락을 겁내는 경영자들도 흔히 공매도에 나선 투자자들을 불온한 세력으로 몰아 시장에서 내치려 한다. 이 불온한 세력을 쫓는 마녀사냥은 4세기 넘게 이어지고 있다.

남해회사South Sea Company[6] 주식 투기의 광풍을 겪은 영국은 1733년 주식을 빌리지도 않은 채 파는 무차입공매도[7]를 금지했다. 나폴레옹도 공매도를 불법화했다. 공매도자는 반역자로 몰려 감옥살이까지 해야 했다.[8] 미국에서도 1930년대 대공황이나 1987년 블랙 먼데이 같은 위기 때마다 공매도 세력에 대한 비난이 빗발쳤다. 대공황 후에는 시세가 오를 때만 공매도를 할 수 있도록 하는 규제[9]도 도입됐다.

2008년 글로벌 금융위기 때는 미국, 영국, 독일, 프랑스, 일본, 호주, 싱가포르를 비롯한 거의 모든 나라가 주식 공매도를 일시적으로 금지하거나 공매도에 대한 규제를 강화했다. 한국도 2008년 10월 공매도를 금지했다. 그런 후 2009년 5월에 가서야 금융주를 제외한 종목에 대해서만 금지를 풀어주었다. 한국에서는 결제 불이행 위험이 있는 무차입공매도는 원칙적으로 금지되며 실제로 주식을 빌려서 파는 차입공매도만 허용된다.

2011년 8월 글로벌 금융불안이 고조되자 금융위원회는 또다시 석 달 동안 공매도를 하지 못하도록 했다.[10] 그리스에 이어 두 번째로 발 빠르게 취한 조치였다.

2008년 글로벌 금융위기 때 그리스를 비롯해 재정위기를 겪는 나라들은 국채 가격 폭락과 국가부도 가능성에 베팅하는 CDS 투기를 전면 금지해야 한다고 목소리를 높였다. 특히 자기가 갖고 있지도 않은 채권의 부도 위험에 대비해 보험상품을 사는 것은 리스크 헤지가 아니라 위기를 부추기는 투기일 뿐이라고 강력히 비난했다. 네이키드 CDS에 공격적으로 투자하는 금융회사들은 남의 집에 대해 보험을 들어놓고 큰불이 나도록 기다리는 악의 세력으로 치부됐다.

마녀인가 현자인가

시장이 위기와 혼란에 빠질 때마다 마녀사냥을 당하기 십상인 이 '불온한' 공매도 세력도 순기능을 갖고 있다. 이들은 무엇보다 시장이 가격발견 기능을 효율적으로 수행하는 데 도움을 줄 수 있다. 과연 그렇다면 누군가가 시장이 비이성적 과열에 빠져 있음을 알아채고 그 거품이 꺼질 때 이익을 볼 수 있는 쪽으로 베팅을 하는 걸 굳이 막아야 할 까닭이 없다.

나라 경제나 기업의 기본적 가치[11]에 비해 주가가 지나치게 높다고 보는 이들은 갖고 있던 주식을 서둘러 파는 소극적인 방어전략뿐만 아니라 공매도로 이익을 극대화하는 적극적인 전략도 취할 수 있어야 한다. 이들은 시장이 지나친 낙관에 취해 한쪽으로만 쏠리지 않도록 하는 대항세력으로서 시장의 유동성을 높여줄 수 있다. 공매도 세력은 또한 속 빈 강정 같은 부실기업, 그리고 투자자를 속이는 사기꾼과 같은 경영자를 시장에서 내쫓는 데 힘을 보태준다.

투자자들은 엔론 주식에 대한 공매도가 늘어나는 걸 보면서 겉으로 화려했던 이 기업의 어두컴컴한 내부에서 뭔가 썩어가고 있는 냄새를 맡을 수도 있었을 것이다. 공매도자는 단지 탐욕에 이끌려 주식을 팔아치우지만 이는 결과적으로 비효율적인 기업이나 나라에 너무 많은 자원이 배분되지 않도록 하는 데 도움을 줄 수 있다. 물론 주가 폭락을 불러올 만한 내부정보inside information(기업가치에 영향을 미칠 수 있는 것이지만 일반에 공개되지 않는 내밀한 정보)를 이용해 주식을 공매도하거나 공매도한 주식 값이 더 떨어지도록 악성 루머를 퍼트리며 주가를 조작하는 건 중대한 범죄행위다. 주식을 빌리지도 않고 유령주식을 팔고 보는 무차입공매도는 애꿎은 기업들을 무너뜨릴 수도 있다.

공매도 제한은 비관적인 투자자들을 시장에서 몰아냄으로써 주식투자 수익률을 끌어올리는 효과를 낼 것이라는 생각은 실증적인 근거가 매우 약하다. 런던 카스비즈니스스쿨의 이언 마시Ian Marsh와 노먼 니머Norman Niemer가 17개국 사례를 연구한 결과 그런 효과는 거의 발견할 수 없었다.[12]

그들은 뭔가를 알고 있을까

정글금융 주식을 갖고 있는 카푸친 씨는 고민에 빠졌다. 이 주식에 대한 공매도가 갑자기 늘었기 때문이다. 카푸친 씨는 공매도 세력이 감추고 있는 의도를 알 길이 없다. 공매도가 늘어났다면 그만큼 정글금융 주가의 앞날을 비관적으로 보는 투자자들이 늘어났다는 뜻이다. 하지만 그들이 통념을 깨는 혜안과 용기를 가진 이들인지, 단지 무모하고 탐욕스러운 투기꾼일 뿐인지 가려내기란 매우 어렵다.

공매도가 늘었다는 사실만으로 주가 하락을 점치는 건 단순하고 위험한 생각이다. 공매도 세력의 예상이 빗나가 주가가 더 오르면 그들은 서둘러 주식을 다시 살 것이다.[13] 이는 적어도 단기적으로는 이미 오르고 있는 주가가 더 가파르게 치솟도록 부추길 수도 있다.

정글과 같은 금융시장의 생리를 이해하려면 공매도의 순기능과 악마성을 깨달아야 한다. 공매도자들은 교활한 음모를 숨기고 있을 수도 있고 대중의 환상을 깨는 값진 메시지를 던져줄 수도 있다. 공매도는 지나치게 비싸게 거래되고 있는 자산을 생각이 짧은 낙관론자들에게 팔려는 시도다. 어리석음이 죄가 되는 게임에서 카푸친 씨는 어떻게 해야 살아남을 수 있을까?

새로운 투자자를 끌어들일 수 없을 때
폰지책략은 무너질 수밖에 없다.
폰지와 같은 속임수로
우리를 꾀는 것들은 무엇일까?

18

폰지 씨의 속임수는 뭘까?

금융사기꾼의 유혹

훔쳐가기 전에 먼저 훔쳐야 했다. 맞기 전에 때려야 했다.
눈먼 자들의 법칙에 따르면 최악의 적은 가장 가까이 있는 사람이었다.

– 주제 사라마구Jose Saramago, 『눈뜬 자들의 도시』에서

찰스 폰지Charles Ponzi(1882~1949). 찰스 폰지가 1903년 초겨울 보스턴 항에 도착했을 때 그의 주머니에 든 것은 2.5달러가 전부였다. 평생 모은 돈을 배 위에서 도박으로 다 날려버렸기 때문이다. 그는 나중에 『뉴욕타임스』에 "나는 2.5달러의 현금과 100만 달러의 희망을 갖고 이 나라에 왔으며 결코 그 희망을 잃지 않았다"고 말했다.

그는 결국 허망하게 무너지고 말았다. 그럴 수밖에 없었다. 20세기 첫 새벽에 이탈리아에서 미국으로 이민 온 이 희대의 사기꾼은 금융경제의 역사에 길이 오명을 남기게 된다. 그의 이름을 딴 폰지책략Ponzi scheme이라는 말은 이제 금융사기의 한 유형을 일컫는 일반명사로 굳

어졌다.

폰지책략은 놀라운 고수익을 낼 수 있는 것처럼 속여 투자자들을 끌어 모은 다음 나중에 들어온 투자자의 돈으로 먼저 들어온 투자자의 수익금을 내주는 사기 수법이다. 이는 신규 자금 유입이 끊기는 순간 모든 게 한꺼번에 무너질 수밖에 없는 구조다.

폰지의 책략은 왜 무너졌나

폰지는 어느 날 스페인의 한 회사에서 국제우편 회신용 쿠폰을 받았다. 그는 우표로 바꿀 수 있는 이 쿠폰을 보고 기막힌 돈벌이를 생각해냈다. 먼저 이탈리아에서 이 쿠폰을 산다. 제1차 세계대전 후 인플레이션으로 통화가치가 크게 떨어진 이탈리아에서 달러로 쿠폰을 사면 싸게 살 수 있다. 그런 다음 미국에서 쿠폰을 우표로 바꿔 제값에 판다. 이런 거래로 위험 부담 없이 차익을 남길 수 있다는 게 폰지의 계산이었다. 요즘 말로 차익거래arbitrage(재정거래라고도 한다. 25장에서 자세히 설명한다) 아이디어를 낸 것이다.

그는 이런 거래로 400% 넘는 투자수익률을 낼 수 있다고 주장했다. 90일 만에 원금을 두 배로 불려주겠다고 큰 소리 치며 투자자를 끌어 모았다. 당시 은행 금리는 연 5% 수준이었다. 불과 석 달 만에 100% 수익을 낸다는 건 믿기 어려운 고수익이었다. 실제로 초기 투자자들은 1,250달러를 투자해 750달러의 수익금을 받았다.

이 놀라운 돈벌이가 입소문을 타자 투자자금은 눈덩이처럼 불어났다. 1920년 2월 5,000달러, 3월 3만 달러, 5월 42만 달러로 불어나더니 금세 몇백만 달러 규모의 거대한 펀드가 됐다. 폰지는 열광적인 투자자 1만여 명에게서 1,000만 달러 가까운 돈을 끌어 모았다. 보스턴 경찰 4분의 3이 이 투자에 가담했다.

하지만 실제 투자는 폰지의 뜻대로 되지 않았다. 차익거래의 걸림돌이 곳곳에 있었기 때문이다. 폰지의 대규모 투자 수요를 충족시키려면 1억 6,000만 장의 쿠폰이 유통돼야 하는데 실제 유통 물량은 3만 장에도 못 미쳤다. 또한 쿠폰의 대량 매매는 허용되지 않았다. 이렇다 할 투자수익도 없이 새로 들어온 돈으로 기존 투자자에게 수익금을 돌려주는 일이 되풀이됐다. 아랫돌 빼 윗돌 괴는 식이었다. 새 돈이 들어오지 않거나 수익금이 재투자되지 않으면 유지될 수 없는 구조였다. 결국 폰지는 지급불능 상태에 빠졌다. 8월 초 보스턴의 한 신문이 이런 실정을 폭로했다. 이자까지 감안하면 폰지는 450만 달러의 적자를 보고 있다는 내용이었다. 곧바로 엄청난 자금인출 사태가 벌어졌다. 투자자들은 원금 1달러당 채 30센트도 못 건졌다. 8개월 만에 일확천금의 허황된 꿈에서 깨어난 폰지를 기다리는 건 법정과 감옥뿐이었다.

흔히 '거품'으로 일컬어지던 유형의 금융사기는 이제 폰지사기로 불리게 됐다. 물론 그가 이런 유형의 사기를 맨 처음 선보인 원조는 아니다. 폰지사기는 인간의 탐욕이 있는 한 언제든 독버섯처럼 자랄 수 있다. 공산주의 체제에서 막 벗어나 제대로 된 은행시스템을 갖추지 못한 알바니아에서는 폰지 금융이 온 나라에 열병처럼 번지기도 했다. 지금처럼 금융지식이 쌓이고 증권거래위원회SEC를 비롯한 감독당국들이 눈을 부릅뜨고 있는 시대에도 폰지의 후예들은 얼마든지 활개칠 수 있다.

2009년 6월 미국 연방법원은 만 71세의 버나드 메이도프Bernard Madoff에게 150년 징역형을 선고했다. 650억 달러 규모 투자사기의 죗 값이었다. 실제 투자자들이 잃은 돈만 180억 달러에 이르렀다.

1938년에 태어난 메이도프는 1960년 5,000달러를 갖고 자기 이름을 딴 투자증권회사를 세웠다. 이 회사는 한때 나스닥시장에서 가장 큰 시장조성자market maker였다. 메이도프가 사기에 이용한 투자회사는 주가지수 옵션 거래(옵션은 23장에서 상세히 설명한다)를 통해 꾸준히 두 자릿수의 수익을 내고 있는 것처럼 거래기록을 조작했다. 하지만 실제로는 이렇다 할 투자수익이 없었다. 메이도프의 책략은 신규 투자자금으로 기존 투자자에게 원리금을 돌려주는 폰지책략이었다.

폰지 사기꾼은 어떻게 투자자를 꾀나

전형적인 폰지의 책략이 어떻게 작동하는지 살펴보자. 폰지 사기꾼인 피라냐 씨는 카푸친 씨에게 90일 후 30%의 이익을 내주기로 하고 1,000만원을 투자받는다. 그는 이 90일 동안 재규어 씨와 오셀롯 씨에게서도 같은 조건으로 각각 1,000만원씩 투자받는다. 피라냐 씨는 이 돈으로 90일 후 카푸친 씨에게 약속한 대로 1,300만원을 돌려줄 수 있다. 하지만 가능한 한 그 돈을 재투자하도록 적극적으로 유도한다. 이미 안전하게 원금과 수익금을 돌려받을 수 있음을 확인한 카푸친 씨는 별다른 의심을 하지 않고 다시 돈을 맡긴다. 카푸친 씨의 놀라운 투자 성과는 입소문을 타게 되고, 그의 친지들도 앞다퉈 투자에 가담한다.

피라냐 씨는 인간의 본성을 참으로 교묘하게 이용한다. 그는 무엇보다 탐욕에 눈이 먼 투자자들의 약점을 파고든다. 짧은 시간에 큰돈을 벌게 해주겠다는 약속은 전문적인 자산운용 능력이 없는 카푸친 씨에게는 거부하기 힘든 유혹이다.

피라냐 씨는 또한 투자자들의 믿음을 조작한다. 투자자들에게 의심을 사지 않으려면 실제로 원리금을 안전하게 돌려받은 투자자의 성공 사례를 보여주는 게 중요하다. 저명 인사들이 이미 투자자로 들어와 있다는 걸 보여주는 것도 회의적인 투자자를 설득하는 데 효과적이다. 일단 믿음을 얻고 나면 신규 투자와 재투자가 늘어나면서 자금 유출이 최소화된다.

피라냐 씨는 또한 아무나 투자할 수 없는 배타적인 클럽의 분위기를 조성한다. 서울 강남의 한 '귀족계'가 유명 인사들을 끌어들여 계원들이 안심하고 돈을 맡기도록 한 것도 폰지책략과 같은 수법을 쓴 것이다.

"쉿, 이 좋은 투자 기회를 아무에게나 함부로 알려줘선 안 돼."

피라냐 씨는 이런 말로 비밀 유지를 당부한다.

투자자들의 공포와 두려움도 이용한다. 폰지 계획에 의심을 품고 있는 투자자가 이를 입 밖에 냈다 바보 취급을 당하거나 클럽에서 축출되지 않을까 하는 두려움을 느끼게 하는 것이다. 메이도프는 투자자를 가려 뽑기도 하고 까칠한 질문을 하는 투자자를 내쫓기도 했다. 폰지 계획이 송두리째 무너질까봐 겁에 질린 투자자들은 마지막까지 이를 발설하지 않으려 한다.

폰지책략 같은 투자사기는 몇 가지 특징을 보여준다. 리스크에 비해 지나치게 높은 수익을 보장하고, 투자 환경은 급변하는데도 믿기 어려울 정도로 안정적인 성과를 낸다. 메이도프는 해마다 12% 안팎의 수익률을 보여주었다.

또한 등록되지 않은 상품이나 전문가조차 이해하기 어려울 정도의 복잡한 상품을 판다.[14] 폰지책략에 이용되는 회사의 회계자료는 조작되고 감사는 부실하다. "우물쭈물하다가는 투자 기회를 놓친다"며 한시라도 빨리 투자할 것을 종용하는 것도 의심스럽다.

폰지차입자를 보면 금융위기가 보인다

하이먼 민스키Hyman Minsky는 2008년 글로벌 금융위기로 새삼 주목을 받은 경제학자다. 그는 일찍이 금융시장의 불안정성과 금융위기에 대한 통찰력을 보여주었다. 경제와 금융시장 바깥에서 오는 충격이 아니라 내부의 동력과 불안정성에 따라 경기 변동과 금융위기가 올 수 있음을 보여준 그의 금융불안정성가설financial instability hypothesis에서도 폰지의 이름이 나온다. 지나치게 불어난 부채가 경제를 위기로 몰아간다고 본 그는 빚쟁이들을 세 가지 유형으로 나누었다.

첫째, 헤지차입자hedge borrower들은 투자에서 얻는 현금흐름으로 원금과 이자를 갚을 수 있는 이들이다.

둘째, 투기적 차입자speculative borrower들은 이 현금으로 이자는 갚아나갈 수 있지만 원금을 갚아야 할 때가 되면 상환만기 연장[15]을 해야 한다.

셋째, 폰지차입자Ponzi borrower들은 투자자산에서 발생하는 현금흐름으로 원금은커녕 이자조차 갚지 못한다. 자산가격이 올라 원리금을 상환할 수 있으리라 낙관하며 무리하게 빚을 얻은 이들이다. 미국 서브프라임 모기지 차입자들처럼 집값이 끊임없이 오를 걸로 낙관하면서 무리하게 주택대출을 받은 이들이 전형적인 폰지차입자들이다.

일반적으로 경제와 금융시장의 호황이 이어지면서 투자자와 은행들이 낙관에 젖어들면 투기적 차입자와 폰지차입자들이 늘어난다. 그러나 어느 순간에 이르면 경제 상황이나 투자심리가 조금만 바뀌어도 자산시장이나 금융시스템이 급속히 무너져 내릴 수 있다. 이때 투기적 차입자는 폰지차입자로 전락하고 멀쩡하던 헤지차입자마저 위태로워진다. 빚의 무게를 감당할 수 없는 이들이 건전한 자산까지 한꺼번에 내던지면 금융위기가 시작된다. 금융가에서는 이런 시점을 민스키 모멘트Minsky moment라 부른다.

당신을 바보로 만들 수 있는 폰지들

민스키의 '폰지차입자'처럼 폰지의 이름을 붙인 말들이 반드시 '사기'의 의미를 내포하는 것은 아니다. 폰지책략이라는 말에서 폰지는 사기꾼을 의미하지만 폰지차입자라는 말에서 폰지는 무모한 차입을 일삼는 투기자를 뜻한다. 또한 폰지라는 말은 새로운 자금 유입이 없으면 지속될 수 없는 '거품 투자'의 의미로 쓰일 때가 많다. 17세기 네덜란드 튤립 투기나 18세기 영국의 남해주식회사 거품부터 21세기 첫 글로벌 금융위기 전후의 온갖 자산시장 거품들을 폰지라는 수식어로 묘사하는 이가 많다.

글로벌 금융시장에는 이런 폰지 구조가 여러 가지 모습으로 나타난다. 예컨대 어떤 나라가 외채 원금을 상환하지 못하고 만기연장을 계속하다 결국 두 손을 드는 경우를 흔히 볼 수 있다. 그 나라의 장기적인 실질성장률이 글로벌 시장의 실질금리에 못 미치면 결국 외채위기는 터질 수밖에 없다.

인구가 줄어드는 나라들의 연금시스템을 언젠가 무너질 폰지 구조로 보는 견해도 있다. 이민자들이 일군 나라 미국에 인구 유입이 줄어들면서 성장이 정체되는 것을 폰지 구조에 빗대 설명하는 이들도 있다. 폰지의 이름은 이제 금융사기에 국한되지 않는다. 언젠가는 무너질 지속 불가능한 시스템을 일컫는 보통명사가 되고 있다.

카푸친 씨가 조심해야 할 건 피라냐 씨처럼 분명한 주모자가 있는 구체적인 금융사기뿐만이 아니다. 뚜렷한 주모자는 없지만, 다시 말해 어느 한 사람의 책략이라고 할 수는 없지만 무한히 지속될 수 있다는 점에서 폰지를 닮은 온갖 시스템과 시장이 언제 그를 속일지 알 수 없다.

한국의 폰지차입자들

우리나라 가구는 2011년 3월 말 평균 5,205만원의 빚을 지고 있다. 가구당 평균 자산(2억9,765만원)의 17% 수준이다. 통계청이 전국 1인 이상 가구 1만 곳을 표본조사한 결과다. 그러나 이는 부채가 없는 가구까지 포함한 평균값이다. 부채가 있는 곳은 전체 가구의 63%다. 이들만 보면 가구당 부채는 평균 8,289만원이다.

하지만 중위수는 3,080만원이다. 이들 가구의 절반은 3,080만원이 넘는 빚을 지고 있고 나머지 절반은 그보다 적은 빚을 안고 있다.

전체 가구는 연간 가처분소득(평균 3,283만원)의 18%(600만원)를 원금과 이자를 갚는 데 쓰고 있다. 소득 상위 20% 계층은 가처분소득의 15%를 원리금 상환에 쓰지만 나머지 계층은 20% 안팎을 쓰고 있다. 부채가 있는 가구만 따지면 이 비율은 훨씬 높아질 것이다.

이런 표본 조사가 아니라 거시적인 관점에서 우리나라 개인과 가계가 얼마나 무거운 빚을 지고 있는지 알아보자. 우선 한국은행 자금순환 통계를 보자.

가계(소규모 개인사업자를 포함한 가계와 가계에 봉사하는 민간 비영리 단체) 금융부채는 2011년 6월 말 1,050조원에 이르렀다. 이는 한국은행 자금순환 통계에 나온다. 가계 빚을 이야기할 때 한국은행 가계신용 통계도 많이 쓰인다. 가계신용은 은행, 보험, 저축은행, 카드사를 비롯한 각종 금융회사의 가계대출과 신용카드회사와 할부금융회사의 판매신용을 합친 것으로 2011년 6월 말 876조원에 이른다.

가계 금융부채는 가계 금융자산(2,257조원)의 절반 가까운 수준이다. 가계 금융부채는 외환위기 때인 1997년 말 300조원에서 13년 반 새 3.5배로 불어났다. 600조 남짓하던 개인 금융자산도 3.7배 가까운 수준으로 불어났다. 얼핏 보아 빚이 늘어나는 것과 같은 속도로 자산이 늘어났으니 별 문제가 없는 것 아니냐고 생각할 수도 있다. 하지만 이 기간 중 소득증가 속도를 보면 이야기가 달라진다.

개인들의 총처분가능소득Gross Disposable Income, GDI 은 1997년 333조원에서 2010년 671조원으로 두 배가 됐다. 부채 증가(3.5배)에 비해 훨씬 느린 속도다. 1997년 말 가계의 금융부채는 개인 가처분소득의 0.9배였으나 2010년 말에는 1.5배에 이르렀다. 소득에 비해 너무 무거운 빛을 지고 있는 것이다. 우리나라 가계는 글로벌 금융위기 이후에도 계속 빛을 늘려 선진국 가계가 빛 줄이기deleveraging에 나선 것과 대조를 보였다.

가계가 진 빚의 구조를 뜯어보면 더욱 걱정스럽다. 은행 가계대출의 3분의 2를 차지하는 주택담보대출을 보자.

한국은행이 2011년 6월 말 4대 은행 주택담보대출 가운데 100만 건을 분석한 결과 원금 상환 없이 이자만 내고 있고 빚 갚을 능력이 취약한 대출이 전체 대출잔액의 26%나 됐다. 이는 이자만 내고 있는 주택담보대출 중 대출잔액이 연 소득의 네 배 이상이거나 대출잔액이 담보가치의 33%(서울 강남의 경우)에서 50%(지방의 경우) 이상인 대출을 말한다.

우리나라 주택대출은 대부분 원금을 만기에 한꺼번에 갚거나 3~5년의 거치기간이 지난 다음에 조금씩 나눠 갚는 구조다. 또한 대출을 받은 쪽이 금리변동 리스크를 고스란히 떠안는 변동금리 대출이 90%를 넘는다. 소득이나 담보가치에 비해 무거운 빚을 안고 있으면서 이자만 갚아나가더라도 다행히 집값이 크게 오르면 원리금 상환에 문제가 없을 것이다. 하지만 집값이 크게 떨어지거나 금리가 뛰면 원금과 이자를 갚을 길이 막막해진다.

초저금리에 취해 무리하게 빚을 얻어 집을 사놓고 막연히 집값이 오르기만을 기다리는 이들은 민스키가 말한 투기적 차입자나 폰지차입자들이다. 이들이 더 이상 버티지 못하고 헐값에라도 집을 팔고자 한꺼번에 매물을 쏟아낼 때가 바로 민스키 모멘트다.

남의 돈을 끌어들여 투자수익을 높이려는 전략을 레버리지leverage 전략이라고 한다. 자산시장이 활황일 때는 몇 곱절의 수익을 낼 수 있지만 시장이 침체로 돌아서면 거꾸로 손실이 몇 곱절이 되는 레버리지 전략의 명암은 22장에서 다룰 주제다.

이코노미스트나 애널리스트들의 예측이 잇달아 적중했을 때
사람들은 그를 족집게 도사라고 치켜세울 것이다.
그러나 어쩌면 그는 단지 운이 좋았을 뿐인지도 모른다.

19
족집게 도사는 있을까?
전문가 예측의 한계

미래는 신께 속한 것이니 그것을 드러내는 일은 ……
오직 신만이 할 수 있는 것이네. 그럼 난 어떻게 미래를 짐작할 수 있을까? ……
그건 현재의 표지들 덕분이지. 비밀은 바로 현재에 있네.

−파울로 코엘료Paulo Coelho, 『연금술사』에서

아직 타임머신을 만들지 못한 사람들은 미래를 내다보기 위해 온갖 지혜를 다 동원한다. 남들보다 한발이라도 앞서 미래를 보려는 욕망이 강해질수록 예측의 과학과 기술도 더욱 번창할 것이다. 한 치 앞도 내다보기 어려운 정글경제에서 미래에 어떤 일이 벌어질지 알아맞히는 것은 불가능에 가까운 일인지도 모른다. 그럴수록 남다른 혜안과 통찰력을 보여준 이들의 몸값은 높아질 수밖에 없다.

빗나간 예측들

"사람들은 경제학을 예측의 과학으로 여긴다. 그렇다면 시카고학파Chicago school of economics의 접근 방법은 낙제점을 받아야 한다. 그들의 이론은 위기를 예측하지 못했다."

2001년 노벨경제학상 수상자로 주류경제학자들에 대해 날 선 비판을 서슴지 않는 조셉 스티글리츠 컬럼비아대 교수의 공격이다.

"경제학자들이 2008년 금융위기를 내다보지 못하거나 위기를 막지 못한 데 대한 실망감이 널리 퍼져 있다. 특히 거시경제학자들은 쓸모없고 해롭기까지 한 수학적 모델을 가진 잃어버린 세대로 묘사된다. 이런 묘사는 터무니없는 것이다."

1995년 노벨경제학상을 받은 로버트 루카스Robert Lucas 시카고대 교수의 변론이다. 그는 대중이 경제학자들에게 합리적으로 기대할 수 있는 게 과연 무엇이냐고 물었다. 그런 다음 "우리는 리먼브러더스 파산 직후와 같은 금융자산 가치의 급격한 하락을 예측할 수 있는 모델을 갖지 못했으며 앞으로도 그럴 것"이라고 말했다. 주류경제학자들을 위한 그의 변론을 좀 더 들어보자.

"벤 버냉키 FRB 의장도 잠재적인 위기를 알아차렸다. 그러나 위기가 터진 후에 나온 것과 같은 대규모의 통화정책을 선제적으로 취하라고 권고하는 것은 마치 앞으로 어떤 차가 갑자기 당신 차선으로 뛰어들 가능성이 있기 때문에 당신이 당장 차의 방향을 틀어 도로를 벗어나야 한다고 권고하는 것과 같다."

2008년 글로벌 금융위기가 터지기 전에도 경제학자들의 빗나간 예측에 대한 비판과 조롱은 늘 있었다. 비가 올 때까지 계속 기우제를 지내듯 '지난 두서너 번의 경기침체를 대여섯 번 예측한' 경제학자들에 대한 비아냥도 흔히 들을 수 있었다. 라비 바트라Rabi Batra[16]의 『1990년 대공황The Great Depression of 1990』은 베스트셀러가 됐지만 그의 예언은 현실로 나타나지 않았다.

2세기 전에 이미 인구 폭발에 따른 지구촌 재앙을 경고했던 토머스 맬서스Thomas Malthus(그의 인구론은 29장에서 설명한다)의 예언도 결국 빗나갔다. 인구 폭발에 대한 공포는 오랫동안 인류의 사고를 지배했다. 그 때문에 1960~1970년대까지도 공상과학소설에는 30년 동안 생식을 금지하거나 일정한 연령에 도달한 인구를 안락사 시키는 것과 같은 극악한 처방이 나올 정도였다.

오늘날 카푸친 씨는 예언의 홍수 속에 살고 있다. 닥터 둠Dr. Doom (암울한 전망을 계속하는 경제학자)들이 수도 없이 경고한 것처럼 과연 글로벌 경제가 더블딥double dip(회복되던 경제가 다시 침체에 빠지는 것)에 빠질지, 글로벌 통화전쟁이 파국으로 치달을지, 세계경제가 또 다른 금융위기를 겪게 될지, G2(미국과 중국) 간 패권다툼과 문명 간 충돌로 지구촌이 더욱 위험한 싸움터가 될지, 역사발전의 마지막 단계라던 자본주의가 새로운 체제로 진화하거나 변혁을 겪을지, 생명과학과 정보기술의 힘으로 유토피아나 디스토피아가 실현될지에 관한 온갖 예언을 들으며 당혹감을 느끼고 있는 것이다. 그는 누구의 말을 얼마나 믿어야 할까?

카푸친 씨도 족집게 도사가 될 수 있다

카푸친 씨가 찾는 사람은 터무니없는 예언을 늘어놓는 주술사가 아니다. 그는 진정한 통찰력을 갖고 미래를 내다볼 수 있는 사람을 찾고 있다. 그런 카푸친 씨는 어떤 전문가의 예측을 신뢰하기 전에 먼저 지난날 그 전문가가 했던 예측들이 얼마나 맞아떨어졌는지를 알아보려 할 것이다. 적중한 예측의 기록이 많이 쌓인 전문가일수록 그 권위는 높아질 것이다.

하지만 아무리 권위 있는 전문가라 하더라도 그의 예측을 맹신하는 것은 매우 위험하다. 예컨대 어떤 이코노미스트나 애널리스트들의 예측이 여러 차례 딱 맞아떨어졌을 때 그들을 족집게 도사로 치켜세우며 무작정 따르는 이들은 '권위에 호소하는 오류fallacy of appeal to authority'에 빠질 수 있다. 권위에 호소하는 오류는 흔히 다음과 같은 삼단논법에서 발견된다.

'카푸친 씨의 정글금융 주가 예측은 대부분 맞았다. 카푸친 씨는 정글금융 주가가 폭등할 것으로 본다. 그러므로, 정글금융 주가는 폭등할 것이다.'

이는 카푸친 씨가 늘 경계해야 할 오류이다.

더욱이 전문가라는 이들의 예측이 맞아떨어진 게 그들의 예지력보다는 순전히 운에 따른 것이라면 그를 무턱대고 믿었던 이들이 안을 위험은 참으로 클 것이다. 어떤 분야에서 놀라운 통찰력을 가진 것처럼 보이지만 사실은 단지 운이 좋았을 뿐인 전문가들이 얼마나 많은가?

카푸친 씨는 그런 운 좋은 전문가를 직접 키워낼 수도 있다. 단순한 예를 하나 들어보자.

카푸친 씨는 정글야구단과 아마존야구단이 맞붙는 2020년 프로야구 한국시리즈 때 경기 결과를 예측하는 정보지를 팔아 돈을 벌고 싶다. 그는 일곱 차례 경기의 승패를 족집게처럼 알아맞힐 수 있을 전문가를 내세우려 한다. 한국시리즈 4차전까지 네 번 내리 경기 결과를 알아맞힌 스타 분석가를 내세워 다음 경기를 예측하는 정보지를 판다는 게 그의 계획이다. 카푸친 씨는 우선 16명의 야구경기 분석 전문가를 고용한다. 전문가라고 선전은 하지만 사실은 그들이 야구의 '야' 자도 모르는 문외한이어도 상관없다.

다음 표에서 보는 것처럼 1차전에서는 16명의 전문가 중 8명이 정글구단의 승리를, 다른 8명은 아마존구단의 승리를 점치도록 한다. 경기가 끝나면 어느 쪽이 승리하든 상관없이 8명의 예상이 맞아떨어진다. 2차전 때는 그 8명 중 4명이 정글구단의 승리를, 나머지 4명이 아마존구단의 승리를 예언한다. 이번에도 경기 결과와 무관하게 4명은 두 번 내리 경기 결과를 알아맞힌 것이 된다. 3차전에서는 4명 중

	A	B	C	D	E	F	G	H	I	J	K	L	M	N	O	P
1차전	☺	☺	☺	☺	☺	☺	☺	☺	X	X	X	X	X	X	X	X
2차전	☺	☺	☺	☺	X	X	X	X	☺	☺	☺	☺	X	X	X	X
3차전	☺	☺	X	X	☺	☺	X	X	☺	☺	X	X	☺	☺	X	X
4차전	☺	X	☺	X	☺	X	☺	X	☺	X	☺	X	☺	X	☺	X

16명의 야구 문외한 중 누가 족집게 도사가 될까

＊A, B, C……P는 야구 분석가. ☺ 표시는 정글구단의 승리, X 표시는 패배를 예측했다는 뜻.

2명이 세 번 내리 결과를 알아맞힌 전문가가 된다. 4차전이 끝나면 네 번이나 내리 결과를 알아맞힌 족집게 분석가가 탄생한다. 네 번의 경기 결과가 어떻게 되든 상관없이 반드시 한 사람의 스타가 나오게 돼 있다.

이제 카푸친 씨가 할 일은 이 스타 분석가의 놀라운 선견지명을 널리 알리고 그의 견해를 실은 정보지를 비싸게 파는 일뿐이다. 5차전 승패를 알고 싶은 이들, 특히 경기 결과에 큰돈을 걸고 내기를 하는 이들은 기꺼이 돈을 내고 족집게 도사의 예언을 들으려 할 것이다. 정글 구단이 4연승하거나 4연패할 경우 이를 알아맞힌 분석가를 내세워 다음 해 시리즈 때 장사를 할 수 있다.

같은 원리에 따라 시즌 중 일곱 번의 승패를 내리 알아맞힌 족집게 도사를 내세우려면 128명의 아르바이트생을 고용하면 된다.[17] 경기를 한 번 치를 때마다 결과를 알아맞힌 이들은 절반씩 줄어들어 7차전이 끝나면 일곱 번을 내리 맞힌 한 사람의 스타가 남게 된다.[18]

주식시장에서 연속 히트를 기록한 투자의 귀재들 중에도 단지 운이 좋아 스타가 된 이들이 있을 것이다. 워런 버핏이 제안한 것과 같은 동전 던지기 시합은 바로 그런 이들을 위한 블랙유머다. 한국에서 그 시합을 벌인다면 다음과 같은 식이 될 것이다.

15세 이상 인구 4,000만 명에게 1만원씩 나눠주고 10원짜리 동전을 던지게 한다. 다보탑이 나오면 이기고 10이라는 숫자가 나오면 진다. 진 사람은 이긴 사람에게 가진 돈을 넘겨줘야 한다. 이기거나 질 확률이 반반씩이므로 동전을 던질 때마다 승자는 절반으로 줄어들 것이다.

스물네 번째 동전을 던졌을 때 24연승을 기록한 승자는 두 명이 남을 것이다.[19] 이들은 각자 1,677억원씩 차지하게 될 것이다.[20] 이들은 다보탑이 나오도록 동전을 던질 수 있는 신기를 터득한 것일까, 아니면 단지 억세게 운 좋은 사람일까? 그들이 스물다섯 번째 동전을 던질 때 다시 이길 확률은 얼마일까?

예언자 파울

흥분한 독일인들 중에는 예언자를 살해하겠다고 위협하는 이들까지 있었다. 스페인 총리는 예언자를 보호하기 위해 경호 팀을 파견하겠다고 제안했다. 산업장관은 그를 즉시 스페인으로 데려와 보호해야 한다고 주장했고, 환경장관은 유럽연합EU 차원에서 그의 안전 문제를 논의하겠다고 밝혔다.

두 나라 사이에 무슨 일이 있었던 걸까? 지구촌 수십억 명의 이목을 끈 독일 오버하우젠의 한 예언자가 2010 FIFA 월드컵 준결승에서 맞붙게 된 두 나라 중 스페인의 승리를 점쳤다. 그러자 성난 독일인들은 그를 잡아먹기라도 할 듯이 위협적인 말을 쏟아냈다. 상어에게 던져버리라고 하는 사람도 있었다. 이에 발끈한 스페인 정부가 그에 대한 신변 보호 문제를 제기한 것이다.

그 예언자는 오버하우젠 해양생물관에 사는 '문어 파울Paul the Oc-topus'이었다. 파울은 이미 UEFA 유로 2008 당시 독일 팀의 여섯 경기 중 네 게임의 승패를 알아맞혔다. 하지만 2년 후 남아공 월드컵에서 그의 예측력은 더욱 놀라운 적중률을 기록했다. 파울은 독일 팀의 조별 리그 세 경기와 16강전, 준준결승전 승패를 모두 알아맞혔다. 파울은 양팀의 국기를 표시한 두 개의 상자 가운데 어느 한쪽을 골라 그 안의 홍합을 먹는 식으로 승리 팀을 찍어주었다.

준결승을 앞두고 유럽의 모든 축구 팬이 지켜보는 가운데 파울은 스페인 국기가 표시된 상자로 다가갔다. 탄식과 환호성이 엇갈렸다. 독일 팬들은 이번만은 그가 틀리기를 간절히 바랐지만 승리의 신은 스페인 쪽으로 돌아섰다. 파울은 3-4위전에서 독일이 승리하고 결승전에서 스페인이 네덜란드를 이기리라는 것까지 알아맞혔다.

예언자 파울은 여덟 경기 내리 승리 팀을 골라내는 신기를 보여주었다. 파울이 승패를 알아맞힐 확률이 경기 때마다 반반씩이라면 8경기 연속으로 알아맞힐 확률은 256분의 1(0.39%)에 불과하다.[21] 이는 파울이 승패를 맞히는 것은 앞면과 뒷면이 나올 확률이 반반인 동전 던지기와 같다고 본 것이다. 파울은 상자에 표시된 국기의 패턴이나 상자 안 홍합의 상태에 따라 한쪽으로 이끌렸을 가능성도 있으나 여기서는 그런 편향 가능성을 무시했다.

조별 리그 세 경기에서는 무승부도 가능하므로 파울이 승패를 알아맞힐 확률이 50%가 채 안 될 것이다. 이 경우 8경기를 내리 맞힐 확률은 0.39%도 안 될 것이다.

파울의 적중률은 그만큼 보기 드문 것이었다.

그렇다면 파울은 어떤 축구 전문가보다 뛰어난 분석력과 예측력을 갖고 있었던 걸까? 그가 더 오래 살아 2014년 월드컵에서도 활약할 수 있다면 그가 찍어주는 팀에 거액을 베팅해도 좋을까?[22]

그게 문어든, 귀뚜라미든, 달팽이든, 앵무새든 256마리 중 한 마리쯤은 8경기 연속 승패의 결과를 적중하는 신통력을 보여줄 수 있지 않을까?

회의주의자가 되라

어떤 분야의 권위 있는 전문가들이 내놓는 예측들을 얼마나 믿어야 할지 늘 고민하는 카푸친 씨는 이제 더 큰 의심을 품게 될 것이다. 우선 그 전문가들의 권위가 진정한 통찰력에서 나온 것인지, 단지 운 좋게 맞아떨어진 예측의 기록이 쌓여서 생긴 것일 뿐인지 따져볼 것이다. 어떤 예측 전문가가 지난날 높은 적중률을 기록했다고 해서 앞으로도 그러리라고 확신할 근거가 있는지, 그의 말이 반증 가능한 과학적 진술이 아니라 무조건적인 믿음을 요구하는 주술사의 예언일 뿐인지도 따져볼 것이다.

카푸친 씨가 당장 노벨경제학상 수상자들의 이론모형이 지닌 예측력의 한계를 논할 정도로 전문적인 식견을 갖출 수는 없다. 하지만 빗나간 예측에 희생되지 않으려면 기본적으로 몇 가지는 알아둘 필요가 있다.

첫째, 어떤 이론모형도 현실을 완전하게 담아낼 수는 없다는 걸 알아야 한다. 이론모형은 가장 본질적인 것이라고 판단되는 요소들을 선택적으로 담을 수밖에 없다. 이론모형은 어차피 현실 그 자체가 될 수 없으며 변화무쌍한 현실을 완벽하게 예측할 수는 없는 것이다.

둘째, 비현실적인 가정들이 이론모형의 예측력을 크게 떨어트릴 수 있음을 잊지 말아야 한다. 완전한 정보를 갖고 가장 합리적인 선택을 하는 호모 에코노미쿠스를 가정한 이론을 생각해보자. 그리고 정보비대칭informational asymmetry(정보비대칭에 관해서는 21장에서 설명한다) 문제가 없고 늘 재빨리 균형으로 돌아가는 가장 효율적인 시장을 전제로 한 이론모형을 생각해보자. 이런 모형으로 투자자나 소비자의 온갖 비합리적인 행태나 금융시장의 비이성적 과열을 예견하기는 어려울 것이다.

셋째, 과거 역사에서 어떤 운동법칙을 찾아내고 이를 미래에 투영하는 방식으로 이뤄지는 예측의 한계를 생각해야 한다. 우선 그 법칙이 과연 법칙이라 할 만한 것인지부터 의심해봐야 한다. 데이터 마이닝 data mining(혼란스러운 데이터에서 의미 있는 것을 찾아내는 것)[23]에 나선 경제학자든 과거의 추세를 보고 주가를 예측하려는 기술적 분석가든 자기가 보고 싶은 것만 보게 될 위험을 안고 있다.

역사주의Historicism를 강력히 비판한 철학자 칼 포퍼Karl Popper[24]는 "수레를 예견하는 것은 수레를 발명하는 것"이라고 말했다. 수레라는 것이 나오리라고 안다는 건 이미 수레를 머릿속에 그려낼 수 있고 만들어낼 수도 있다는 뜻이다. 그만큼 수레에 대해 잘 알고 있다면 수레는 이미 미래가 아니라 현재인 것이다. 그러므로 지금은 머릿속에 그려낼 수도 만들어낼 수도 없는 수레가 미래에 나오리라고 예측하는 건 불가능한 일이다.

알베르트 아인슈타인Albert Einstein은 "상상은 미래의 시연試演, Imagination is a preview of the future"이라고 했다. 미국 컴퓨터 과학자 앨런 케이 Alan Kay의 말은 훨씬 더 적극적이고 긍정적인 느낌을 준다. "미래를 예측하는 가장 좋은 방법은 미래를 창조하는 것이다.The best way to predict the future is to invent it"

미래에 대한 다른 누구의 예측도 맹신하지 말라. 반증의 담금질을 견뎌낸 이론이라도 한 번 더 회의해보라. 스스로 미래를 상상하라. 그리고 창조하라. 정글을 헤쳐나가야 할 카푸친 씨가 기억해야 할 것은 바로 이것이다.

휴리스틱은 불확실한 상황에서
직관과 주먹구구 셈법을 써서 재빨리 해답을 찾는 것이다.
행동경제학자들은 휴리스틱의 유용성과 한계를 보여준다.

20

주먹구구는
얼마나 믿을 수 있나?

직관의 재발견

진정으로 가치 있는 단 하나는 직관이다.

－알베르트 아인슈타인

．

결코 직관을 이용하지 마라.

－오마 넬슨 브래들리Omar Nelson Bradley[25]

"나는 이상한 고집으로 레드에 돈을 걸었다. …… 난 극단적인 모험으로 구경꾼들을 놀라게 하고 싶었다. …… 나는 모험에 대한 강렬한 욕망에 사로잡혔다. …… 주위 사람들은 미친 짓이라고 소리쳤다. 이미 열 네 번이나 레드가 나온 다음이란 말이야!"

표도르 도스토옙스키의 소설 『노름꾼』에 나오는 한 대목이다. 주인공 알렉세이 이바노비치가 카지노에서 트랑테 카랑트trente et quarante라는 카드 게임을 하는 장면이다. 이 게임은 룰렛처럼 블랙과 레드로 나뉜 카드 열列 중 한쪽이 이길 것으로 보고 돈을 거는 것이다. 카드 숫자의 합이 30에 가까운 열이 이긴다.

블랙이냐, 레드냐, 그것이 문제다. 이바노비치는 또다시 레드에 돈을 걸었다. 구경꾼들은 이미 여러 차례 잇달아 이긴 레드가 또다시 이길 가능성은 희박하다며 이바노비치의 어리석음을 나무랐다. 하지만 생각이 짧은 건 바로 그들이었다.

도박사의 오류

이바노비치는 이틀 전 놀라운 이야기를 들었다. 지난 주 레드가 잇달아 스물두 번이나 이긴 적이 있다는 이야기였다. 당시 레드가 열 번쯤 잇달아 이긴 다음부터는 또다시 레드가 나올 것으로 보고 돈을 거는 이는 거의 없었다. 예컨대 초심자들은 레드가 열여섯 번 연속으로 이긴 다음이라면 열일곱 번째는 틀림없이 블랙이 이길 것으로 믿고 평소보다 두 배, 세 배 많은 돈을 블랙에 걸었다. 그러고는 이내 참담한 실패를 맛보았다.

소설 속 이야기는 도박사의 오류gambler's fallacy라 일컫는 잘못된 추론의 한 예를 보여준다. 룰렛 구슬이 블랙이나 레드에 멈출 확률은 같다. 하지만 이는 수백, 수천 번 구슬을 굴렸을 때의 이야기다. 짧은 기간에는 얼마든지 그 확률과 다른 결과가 나타날 수 있다. 카푸친 씨가 게임을 한 2020년 어느 겨울 밤 레드가 스무 차례나 잇달아 나오는 희한한 일이 일어났을 때 그다음에는 당연히 블랙이 나오리라고 생각하는 것은 오류라는 뜻이다.

더 단순한 예를 들어보자. 앞면과 뒷면이 나올 확률이 똑같은 동전 던지기의 경우다. 동전이 스무 번 연속 앞면이 나올 확률은 약 100만

분의 1이다.[26] 하지만 이는 어디까지나 첫 번째 동전을 던지기 전에 기대하는 확률이다. 이미 열아홉 번 연속으로 앞면이 나온 다음이라면 스무 번째 던지기에서 앞면이 나올 확률은 그냥 2분의 1이다.

열아홉 번 연속 앞면이 나온 것은 분명 희한한 일이지만 이미 100% 확정된 사실이다. 그 사실은 스무 번째 던지기에 아무런 영향을 미치지 않는다. 무심한 동전은 지난 열아홉 번의 던지기 결과가 어땠는지 기억할 리 없다. 동전 던지기에서 열아홉 번이나 앞면이 나왔으니 이제 뒷면이 나올 때도 됐다고 생각하는 것이 잘못이듯이 카푸친 씨가 "지난 몇 년 동안 주식 투자에서 줄곧 돈을 잃기만 했으니 이제 돈을 벌 때도 됐다"고 믿는 것 역시 같은 오류를 범하는 것이다.

물론 투자 실패가 거듭되면 학습효과가 나타나 다음번 투자의 성공 확률이 높아질 수도 있을 것이다. 하지만 단지 몇 번이나 연거푸 돈을 잃었으니 이번에는 틀림없이 성공할 것이라는 단순한 추론은 도박사의 오류와 다를 바 없다.

직장인 야구에서 2할5푼대 타율을 자랑하는 재규어 씨가 10타수 무안타를 기록했으니 이번에야말로 틀림없이 안타를 칠 것이라고 믿고 내기를 거는 경우도 마찬가지다. 물론 재규어 씨가 그동안 투수의 구질을 잘 분석하고 스윙 폼을 더 좋게 고쳤다면 이야기가 달라질 수 있겠지만.

행동경제학자들의 화두가 된 휴리스틱

심리학이나 행동경제학에서 도박사의 오류

를 풀이할 때 대표성 휴리스틱representative heuristic이라는 말이 등장한다. 휴리스틱은 '찾아내다' '발견하다'라는 뜻의 그리스어에 뿌리를 두고 있는 말이다. 불확실하고 복잡한 상황에서 부딪히는 문제를 가능한 한 빨리 풀기 위해 쓰는 주먹구구식 셈법이나 직관적 판단, 경험과 상식에 바탕을 둔 단순하고 즉흥적인 추론을 뜻한다.

심리학자 아모스 트버스키와 대니얼 카너먼의 연구로 널리 알려진 휴리스틱은 불확실성 속에서의 의사결정 과정을 이해하는 데 핵심적인 개념으로 떠올랐다. 트버스키와 카너먼은 1974년 『사이언스』지에 발표한 논문[27]에서 대표성 휴리스틱에 관해 상세히 설명했다.

대표성 휴리스틱은 어떤 개별적인 대상 A가 B라는 부류의 특성들을 '대표'하는 것으로 보일 때 곧바로 'A는 B에 속한다'고 판단하는 것이다. 예컨대 아마존은 정글의 여러 가지 특성을 대표하고 있으므로 더 이상 따져볼 것 없이 '아마존은 정글'이라고 판단하는 것이다. A와 B는 일련의 사건sequence일 수도 있다. 예를 들어 A가 열 번의 연속적인 룰렛 게임, B가 만 번의 연속적인 룰렛 게임이라고 할 때 A는 B의 특성을 대표할 수 있다.

사람들은 흔히 아주 짧은 일련의 사건들이 훨씬 더 길게 이어지는 사건의 전 과정을 그대로 보여준다고, 다시 말해 그 특성을 잘 대표한다고 생각한다. 예를 들어 앞면(H)과 뒷면(T)이 나타날 확률이 똑같은 동전을 여섯 번 던졌을 때 H-T-H-T-T-H 순서로 나타날 가능성이 H-H-H-T-T-T 또는 H-H-H-H-T-H 순서로 나타날 가능성보다 더 높다고 생각하는 것이다. 두 번째 사건들은 동전 던지기가 무작위random가 아닌 것 같고 세 번째 것은 앞면이 나타날 가능성이 커지도록 동전이 찌그러진 것 같다는 생각이 들게 한다.

도박사의 오류는 이처럼 어떤 사건이 일어날 가능성(확률)에 대한 오해에서 비롯된다. 룰렛 구슬을 수없이 많이 던지면 블랙과 레드가 나타나는 빈도가 같아지겠지만 수십 번 던졌을 때는 어느 한쪽에 심하게 편중된 결과가 나타날 수도 있는 것이다. 하지만 도박사, 엄밀하게 말하면 도박의 초심자들은 이 점을 이해하지 못하거나 곧잘 잊어버린다. 이미 여러 차례 잇달아 레드가 나타났다면 다음에는 레드보다 블랙이 나오는 게 룰렛의 특성을 더 잘 대표하는 것이라고 보고 그런 결과를 예측하는 잘못을 저지르곤 한다.

카푸친 씨의 직업은 뭘까

샤면 박사가 물었다. "카푸친 씨는 수줍음이 많고 내향적이다. 그는 언제나 도움이 되는 사람이지만 다른 사람들이나 현실 세계에 그다지 많은 관심을 기울이지 않는다. 그는 온순하고 깔끔한 사람이다. 그러나 질서와 체계, 그리고 세부적인 것들에 더 많은 열정을 가질 필요가 있다. 카푸친 씨의 직업은 농부, 세일즈맨, 항공기 조종사, 도서관 사서, 엔지니어 중 무엇일까?"

사람마다 다르겠지만, 카푸친 씨가 도서관 사서의 특성을 가장 잘 보여준다고 판단하는 이도 많을 것이다. 하지만 이런 판단은 심각한 오판이 될 수도 있다. 카푸친 씨의 특성과 도서관 사서들의 특성이 비슷하더라도 그가 반드시 사서일 것이라고 확신하는 것은 위험하다. 특히 사전확률prior probability(추가적인 관측 데이터가 없는 상황에서 미리 주어진 확률)을 무시할 때 오판에 이를 가능성이 크다. 정글시티의 직업 분포상 카푸친 씨가 사서이거나 농부일 기본적인 확률은 주어져 있다. 카푸친 씨의 특성이 사서들의 특성을 얼마나 잘 보여주는지에만 주목한 추론은 정글시티의 카푸친 씨 또래 가운데 기본적으로 사서보다는 농부가 100배나 더 많을 수도 있는 사전확률을 무시하는 것이다.

표본의 크기에 대해 둔감해서 오판을 하는 경우도 많다. 트버스키와 카너먼은 다음과 같은 실험결과를 소개했다.

"정글타운에 병원이 두 곳 있다. 큰 병원에서는 하루 평균 45명의 아기가 태어나고 작은 병원에서는 15명이 탄생한다. 잘 알다시피 모든 아기의 50%는 남자다. 그러나 정확한 성비는 날마다 다르다. 어떤 날은 남자 아기가 50%를 넘고 어떤 날은 그 수치를 밑돈다. 두 병원은 태어난 아기의 60% 이상이 남자였던 날이 1년에 며칠이나 되는지 기록했다. 두 병원 가운데 그런 날이 더 많은 병원은 어디였을까?"

실험 대상 대학생 가운데 21명은 큰 병원, 21명은 작은 병원이라고 답했고, 53명은 두 병원에서 남자 아기가 60% 이상이었던 날 수가 거의 같았을 거라고 답했다. 누구 말이 맞는 걸까?

가용성 휴리스틱availability heuristic은 가장 쉽게 찾아 쓸 수 있는 데이터나 기억의 바다에서 가장 빨리 건져 올릴 수 있는, 가장 생생하고 가장 도드라진 정보를 활용해 판단하는 것이다.

예를 하나 들어보자. 한국인의 사망원인 1위는 단연 암이다. 그렇다면 사망원인 2위는 무엇일까?

정확한 통계를 갖고 있지 않은 사람들은 얼른 떠올릴 수 있는 기억에 의존해 답을 내놓을 것이다. 친지 몇 사람을 교통사고로 잃은 기억이 생생한 이는 사고사를 가장 먼저 떠올릴 것이다. 친구의 자살로 충격을 받은 이는 자살의 빈도를 실제보다 더 높게 판단할 수 있다. 끔찍한 테러나 살인사건에 대한 매스컴 보도는 타살에 대한 기억을 부풀릴 수 있다.

2010년 인구 10만 명당 암으로 사망한 이는 144명에 달했다. 그다음은 뇌혈관질환(53명), 심장질환(46명), 자살(31명), 당뇨병(20명), 폐렴(14명) 순이었다. 10～30대 젊은 층의 사망원인 1위는 자살이었다. 10만 명당 13명의 목숨을 앗아간 교통사고는 한국인의 사망원인 중 아홉 번째로 무서운 살인마였다. 10년 전에는 교통사고가 네 번째(25명), 자살이 여덟 번째(13명) 사망원인이었다.

가용성 휴리스틱은 구체적인 사례를 얼마나 쉽게 떠올릴 수 있는지에 영향을 받는다. 엄청난 금융위기와 패닉을 경험한 투자자들은 그렇지 않은 사람들보다 투자의 리스크를 더 높게 평가하게 마련이다. 큰 지진이나 화재를 막 겪은 이들은 더 적극적으로 보험에 들려 할 것이다.

휴리스틱을 통한 판단에 의존하면 어떤 기준점에 얽매이는 이른바 심리적 앵커링anchoring을 극복하기란 쉽지 않다. 불완전한 계산을 바탕으로 판단할 때도 앵커링 효과가 나타난다. 트버스키와 카너먼은 고등학생들을 대상으로 5초 동안 암산으로 다음 두 곱셈의 답을 내라고 주문했다.

[첫 번째 그룹의 암산 문제] $8\times7\times6\times5\times4\times3\times2\times1=?$
[두 번째 그룹의 암산 문제] $1\times2\times3\times4\times5\times6\times7\times8=?$

첫 번째 그룹 학생들이 제시한 답의 중간값은 2,250, 두 번째 그룹이 내놓은 학생들이 내놓은 답의 중간값은 512였다. 정답은 4만320이다.

주먹구구 셈법은 얼마나 믿어야 하나

카푸친 씨는 고성능 컴퓨터와 같은 계산능력을 가진 호모 에코노미쿠스가 아니다. 그런 카푸친 씨가 정글경제를 살아가는 데 휴리스틱은 매우 유용한 의사결정 방식일 수 있다. 정글경제에서 살아남으려면 무엇보다 빠른 의사결정이 중요하기 때문이다.

초원의 가젤 무리는 사자의 기척만 느껴도 이리저리 따져보지 않고 일단 뛰고 본다. 차분하게 합리적인 판단을 내릴 겨를이 없다. 직관과 주먹구구로 신속한 판단을 내리는 휴리스틱은 인간의 원시적인 생존본능을 보여주는 것인지도 모른다. 21세기 정글경제의 위험에 대처할 때도 우물쭈물하지 않고 직관에 따라 즉각적인 판단을 내리고 곧바로 실행해야 할 때가 많다.

하지만 앞서 살펴본 것처럼 휴리스틱은 오판을 불러올 수 있다. 주먹구구의 한계를 분명히 알지 못하면 치명적인 오류를 범할 수 있다. 카푸친 씨는 자신의 주먹구구 셈법을 버릴 필요는 없지만 과신하지도 말아야 할 것이다.

우리가 직관을 믿어야 하는지에 대한 물음에 대니얼 카너먼은 이렇게 답했다.

대부분의 경우 우리는 직관을 믿을 수 있고 실제로 믿는다. ……

우리의 삶은 대부분 빠른 사고fast thinking에 따라 굴러가는데, 보통 아주 잘 굴러간다. 우리는 길을 안전하게 건너고 다른 많은 결정도 안전하게 한다. 그러나 생각의 속도를 늦춤으로써 더 잘할 수 있는 경우도 있다. 그리고 주식 매매의 경우처럼 사람들이 스스로의 직관에 대해 지나친 확신을 갖는 경우도 있다.[28]

카너먼은 개인 투자자들은 대체로 주식을 사고팔 때마다 잘못된 판단을 하며 그들의 실수에서 득을 보는 것은 금융회사들이라고 생각한다. 그는 노벨경제학상을 받은 석학이면서도 세상이 위험하고 불확실하게 느껴질 때 공포에 빠진 사람들이 어떻게 반응하고 의사결정을 하는지 분석하는 올바른 모형을 아직 발견하지 못했다고 고백한다.

중고차시장에는 고장 잘 나는 차만 나올까?
가장 위험한 운전자들만 자동차보험에 들까?
정글경제에는 비대칭정보를 이해하면 풀리는 수수께끼가 많다.

21
레몬은 어떻게 가려낼까?

정보비대칭과 역선택

"운명이 신 레몬을 건네주거든 레모네이드를 만들어라."
—데일 카네기Dale Carnegie

"겉만 멀쩡하고 속은 골병이 든 차를 사게 되면 어떡하지?"

카푸친 씨는 중고차를 사고 싶다. 하지만 걱정이 앞선다. 차값보다 수리비가 더 들지도 모른다는 생각에 아예 그만둘까도 생각하고 있다.

재규어 씨는 10년 동안 감기 한 번 안 걸린 건강체질이다. 그는 또한 10년 동안 접촉사고 한 번 안 낸 모범운전자다. 그러니 월급에서 꼬박꼬박 떼어가는 건강보험료나 부주의한 운전자만 도와주는 것 같은 자동차보험료를 생각하면 손해를 보고 있다는 느낌을 지울 수 없다. 차라리 보험을 안 들고 살 수 있으면 좋을 것 같은데 만에 하나 큰 병에 걸리거나 불의의 사고를 당할까봐 겁나 그러지도 못한다.

중고차시장과 보험시장의 레몬

2001년 노벨경제학상을 받은 조지 애컬로프 George Akerlof는 일찍이 이런 딜레마에 주목했다. 비대칭정보asymmetric information의 문제를 꿰뚫어본 그는 1970년 이 분야에서 가장 이름난 저작이 된 '레몬시장'에 관한 논문[29]을 내놓았다. 거래 상대방 가운데 어느 한쪽이 더 나은 정보를 갖고 있을 때 이 둘 사이에 정보비대칭이 있다고 말한다. 정보비대칭 문제는 시장이 효율적으로 돌아가도록 하는 데 커다란 걸림돌이 된다. 때로는 정보비대칭 문제 때문에 시장이 유지되지 못하고 아예 사라져버리기도 한다.

애컬로프가 명쾌하게 정리해준 중고차시장의 비대칭정보 문제부터 살펴보자. 이 시장에는 겉은 멀쩡해도 속은 문제가 많은 불량 차와 속까지 정상인 차가 섞여 있다. 경제학자들은 흔히 불량 차를 레몬에 비유한다. 보기에는 좋아도 속은 쓰고 신 레몬처럼 겉과 속이 다르기 때문이다. 정상 차는 속이 달콤한 복숭아나 자두에 비유한다. 예를 들어 어떤 중고차시장에서 정상 차를 팔려는 이는 적어도 1,000만원, 레몬 차를 팔려는 이는 적어도 200만원을 받으려 한다고 하자. 또한 정상 차를 사려는 이는 1,200만원, 레몬 차를 사려는 이는 300만원까지 낼 의향이 있다고 하자.

차를 팔고 사는 쪽 모두 어느 차가 정상이고 어느 차가 레몬인지 분명히 알 수 있으면 문제가 없다. 정상 차는 1,000~1,200만원에, 레몬 차는 200~300만원에 거래가 이뤄질 것이다. 하지만 사는 쪽에서 정상 차와 레몬 차를 구분할 길이 없다면 어떻게 될까? 그들은 매물로 나온 중고차의 값어치를 넘겨짚을 수밖에 없다.

정상 차와 레몬 차가 반반씩 섞여 있다면 중고차 가치의 기대값은 750만원이다.[30] 그렇다면 중고차들은 이 기대값에 따라 거래가 이뤄질까? 차를 사는 쪽에서 750만원을 제시하면 레몬 차 주인은 "이게 웬 떡이냐"며 냉큼 팔아치우려 할 것이다. 하지만 정상 차 주인은 "장난치는 것이냐"며 당당 매물을 거둬들일 것이다.

결국 이 시장에서 정상 차는 모두 자취를 감추고 레몬 차만 남게 된다. 품질이 나쁜 상품이 좋은 상품을 시장에서 완전히 몰아내버린 것이다. 매수자들이 이런 상황을 알게 되면, 다시 말해 시장에는 레몬 차만 남게 된 걸 눈치채게 되면 차값으로 300만원 이상 내려 하지 않을 것이다. 이처럼 정보비대칭 때문에 열등한 상품을 선택하게 되는 것을 역선택adverse selection이라고 한다.

보험시장에서는 공급자의 역선택이 나타난다. 보험 가입자가 안고 있는 리스크를 보험회사가 다 알 수 없는 정보비대칭 때문이다. 자동차 사고나 화재로 피해를 입거나 큰 병에 걸리기 쉬운 가입자는 리스크가 높은 가입자다. 보험회사가 이처럼 리스크가 높은 가입자에게는 높은 보험료를 물리고 사고를 당하거나 병에 걸릴 가능성이 적은 가입자에게는 낮은 보험료를 물릴 수 있으면 아무 문제가 없다. 하지만 보험회사는 누가 리스크가 높고 누가 낮은지 다 알 수 없다.

보험회사가 가입자들의 평균적인 리스크 수준에 맞춰 보험료를 매겼다고 하자. 이 경우 리스크가 낮은 이들은 보험료가 너무 높다며 계약을 마다할 것이다. 반면 보험료에 비해 리스크 수준이 높은 이들은 서둘러 계약을 하려 할 것이다. 자신의 리스크를 잘 알고 있는 이들은 보험료가 싸다고 판단해 가능한 한 많은 보험에 들려 할 것이다. 이들을 다 받아주다 보면 보험회사는 결국 파산하고 말 것이다.

이처럼 중고차의 불량이나 보험 가입자의 리스크와 같은 감춰진 특성 때문에 생기는 문제가 있는가 하면 상대방의 감춰진 행동 때문에 생기는 문제도 있다. 보험회사는 보험 가입자가 리스크를 줄이기 위해 얼마나 긴장하고 주의를 기울일지 알 수 없다. 예를 들어 자전거 도난 보험에 든 이가 자물쇠도 채우지 않고 아무 데나 자전거를 세워놓는 것과 같은 도덕적 해이 문제가 생긴다. 역선택과 도덕적 해이의 문제는 우리 주변에서 얼마든지 찾아볼 수 있다. 정글전자라는 한 기업과 얽혀 있는 다음과 같은 문제들은 모두 정보비대칭 때문에 발생한다.

- 정글전자가 입사지원서를 낸 카푸친 씨의 자질에 관한 정보를 충분히 알 수 없다.
- 정글전자 주식을 산 투자자가 이 회사의 기업가치에 대한 정보를 속속들이 알아볼 수 없다.
- 정글전자 주주들이 그들의 대리인agent[31]인 경영진의 신의와 성실성을 확실히 믿을 수 없다.
- 정글전자에 돈을 빌려준 은행이 이 회사의 신용도를 정확히 알 수 없다.
- 기관투자자들이 정글전자에 대한 대출을 바탕으로 만든 증권화securitization 상품의 위험을 가늠하지 못한다.

카푸친 씨가 은행당 5,000만원까지 원리금 지급을 보장하는 예금보험제도만 믿고 재무 상태가 건전한지 부실한지 주의 깊게 따져보지도 않고 아무 은행에나 돈을 맡길 때도 도덕적 해이 문제가 생긴다. 부실 저축은행에 5,000만원이 넘는 돈을 맡겼다가 큰 손실을 입은 이들도 이런 문제를 안고 있었다. 대마불사大馬不死형 금융회사[32]들이 위기에 빠지면 으레 정부가 구제해줄 것으로 믿고 무리하게 리스크를 떠안을 때도 도덕적 해이 문제가 생긴다. 금융시스템의 뿌리 깊은 도덕적 해이 는 2008년 글로벌 금융위기를 불러온 요인으로 지적된다.

졸업장효과

애컬로프와 함께 2001년 노벨경제학상을 받은 마이클 스펜스Michael Spence와 조셉 스티글리츠는 겉으로는 구별할 수 없는 레몬을 골라내는 법을 연구했다. 스펜스는 정보를 가진 쪽에서 정보를 갖지 못한 상대방의 믿음을 얻으려는 신호하기signaling에 관해 주로 연구했고, 스티글리츠는 정보를 갖지 못한 쪽에서 상대방의 정보를 드러내도록 하는 걸러내기screening를 깊이 연구했다.

중고차 시장에서 정상 차 주인은 고장이 나면 수리비를 보상해준다 는 보증을 통해 레몬 차 주인이 도저히 따라 할 수 없는 신호를 보낼 수 있다. 중고차 판매업체가 비싼 매장을 만들고 믿을 만한 브랜드를 가꾸려 투자하는 것도 레몬 차 업체가 흉내 낼 수 없는 신호다.

정글전자 경영진은 일부러 빚을 얻어 투자함으로써 시장에 미래 수 익 창출 능력에 대한 자신감을 드러내는 신호를 보낼 수도 있다. 투자 자들은 정글전자 경영진이 적어도 자본조달비용을 넘는 수익을 낼 자 신감을 갖고 있다고 믿기 쉽다. 정글전자가 단지 소비자의 믿음을 사기 위해 비싼 기업 이미지광고를 하는 것도 신호효과를 노린 것이다. 이는 개별 기업에게는 정보비대칭 문제를 줄일 수 있는 전략이지만 사회 전체적으로는 낭비일 수도 있다. 생산성 향상은 없고 졸업장효과만 기대할 수 있는 학위 취득도 사회적 낭비가 될 수 있다.

카푸친 씨가 입사 면접 때 세련된 패션 정장을 입는 것도 어떤 신호효과를 낼 수 있다. 하지만 명문 정글대학을 나온 재규어 씨가 기대할 수 있는 졸업장효과[33]만 못할 것이다. 그렇다면 우리나라에서 졸업장효과는 얼마나 될까?

우선 대학 졸업장을 가진 이들과 고졸자의 평균적인 소득 격차를 살펴보자. 물론 대학 졸업장으로만 그 격차를 모두 설명할 수는 없다. 그렇더라도 학력별 소득 격차를 보면 대졸자들이 누리는 프리미엄을 대략 가늠할 수 있다(대학교육 투자의 손익계산서는 26장에서 다시 이야기한다). 2010년 현재 종업원 5인 이상 사업체에서 일하는 20대 후반 근로자 중 대졸 이상 학력을 가진 이들은 한 달 평균 203만원의 급여를 받는다. 고졸(163만원)에 비해 39만원(23%) 많은 수준이다.

다음 그래프에서 보듯이 대졸과 고졸의 급여 차이는 나이가 들수록 점점 더 커진다. 30대 초반 대졸자들은 고졸(190만원)보다 69만원(36%) 많은 259만원을 받는다. 50대 후반이 되면 대졸자의 월 급여(423만원)는 고졸(193만원)의 2.2배 가까운 수준이 된다.[34] 외환위기 직전인 1997년에는 대졸 프리미엄이 지금보다 적었다. 대졸자는 20대 초반에는 고졸자보다 11%, 30대 초반에는 20% 더 많은 급여를 받았다. 그리고 50대 후반에는 고졸자의 2배 남짓한 급여를 받았다.

이번에는 근로자 한 사람이 아니라 2인 이상 근로자 가구의 학력별

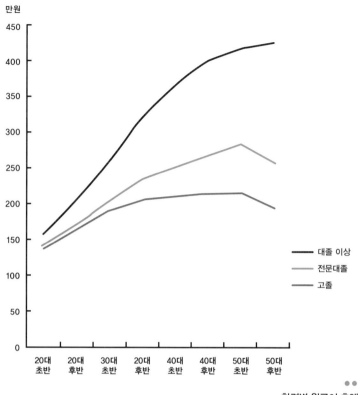

만원

소득 격차를 살펴보자. 2011년 3분기 도시 근로자 가구 중 가장이 대학 졸업자인 가구의 한 달 평균 소득은 517만원으로 가장이 고등학교 졸업자인 가구(385만원)보다 34% 많았다. 하지만 다음 표에서 보듯이 졸업장효과가 뚜렷한 근로소득만 따지면 대졸자 가구는 한 달 평균 467만원을 벌어 고졸자 가구(332만원)보다 40% 많은 소득을 올렸다.

지금보다 대졸자가 훨씬 적었을 1990년대 초에는 대졸자 가구 근로소득이 고졸자 가구보다 48%나 많았다. 그 후 외환위기 직전까지 한국 경제가 빠르게 성장하던 시기에 학력별 소득격차는 크게 줄었다. 1997년 3분기 대졸자 가구는 고졸자 가구에 비해 31%를 더 버는 데 그쳤다. 하지만 외환위기 이후에는 다시 격차가 크게 벌어졌다. 외환위기 이후는 한국 경제의 성장 속도가 예전 같지 않은 데다 성장을 해도 일자리는 그만큼 늘어나지 않는 이른바 '고용 없는 성장' 문제가 심각해진 시기였다. 좋은 일자리에 대한 경쟁이 더욱 치열해질수록 교육과 기술 수준에 따른 소득 양극화는 더욱 심해질 것이다.

가구주 학력	1990년 1분기 (A)	1997년 3분기 (B)	2011년 3분기 (C)	B/A	C/B
고졸 (a)	71.7	193.7	332.5	2.69	1.71
전문대 이상 (b) (b/a)	106.7 (1.48)	254.8 (1.31)	467.8 (1.40)	2.38	1.83

••
가구주 학력별 근로소득
* 2인 이상 도시근로자 가구 가구주 학력별 월 평균 근로소득 (단위: 만원, %)

물론 전문대를 포함한 전국 모든 대학 졸업자 가구의 소득을 평균한 값만 보고 졸업장효과를 정확하게 가늠할 수는 없다. 대학별로 졸업장효과가 얼마나 큰 차이를 나타낼지를 보려면 더욱 정밀한 통계가 필요하다.

지금까지 한국 사회는 20대에 딴 졸업장 하나로 50년 안팎의 긴 세월 동안 특별한 신호효과를 기대할 수 있는 학벌사회였다. 하지만 갈수록 많은 고학력자가 쏟아져 나오고 시장이 요구하는 지식과 기술이 급속히 바뀜에 따라 대학 졸업장의 신호효과는 빛이 바랠 수밖에 없을 것이다. 설사 명문대 졸업장이라 하더라도 졸업장 하나로 평생을 편하게 지내던 시대는 끝났다. 노동시장의 공급자들은 자기 능력을 효과적으로 알릴 수 있는 새로운 신호를 찾아야 한다.

신호하기와 달리 걸러내기는 정보가 없는 쪽에서 상대방이 정보를 밝히도록 하는 것이다. 중고차를 사는 쪽에서 차량 상태 점검 또는 보증을 요구하는 것이나, 보험회사가 계약자의 건강 검진을 요구하거나, 은행들이 대출자의 신용 상태에 관한 정보를 요구하는 것이 그 예다. 이런 요구를 거부하면 겉과 속이 다른 레몬 취급을 받기 십상이다.

보험회사가 가입자의 자기부담금과 보험료에 차등을 두는 것도 레몬을 골라내기 위한 전략이다. 사고 피해금액을 전액 보상하되 높은 보험료를 물게 하는 상품과 상당한 자기부담금을 물리되 보험료를 낮게 책정한 상품을 내놓고 보험 가입자가 선택하도록 하는 것이다. 위험한 운전자는 전액보상을 선호하고, 사고율이 낮은 운전자는 보험료가 낮은 쪽을 선택할 것이다.

보험사기꾼이 훔쳐가는 2조원

2011년 11월 금융감독원과 경찰은 인구 5만 명의 한 지방도시에서 410명이 연루된 사상 최대 보험사기를 적발했다고 밝혔다. 보험 가입자와 설계사, 병원들이 짜고 입원과 진료 기록을 조작해 보험금 140억원과 건강보험 급여 17억원을 타낸 사건이다.

병원들은 가짜 환자들에게 "입원으로 처리하는 기간에는 병원 밖에서 카드도 쓰지 마라"며 친절하게 범죄교육까지 했다. 15가지 보험에 가입한 후 허위 진료 기록으로 3억원을 타낸 설계사도 있고 사기로 보험금을 받아내 도박 빚을 갚는 데 쓴 사람도 있다. 이 지역에서는 보험금을 못 타내면 바보라는 말까지 나돌 정도로 사기가 횡행했는데도 3~4년이나 지나서야 그 전모가 밝혀졌다.

이는 전국적으로 자행되는 온갖 보험사기에 비하면 빙산의 일각에 지나지 않는다. 2010년 한 해 보험사기로 실제 적발된 것만 보더라도 피해금액이 3,500억원, 피의자가 5만5,000명에 이른다. 하지만 적발되지 않고 지나가는 게 훨씬 더 많다. 보험개발원은 우리나라의 한 해 보험사기 피해 금액이 2조2,000억원을 웃돌 것으로 추정했다. 연간 보험금으로 지급하는 돈(24조원)의 10분의 1에 가까운 금액이다.[35]

이런 사기를 모두 뿌리 뽑을 수만 있다면 우리나라 전체 가구의 보험료 부담을 가구당 평균 15만원씩 줄일 수 있다. 보험시장의 레몬을 잘 가려내는 것은 보험업계뿐만 아니라 보험가입자 모두에게 이득을 주는 일이다. 보험료를 줄이고 가입자를 늘리는 것은 물론 신뢰라는 사회적 자본을 늘리는 효과도 가져올 것이다.

연인에게 마음을 전하는 법

여름휴가 때 배낭여행을 간 카푸친 씨는 관광객이 들끓는 명승지 레스토랑 음식은 늘 맛이 없다고 느낀다. 잠시 스쳐가는 외국인 관광객들은 어느 레스토랑이 맛있는지 알 길이 없다. 이런 정보비대칭 때문에 관광객이 몰리는 명승지에는 레몬처럼 겉만 번드르한 레스토랑이 판치는 경우가 많다.

카푸친 씨가 여행 길에 여자친구에게 줄 비싼 선물을 사는 것도 신호효과를 위한 것이다. 여자친구는 카푸친 씨가 그녀를 얼마나 사랑하는지 알 수 없다. 둘 사이에 정보비대칭이 존재하는 것이다. 카푸친 씨가 아까운 시간과 많은 돈을 들여 그녀에게 줄 선물을 산 것은 그가 얼마나 그녀를 사랑하는지를 보여주기 위함이다. 그녀를 많이 사랑할수록 선물이 그녀의 선호preference에 맞을지 오랫동안 생각하게 될 것이다.

이처럼 가장 가까운 연인 사이에서도 값비싼 선물로 신호를 보내야 할 때가 있다. 받는 쪽에서는 선물보다 현금을 더 좋아할 수도 있다. 그런데도 단지 속마음을 보여주기 위해 너무 많은 시간과 돈을 쓰는 건 어떤 의미에서는 사회적 낭비일 수도 있다. 사랑을 조금도 의심할 필요가 없는, 다시 말해 정보비대칭이 전혀 없는 아버지와 딸 사이라면 그토록 많은 시간과 돈을 들여 선물을 사야 할 필요는 없을 것이다.

경제학자들은 객관적 검증을 거치지 않는 말은 믿지 않는다. 여자친구를 사랑한다는 카푸친 씨의 맹세도, 내 차는 레몬이 아니므로 높은 값을 쳐주어야 한다는 중고차 주인의 주장도, 나는 너무나 건강하므로 보험료를 깎아주어야 한다는 재규어 씨의 요구도, 우리 식당이 최고의 맛집이라는 관광지 레스토랑의 자랑도 검증해볼 방법을 찾는다.

카푸친 씨가 한 길 사람 속을 들여다볼 수 없는 한, 그리고 자기 가슴속을 다 열어 보일 수 없는 한 정보비대칭에 따른 문제들을 피할 수는 없다. 그럴수록 가장 효과적인 신호와 선별을 통해 레몬의 문제를 해결하는 법을 터득해야 한다.

과도한 레버리지는 금융위기를 부른다.
남의 돈을 끌어와 투자 밑천을 불리려면
얼마나 큰 리스크를 안아야 할까?

22

금융의 지렛대로
꿈도 들 수 있을까?

레버리지의 위험

이 책을 읽는 여러분 가운데 어떤 분들은 이미 끝내버린 식사의 대금을
다 지불하지 못하고 있고…… 지금 이 책도 빚쟁이로부터 빌리거나
훔친 시간으로 읽고 있다는 것을 나는 알고 있다.

—헨리 데이비드 소로, 『월든』에서

카푸친 씨의 좌우명은 빚지지 말고 살자는 것이다. 스스로 모은 돈
이 아니면 결코 위험한 투자에 쏟아 붓지 않는다. 그에 비해 재규어 씨
는 용기 있는 자만이 미인을 얻을 수 있다는 신념을 갖고 있다. 용기가
지나쳐 만용을 부릴 때도 많다. 끌어올 수 있는 돈은 모조리 끌어와
투자 밑천을 최대한 불려놓고 보는 것이다. 카푸친 씨 같은 이들보다
재규어 씨 같은 이들이 압도적으로 많아질 때 경제와 금융시장은 롤
러코스터를 타게 된다. 자산 거품이 지나치게 끓어올랐다 급격히 꺼지
며 위기를 맞기 쉽다.

세상을 들어올릴 수 있는 지렛대는 있나

고대 그리스의 수학자이면서 물리학자, 공학자, 발명가, 천문학자이기도 했던 아르키메데스Archimedes of Syracuse가 말했다.

"나에게 설 자리를 달라. 지구라도 들어올릴 것이다. Give me a place to stand, I will move the world"

충분히 긴 지렛대와 설 자리만 있다면 아무리 무거운 것이라도 들지 못할 게 없을 것이다. 일찍이 지레의 원리를 꿰뚫어보았던 아르키메데스는 2,000여 년 후 금융의 정글에서 지렛대가 얼마나 큰 의미를 갖게 될지 상상도 못 했을 것이다. 하지만 참으로 간명한 문장 하나로 지레의 힘을 깨우쳐준 아르키메데스야말로 후세의 금융공학자들이 입에 달고 사는 레버리지효과leverage effect의 선각자라고 한다면 지나친 비약일까?

오늘날 지레의 원리를 모르고서는 기업 자본구조capital structure[36]와 투자전략을 이해할 수 없다. 다른 사람들의 돈을 굴려 이익을 남기는 금융회사들의 생리를 이해할 수도 없다. 이제 첨단 금융공학으로 무장한 전문가들은 말할 것도 없고 재규어 씨나 카푸친 씨 같은 보통 사람들도 온갖 금융 레버리지를 활용하고 있다.

차입투자전략이라고도 하는 레버리지전략은 말 그대로 지렛대의 힘을 이용하려는 전략이다. 타인자본debt을 끌어들여 투자밑천을 늘림으로써 자기자본equity의 수익률을 한껏 끌어올리려는 게 바로 레버리지전략이다. 하지만 오늘날 금융인들이 아르키메데스의 지레에서 받은 영감이 너무나 강렬해서였을까? 너무도 많은 사람이 레버리지에 탐닉하는 바람에 오늘날 정글경제는 거대한 빚더미에 짓눌려 있다.

2008년 글로벌 금융위기의 한가운데 있던 미국 투자은행investment bank[37]들은 보기에도 아찔한 레버리지전략을 썼다. 2007년 미국 5대 투자은행[38]의 자기자본은 모두 1,402억 달러였다. 하지만 이들은 자기자본의 30배가 넘는 4조2,717억 달러나 되는 자산을 갖고 있었다. 총자산에서 자기자본을 뺀 나머지는 모두 빚이었다. 자산가치가 3.3%만 떨어지면 자기자본은 한 푼도 남지 않게 되는 위험한 구조였다.[39]

미국 투자은행의 자본구조

* 글로벌 금융위기 직전인 2007년 말 5대 투자은행 총자산을 100으로 환산했을 때 자기자본과 타인자본의 구성비.

레버리지 비율만 보면 이들은 웬만한 헤지펀드hedge fund만큼 무모했다고 할 수 있다(헤지펀드는 이 장 뒷부분에서 더 상세히 다룬다). 헤지펀드회사인 롱텀캐피털매니지먼트LTCM는 극단적인 레버리지전략의 리스크를 웅변해주었다. LTCM은 1998년 9월에 무너졌는데, 그 해 초까지만 해도 이 회사의 자산은 자기자본의 25배였다.[40] 2007년 자산을 자기자본의 30배 넘게 불렸던 투자은행들은 파산 직전의 헤지펀드만큼이나 위험한 자본구조를 갖고 있었던 것이다.

거대한 빚더미를 지탱하던 지렛대가 부러지자 미국 투자은행들이 치명적인 실수를 저질렀다는 게 드러났다. 5대 투자은행 중 3곳이 경쟁자에게 흡수되거나 파산했다.[41] 금융의 정글을 주름잡던 21세기의 아르키메데스들은 결국 세상을 들어올릴 지렛대를 만들어내지 못했다.

레버리지전략에서 뛰어넘어야 할 허들

기업이든 개인이든 남의 돈으로 만든 지렛대를 잘만 쓰면 엄청난 힘을 얻을 수 있다. 하지만 잘못 쓰면 거대한 빚의 무게에 짓눌리게 된다. 예를 들어 시가 5억원의 정글아파트를 사면서 3억원의 빚을 낸 재규어 씨와 같은 아파트를 자기 돈으로만 산 카푸친 씨의 경우를 생각해보자.

재규어 씨는 연 7%의 이자를 내야 한다.[42] 1년 후 정글아파트 값에 따라 달라지는 두 사람의 투자수익률을 그래프로 나타내면 다음과 같다. 정글아파트가 6억원이 될 때 카푸친 씨의 투자수익률은 20%지만 재규어 씨의 수익률은 그 두 배(39.5%)가 된다.[43] 아파트 값이 5억원 그대로라면 카푸친 씨는 원금을 건지지만 재규어 씨는 이자비용 2,100만원만큼 손실을 본다. 아파트 값이 4억원으로 떨어지면 카푸친

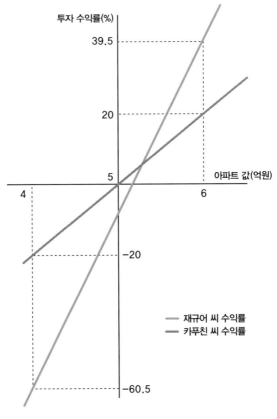

투자 수익률(%)

39.5

20

5

아파트 값(억원)

4

6

−20

재규어 씨 수익률
카푸친 씨 수익률

−60.5

••
레버리지효과

씨 손실은 20%에 그치지만 재규어 씨는 그 세 배(60.5%)까지 손실률
이 커진다.[44]

재규어 씨의 수익률 변동은 녹색, 카푸친 씨의 수익률 변동은 회색
으로 표시했다. 재규어 씨 수익률이 훨씬 큰 폭으로 널뛰기하는 것을
볼 수 있다. 그만큼 리스크가 크다는 뜻이다.[45] 녹색 선과 회색 선이

엇갈리는 점은 아파트 값이 5억3,500만원일 때다. 이때 재규어 씨와 카푸친 씨의 수익률은 7%로 같다.[46]

지렛대효과는 자기 돈만 갖고 투자했을 때보다 빚을 내 투자밑천을 불렸을 때 더 높은 수익률을 챙길 수 있게 해준다. 하지만 빚을 내 투자하면 자기 돈으로만 투자했을 때보다 더 큰 손실을 입을 수도 있다. 지렛대효과가 플러스가 되자면 투자자산의 수익률이 차입금 이자율보다 높아야 한다. 차입 이자율은 레버리지효과를 얻기 위해 뛰어넘어야 하는 허들수익률hurdle rate이다. 시장 실세금리가 높아지면 당연히 허들도 높아진다.

투자대상이 아파트가 아니라 기업이라고 해도 마찬가지다. 이자비용을 뛰어넘는 높은 수익을 창출할 수 있는 기업은 엄청난 레버리지효과를 얻을 수 있다. 하지만 기대했던 것과 달리 이자율에도 못 미치는 수익률을 낸 기업은 빚의 무게를 감당하지 못하고 무너지기 쉽다. 7배가량의 레버리지효과를 노릴 수 있는 주가지수선물 거래나 증거금의 16배가량의 외환을 살 수 있는 통화선물 거래도 그만큼 높은 리스크를 안고 있다.[47] 서브프라임 모기지로 집을 산 미국인들은 대부분 과도한 레버리지를 안고 있다 낭패를 봤다.

피자를 몇 쪽으로 잘라드릴까요?

물론 요즘 사람들이 지나치게 레버리지에 탐닉한 잘못을 2,200년 전 지레의 원리를 깨우쳤던 물리학자 탓으로 돌릴 수는 없다. 하지만 50여 년 전, 기업가치는 자본구조(부채와 자기자본의 조합)와 무관하다는 이론을 내놔 엄청난 파장을 일으킨 금융경제학자 탓으로 돌린다면 어떨까?

1985년 노벨경제학상을 받은 프랑코 모딜리아니Franco Modigliani와 그보다 다섯 살 아래인 동료로서 5년 후 같은 상을 받은 머튼 밀러Merton Miller 이야기다. 모딜리아니와 밀러는 기업의 가치는 빚을 많이 쓰느냐 적게 쓰느냐와는 상관이 없고 오직 그 기업의 수익창출 능력과 리스크에 달려 있다는 이른바 MM정리로 학계를 발칵 뒤집어놨다.[48]

그들은 MM이론을 어떻게 하면 보통 사람들에게 쉽게 설명할 수 있을까 고민하다 피자와 밀크에 대한 흥미로운 통찰(?)을 들려주었다. 모딜리아니가 노벨상을 탔을 때 그의 동료 밀러를 찾아온 방송기자는 MM정리를 시청자들이 이해할 수 있도록 간략히 설명해달라고 요청했다. 밀러가 얼마나 짧게 설명하면 되냐고 묻자 "10초 동안"이라는 대답이 돌아왔다. 필생의 연구 성과이자 각주만 60개에 이르는 복잡한 논문들을 단 10초 만에 설명하라니!

난감해 하던 밀러는 이렇게 풀었다. "기업을 거대한 밀크 통이라고 생각해봅시다. 농부는 밀크를 그대로 팔 수도 있고 크림을 걷어내 따로 비싸게 팔 수도 있지요. 물론 나머지 탈지유는 원래 우유보다 싸게 팔아야겠지요. MM정리는, 유지방 분리에 돈이 안 든다면, 크림과 탈지유 값을 합치면 원래 우유 값과 같다는 이야기입니다."

그래도 너무 복잡하니 좀 더 간단하게 설명해줄 수 없느냐는 부탁에 밀러는 다시 이렇게 설명했다. "기업을 거대한 피자라고 생각해봅시다. MM정리는, 네 쪽으로 자른 피자를 한 번씩 더 잘라 여덟 쪽이 됐다고 해도, 피자 조각의 수는 늘었지만 피자가 더 많아진 건 아니라는 걸 이야기하는 것입니다."

피자를 어떻게 자르느냐(자본구조를 어떻게 가져가느냐)에 따라 피자의 크기(기업가치)가 달라지는 것은 아니라는 말이다. MM이론이 기업들의 무모한 레버리지전략을 정당화했다거나 광란의 기업 인수합병(M&A) 바람을 부추겼다고 비난한다면 MM은 당연히 억울해할 것이다. MM이론을 공격하는 많은 사람이 순수한 MM이론의 여러 가정[49]을 새겨듣지 않은 채 비난부터 퍼붓는 게 사실이다.

하지만 MM이론이 기업의 빚더미가 커질수록 파산비용도 커질 수밖에 없는 현실을 무시한 채 논리를 전개한다는 비판은 끊이지 않고 있다. 자본구조에 관한 보다 현실적인 이론을 모색하게 한 이런 비판은 글로벌 금융위기를 계기로 더욱 힘을 얻을 것이다.

한국 증시에 이상한 놈이 나타났다

존 폴슨John Paulson. 이름없는 펀드매니저였던 그에게 글로벌 금융위기는 하늘이 준 기회였다. 미국 주택시장 거품이 꺼지기 직전 모기지(주택담보대출) 가치가 폭락하면 이익을 얻는 쪽에 베팅해 일확천금을 거머쥔 것이다. 1994년 200만 달러를 털어 헤지펀드를 만든 그는 7년 만에 360억 달러를 굴리는 거물이 됐다. 폴슨은 금 투자로 대박을 낸 2010년에만 50억 달러를 벌었다. 『포브스』지에 따르면 2011년 3월 그의 재산은 160억 달러에 이르렀다. 『포브스』지는 그를 지구촌의 39번째 부자로 꼽았다.

조지 소로스George Soros. 1992년 영국 중앙은행을 무릎 꿇리고 10억 달러를 챙겨 일찌감치 헤지펀드업계의 살아 있는 전설이 됐다. 2011년 초 그의 재산은 146억 달러로 세계 46위였다. 소로스와 폴슨은 시장의 통념에 맞섰다. 시장은 그 통찰력과 배짱에 엄청난 보상을 안겨줬다. 2011년에는 금을 팔아치운 소로스와 금값 상승을 낙관하는 폴슨의 대결이 보는 이들의 손에 땀을 쥐게 했다.

그 해 야심 찬 베팅이 빗나간 폴슨은 날개가 꺾였다. 폴슨의 투자성과는 참담한 수준이었다. 폴슨의 어드밴티지플러스펀드 자산가치는 반 토막이 났다. 금융 규제 강화로 힘을 잃은 소로스는 스스로 날개를 접기도 했다. 그러나 그들은 투자의 정글에서 가장 날쌘 야수였다.

우리나라에서도 소로스나 폴슨 같은 인물이 맘껏 뜻을 펼칠 수 있을까? 지금까지는 불가능했다. 헤지펀드에 관한 한 한국은 아직도 불모지나 다름없었기 때문이다. 2011년 들어 정부가 한국형 헤지펀드 도입을 서두른 것도 이 때문이었다. 그렇다면 도대체 헤지펀드는 어떤 것일까? 어떤 교과서나 법전도 헤지펀드를 한마디로 엄밀하게 정의하지는 않는다. 다른 유형의 펀드들과 차별화된 특성들을 드러내는 방식으로 느슨하게 정의할 뿐이다.

헤지펀드는 모집방식부터 다르다. 일반 공모公募펀드는 불특정 다수의 투자자들에게서 돈을 모은다. 아마추어나 프로, 기관이나 개인, 큰손이나 개미 투자자를 가리지 않는다. 이에 비해 헤지펀드는 소수의 전문투자자나 고액 자산가들을 상대로 돈을 모으는 사모私募펀드다. 미국(100만 달러), 유럽(50만 유로)은 순자산, 싱가포르(8만 달러), 홍콩(5만 달러)은 최소 투자금액을 기준으로 가입을 제한한다.

헤지펀드가 일반 펀드와 결정적으로 다른 점은 투자전략에서 찾을 수 있다. 일반 펀드는 시장 흐름을 좇아가면서 시장에 견줘 상대적으로 높은 수익을 얻으려 한다. 예컨대 스탠더드앤드푸어스(S&P)500지수나 코스피가 오르내린 것에 비해 얼마나 초과수익을 얻느냐를 따지는 것이다. 그러나 헤지펀드는 흔히 절대수익률absolute returns을 추구한다고 말한다. 시장이 가라앉을 때도 돈을 벌려 한다는 뜻이다. 자산 가격이 떨어질 때 수익을 내려면 공매도 기법이 필요하다. 값이 떨어질 자산을 미리 판 다음 나중에 싸게 되사 갚는 것이다. 주식 보유와 공매도를 함께 하는 롱쇼트equity long/short는 헤지펀드의 기본기다.

세계를 무대로 거시적인 경제 분석을 통해 통화나 상품에 베팅하는 것은 글로벌 매크로global macro전략이다. 소로스는 이 분야의 제왕이었다. 1997년 아시아 통화를 공격한 이들도 이 전략을 썼다.

1998년에 무너진 헤지펀드 LTCM은 증권 간 상대적인 가격 격차를 이용한 차익거래relative value arbitrage를 주로 했다. 합병 관련 기업 주식을 사고팔거나(merger arbitrage), 기업 구조조정과 같은 특별한 이벤트를 노리거나(event driven), 시장 변동 위험에 중립적인 포지션을 만들어 종목 선정에 주력하는(market neutral) 헤지펀드도 많다. 선물 옵션과 같은 파생상품 투자를 많이 하고 적극적인 레버리지전략을 쓰는 것도 헤지펀드의 큰 특징이다. 공격적인 펀드는 투자자에게서 모은 돈의 몇십 배를 빌려 이를 지렛대 삼아 투자수익률을 극대화하려 한다.

헤지펀드는 투자위험을 잘 이해하고 그 위험을 감수할 수 있는 소수를 위한 펀드다. 일반 공모펀드에 비해 규제가 훨씬 적은 것도 이 때문이다. 감독당국이 굳이 나서서 투자자의 탐욕과 운용자의 창의력에 제약을 둘 필요가 없는 것이다.

헤지펀드는 고위험-고수익을 추구한다는 게 일반적인 인식이다. 하지만 업계에서는 이것이 오해라고 주장한다. 헤지펀드는 시장의 부침과 상관없는 안정적인 절대수익률을 추구하므로 상대적으로 수익률은 높고 위험은 적다는 주장이다. 그러나 추구하는 것과 실현하는 것은 엄연히 다르다. 헤지펀드 자문사인 헤네시그룹Hennessy Group에 따르면 1987년부터 24년 동안 헤지펀드의 연평균 수익률은 주식이나 채권보다 높았다. 수익률 변동성(표준편차)으로 가늠한 투자위험은 채권보다 높지만 주식보다는 낮았다. 기술주 중심의 나스닥에 비하면 헤지펀드는 훨씬 안전한 투자처인 것으로 보인다.

그러나 업계에서 보여주는 지수만 보고 헤지펀드의 절대수익률을 믿는 것은 매우 위험하다. 이 숫자들은 평균치일 뿐이다. 극단적인 아웃라이어들을 보여주지 못하는 평균은 눈속임이 되기 쉽다. 또한 투자의 정글에서 살아남은 펀드의 수익률만 보면 심각한 편향survivor bias이 생길 수 있다는 점도 고려해야 한다. 헤지펀드 운용회사가 챙기는 높은 수수료율을 감안하면 투자자 몫으로 돌아가는 투자수익은 겉보기보다 실망스러운 수준이다.

노벨경제학상 수상자의 도움을 받아 1,000억 달러가 넘는 자산을 굴렸던 롱텀캐피털매니지먼트LTCM의 허무한 몰락은 헤지펀드의 위험성을 극명하게 보여준다. 글로벌 금융위기 때인 2008년 헤지펀드들의 평균 수익률이 -19%였던 것만 봐도 절대수익률에 대한 절대적인 믿음은 잘못된 것임을 알 수 있다.

그럼에도 불구하고 헤지펀드는 정글경제 생태계에서 필요한 존재다. 2011년 현재 글로벌 금융시장의 헤지펀드는 1만여 개에 이른다. 이들이 굴리는 돈은 2조 달러가 넘는다. 한국 국내총생산의 두 배나 된다. 그만큼 헤지펀드 투자수요가 많다는 뜻이다. 헤지펀드는 기관투자자들에게 더 필요한 것이다. 헤지펀드 투자자 중 기관 비중은 60%가 넘는다. 무엇보다 투자대상과 전략에 걸림돌이 없어 가장 광범위한 분산투자 효과를 얻을 수 있다는 점이 매력이다. 물론 글로벌 시장이 함께 가라앉을 때는 분산투자 효과가 줄어들겠지만.

눈에 불을 켜고 차익 기회를 노리는 헤지펀드 덕분에 시장의 효율성이 높아지는 효과도 있다. 똑똑하고 날쌘 투자자가 많을수록 불합리한 가격은 금세 사라진다. 정보비대칭 문제가 많은 한국 증시에서 헤지펀드의 순기능을 잘 살릴 필요가 있다.

그렇다면 한국형 헤지펀드는 어떤 모습일까? 정부는 기존 사모펀드(적격투자자 대상 사모펀드)에 대한 규제를 하나둘 풀어주는 방식으로 헤지펀드가 활동할 공간을 만들어주고 있다. 금융위원회는 우선 펀드 재산의 절반을 구조조정기업에 투자하도록 의무화한 규제를 없애고, 차입한도를 펀드재산의 300%에서 400%로, 파생상품 투자한도를 100%에서 400%로 높여주었다. 개인의 최소 투자금액은 5억원으로 정했다. 개미투자자들이 헤지펀드에 직접 투자하는 것은 위험성이 높기 때문에 전문가의 손을 빌리는 간접투자로 유도하려는 것이다.

헤지펀드 투자에서 성공하려면 어떤 분야에서 누가 진정한 고수인지 알아내는 게 가장 중요하다. 다른 펀드매니저보다 더 많은 정보를 얻거나 같은 정보를 갖고 더 많은 통찰력을 보여주는 이를 찾아내야 하는 것이다. 정보 수집과 분석에 누가 어떤 비교우위를 갖고 있는지 알아내지 못한다면 묻지마 투자가 될 수밖에 없다.

헤지펀드의 정글에서 살아남는 이는 소수에 불과하다. 한때 절대강자였더라도 하루아침에 추락할 수 있다. 헤지펀드의 무대가 만들어진 한국 증시에 어떤 괴짜들이 나타날지 기다려보자.

레버리지의 환상과 디레버리징의 고통

저금리가 부추긴 레버리지에 대한 환상이 깨지면 빚의 무게를 줄여가는 디레버리징deleveraging의 시기가 온다. 재규어 씨의 빚이 지나치게 무겁다면 그는 파산하거나, 허리띠를 힘껏 졸라매거나, 인플레이션이 실질적인 빚의 무게를 줄여주기를 바라는 수밖에 없다. 하지만 파산과 구조조정은 언제나 고통스럽고 인플레이션에 따른 부채경감 효과는 아무나 기대할 수 있는 게 아니다. 인플레이션을 기대하며 마냥 버티려다 원리금의 무게를 이기지 못해 무너질 수도 있기 때문이다. 디플레이션deflation으로 실질적인 빚이 무거워지는 것은 최악의 상황이다.

재규어 씨는 무리하게 빚을 얻어 집을 샀다가 집값은 떨어지고 이자 부담은 커지는 바람에 위기를 맞았다. 18장에서 살펴본 투기적 차입자에서 폰지차입자 신세로 바뀔 처지다. 막막해진 재규어 씨는 누굴 원망해야 할까? 지렛대의 힘만 믿고 그 위험성은 깨닫지 못한 스스로를 책망해야 하지 않을까? 그보다 민스키 모멘트(신용거품이 한꺼번에 꺼지면서 금융위기가 닥치는 순간)가 온다면 어떻게 해야 할지 서둘러 대응전략부터 세워야 하지 않을까?

자산 가격의 변동성이 클수록 옵션의 가치는 높아진다.
세상의 모든 선택권이 마찬가지다.
미래가 불확실할수록 옵션의 값어치는 높아진다.
세상의 파도가 험할수록 선택권은 더 빛난다.

23

내 삶의 가장
값진 선택권은 뭘까?

옵션의 가치

정상적인 상태는 전쟁에서 가장 두려운 것이었다.
―가브리엘 가르시아 마르케스Gabriel Garcia Marquez, 『백년 동안의 고독』에서

삶은 끊임없는 선택의 과정이다. 우리는 선택할 수 있는 만큼 자유롭다. 선택을 강요당하지 않고 선택할 권리를 가질 때 자유는 확대된다. 그렇다면 우리는 어떤 선택권을 갖고 있으며 그 선택권은 얼마나 값진 것일까? 우리는 참으로 값진 선택권을 갖고 있으면서도 이를 깨닫지도 못한 채 살아가고 있는 건 아닐까?

우리가 지닌 온갖 선택권의 값어치는 주관적인 가치판단에 따라 얼마든지 달라진다. 하지만 사람들은 어떤 선택권에 대해서는 값을 매겨 사고팔기도 한다. 금융시장의 옵션 거래가 바로 그것이다. 우리 삶을 지나치게 단순화하는 위험을 무릅써야 하지만, 금융시장의 옵션을 이

해함으로써 우리가 살아가면서 얻게 될 온갖 선택권의 값어치를 알아보는 밝은 눈을 가질 수도 있다.

정글전자의 주인과 빚쟁이가 가진 옵션

사람들은 수많은 옵션을 자기도 모르는 새 버리게 된다. 재규어 씨도 온갖 옵션을 무심코 얻고 쓰고 버리며 산다. 그가 헛되이 써버린 옵션도 숱하다. 모르는 사이에 수명이 다해버린 옵션도 헤아릴 수 없을 정도다. 그가 전공학과와 직업과 배우자를 고를 때도, 보험에 들고 주식과 아파트에 투자할 때도 늘 선택권의 값어치를 생각해야 한다. 품절남인 그는 일생에서 가장 중요한 옵션 하나를 이미 써버렸다.

하지만 금융시장에서 거래되는 옵션은 이처럼 막연한 선택권이 아니다. 그것은 보다 좁고 엄밀한 개념이다. 무엇을 언제까지 얼마에 사고팔 권리를 말하는지 명확히 할 수 있어야 옵션계약이 성립한다. 옵션거래가 이뤄지려면 기본적으로 다음 세 가지 질문에 답할 수 있어야 한다.

첫째, 무엇을 할 권리인가? 옵션 거래는 기초자산underlying asset 을 사거나 팔 권리를 매매하는 것이다. 기초자산은 주식이나 채권 같은 금융자산인 경우가 많지만 경제적 가치를 지닌 어떤 것도 옵션 거래의 대상이 될 수 있다.

둘째, 언제까지 그 권리를 갖는가? 기초자산을 사거나 팔 권리는 옵선계약의 만기expiration date가 지나기 전에 행사해야 한다.

셋째, 얼마에 사고팔 수 있는가? 기초자산은 옵션계약에 따라 미리 정한 값에 사거나 팔 수 있는데 이를 옵션 행사가격exercise price[50]이라고 한다.

무엇을 살 권리는 콜옵션call option, 팔 권리는 풋옵션put option이다. 옵션을 산 이는 무엇을 사거나 팔 권리만 갖는다. 의무는 지지 않는다.

재규어 씨는 석 달 후 정글전자 주식을 주당 10만원에 살 수 있는 옵션을 갖고 있다. 옵션 만기가 됐을 때 이 회사 주가가 15만원으로 올라 있다면 당연히 매수 청구권을 행사하겠지만 주가가 5만원으로 떨어져 있을 때는 옵션을 산 돈만 날리면 그만이다. 그는 정글전자를 살 권리는 있지만 의무는 없다.

어떤 자산 안에 이미 숨어 있는 옵션embedded option을 알아보는 눈도 필요하다. 예컨대 정글전자 주식 자체를 하나의 옵션으로 보는 것이다. 정글전자가 5,000억원의 빚을 지고 있다면 주주들은 행사가격이 5,000억원인 콜옵션을 갖고 있다고 볼 수 있다. 이때 정글전자에 대한 소유권은 일단 채권자들에게 있다고 본다. 이 회사가 5,000억원 이상을 벌어들이면 주주들은 채권자들에게 5,000억원을 주고 회사를 살 수 있다. 이때 5,000억원을 옵션 행사가격으로 본다.

주주들이 풋옵션을 갖고 있다고 볼 수도 있다. 이때는 주주들이 정글전자를 소유하고 있다고 본다. 주주들은 회사가 벌어들이는 돈이 옵션 행사가격 5,000억원에 못 미치면 회사를 통째로 채권자에게 넘겨버릴 수 있는 풋옵션을 갖고 있다.

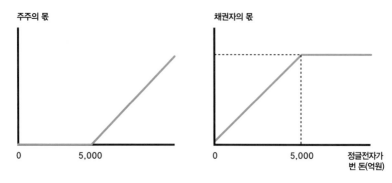

••
주식의 옵션구조

　흔히 파산 위험이 큰 회사의 경영진이 더욱 위험한 투자를 벌이며 무모한 승부수를 띄우는 것은 이런 풋옵션 덕분에 일정 수준 이상의 손실을 막을 수 있기 때문이다. 채권자들은 주주들에게 파산의 길을 선택할 권리를 판 셈이다. 정글전자가 실제로 파산할 위험이 클수록 채권자들은 그 옵션에 더 높은 가격을 요구할 것이다. 돈을 빌려주면서 더 높은 이자를 물리는 것이다.

　보험도 대표적인 풋옵션이다. 보험가입자들은 부서진 자동차나 불타버린 집, 심지어 질병이나 사고로 생명을 잃은 자신의 몸을 미리 정한 값에 보험사에 팔 수 있는 옵션을 갖고 있다. 사고 위험이 높을수록 더 많은 돈을 줘야 그 옵션을 살 수 있다.

가장 거세게 비난받는 가장 성공한 이론

　　　　　　옵션은 자산가격 변동 위험을 피하기 위한 헤

지 수단으로 활용된다. 또한 적극적으로 그 변동성을 이용하려는 투기 수단으로 활용되기도 한다.[51] 이런 옵션 거래를 현대 금융시장에서만 찾아볼 수 있는 건 아니다. 역사학자들은 옵션 거래의 기록을 찾아 고대 그리스까지 거슬러 올라간다. 그리스 철학자 탈레스Thales of Miletus의 일화는 많이 알려져 있다. 올리브 풍작을 예견하는 혜안이 있었던 그가 미리 올리브 기름 짜는 기계를 사용할 권리를 사두었다가 큰돈을 벌었다는 이야기다. 기계를 살 수 있는 콜옵션의 가치가 크게 뛰었기 때문이다.

17세기 네덜란드에 튤립 투기 광풍이 불었을 때 투기꾼들은 튤립 뿌리를 살 권리를 거래하기도 했다.

동서고금을 막론하고 곡물 값이 폭락할 위험을 피하려는 농부들은 미리 정한 값에 곡물을 팔 수 있는 옵션을 간절히 원할 것이다. 무작정 곡물 값이 오르기를 기도하고 있는 것보다 곡물 시세가 폭락할 것에 대비해 옵션을 사두는 게 안전하기 때문이다.

하지만 옵션 거래가 폭발적으로 늘어나기 시작한 건 불과 30여 년 전이다. 옵션의 값을 매기는 데 직관과 육감에 의존하지 않고 정밀한 수학적 모델을 쓸 수 있도록 이론적 바탕을 제공한 이는 피셔 블랙Fischer Black과 마이런 숄즈Myron Scholes다. 그들이 함께 낸 「옵션과 기업 부채의 가격 결정」이라는 논문[52]은 파생금융시장의 빅뱅을 불러왔다.

같은 시기 선의의 경쟁자였던 로버트 머튼Robert Merton도 「합리적 옵션가격 결정이론」이라는 논문으로 금융혁명의 주역이 됐다.[53] 블랙은 '블랙-숄즈 옵션가격 결정모형'을 '블랙-머튼-숄즈 모형'으로 불리는 게 마땅하다고 말했다. 그는 숄즈와 머튼이 1997년 노벨경제학상을 수상하기 2년 전 세상을 떠났다. 이들의 옵션가격 결정이론은 현대 경제학에서 가장 성공적이고 유용한 이론 가운데 하나로 꼽힌다. 이들은 주식과 채권 가격 움직임에 대한 경험적 지식을 토대로 옵션 가격의 셈법을 만들어냈다.

블랙-숄즈 공식은 카푸친 씨에게는 비명을 자아낼 만큼 어렵고 복잡해 보인다. 그러나 골드만삭스에서 블랙과 함께 일했던 금융공학자 이매뉴얼 더먼Emanuel Derman은 "오렌지와 사과 값을 알면 과일샐러드 값도 계산해낼 수 있다"고 말했다. 재료 값을 알면 제품 값도 알 수 있는 것이다.

정글전자 주식을 살 권리(콜옵션)의 값어치는 정글전자의 현재 주가와 옵션 행사가격, 주가의 변동성, 옵션 만기까지 남은 기간, 이자율, 배당에 따라 달라진다. 현재 정글전자 주가가 높고 행사가격이 낮을수록 옵션의 값어치가 커지는 건 당연하다. 또한 만기까지 남은 기간이 길수록 옵션의 값어치는 높아진다. 지금 당장은 주가가 행사가격에 못 미치더라도[54] 옵션 가치는 제로가 아니다. 만기가 될 때까지 주가가 올라 옵션이 빛을 볼 가능성[55]이 남아 있기 때문이다. 남은 시간이 많을수록 행사가격의 현재가치가 떨어지는 효과도 있다.

이자율이 높을수록 콜옵션의 가치는 높아진다. 이자율이 높을수록 행사가격의 현재가치는 떨어진다. 또한 재규어 씨가 정글전자 주식을 들고 있는 것보다 옵션을 갖고 있으면 돈이 덜 들어간다. 남는 돈을 굴려 이자수익을 챙길 수 있는 것이다. 이때 이자율이 높을수록 더 많은 수익을 얻을 수 있다.

가장 중요한 변수는 주가의 변동성이다. 미친 듯이 널뛰기하는 정글전자 주식을 살 권리는 주가가 그다지 오르내리지 않는 아마존식품 주식을 살 권리보다 값어치가 더 나가게 마련이다. 예를 들어 장미꽃 한 송이에 1,000원씩 10만 송이를 살 수 있는 옵션을 생각해보자. 장미 한 송이 값이 적게는 100원, 많게는 1만원 사이에서 아찔한 롤러코스터를 타는 경우와 900~1,100원 사이에서 게걸음만 하는 경우 중 어느 쪽이 콜옵션을 가진 이에게 유리하겠는가?

투자자들은 옵션 가격에 반영된 변동성(내재변동성implied volatility)에 비해 실제 변동성이 더 클 것으로 보면 그 옵션을 사들인다. 시장에서 실제로 옵션이 빛을 볼 확률을 너무 낮게 평가하고 있다고 보는 것이다.

옵션 값을 매기는 실용적인 셈법이 나오자 거래는 폭발적으로 늘어났다. 하지만 이 셈법은 수학적으로는 치밀하지만 현실과 동떨어진 여러 가정, 특히 자산가격의 변동성이 일정하거나 충분히 예견할 수 있을 정도로 안정적이라는 가정과 주가의 극단적인 급등락은 없을 것이라는 가정 때문에 숱한 오류를 낳았다.

금융시장의 리스크를 줄이기 위한 옵션이 오히려 치명적인 살상무기가 된 적도 많다. 233년 전통의 영국 베어링브러더스Baring Brothers & Co.가 한 젊은 트레이더의 옵션 투자 때문에 하루아침에 파산한 것이나 노벨경제학상 수상자인 머튼과 숄즈가 직접 참여한 헤지펀드 롱텀캐피털매니지먼트가 허무하게 무너진 건 옵션 투자의 가공할 위험을 단적으로 보여준다.

글로벌 금융위기는 가장 성공적이었던 경제이론에 대한 가장 거센 비판을 불러왔다. 주류경제학자들의 금융이론을 공박하는 데 앞장서고 있는 나심 니콜라스 탈렙은 옵션이론 주창자들에 대한 노벨경제학상을 철회하라고 목청을 높이기도 했다.

도대체 KIKO가 뭐길래

　　　　　　　재규어 씨에게 옵션이론의 혁명과 반혁명은 너무나 추상적인 이야기다. 그에게 발등의 불은 리스크를 줄이기 위한 옵션을 잘못 쓰다가 오히려 위기에 몰리지 않도록 옵션의 기본적인 개념을 제대로 이해하는 일이다.

　모든 금융파생상품이 그러하듯 옵션은 수염을 깎는 데 쓸 수도 있고 자살도구로도 쓸 수 있는 면도날과 같은 것이다. 정글전자의 협력업체 아마존전자가 여러 옵션을 조합해 만든 키코KIKO라는 폭탄을 안고 있다가 부도 위기에 몰렸던 것만 봐도 알 수 있다. 키코라는 이름은 '넉인 넉아웃Knock In Knock Out'의 앞 글자를 따서 만들었다. 키코의 손익구조와 위험성을 예를 들어 알아보자.

　아마존전자는 2007년 수출로 벌어들인 달러를 팔고 원화를 살 때 조금이라도 이익을 얻기 위해 키코 계약을 맺었다. 행사가격이 달러당 940원인 풋옵션 하나를 사고 이와 함께 행사가격이 역시 940원인 콜옵션 두 개를 파는 계약이다. 문제는 계약 상 달러당 900원이 되면 풋옵션 매수에 따른 이득은 끝나는(Knock Out) 데 반해 달러당 980원이 되면 콜옵션 매도의 손실은 살아난다는(Knock In) 조건에 있었다.

　아마존전자의 최고경영자CEO와 최고재무책임자CFO는 달러당 원화 환율이 떨어질 것으로, 다시 말해 원화 값이 오를 것으로 믿어 의심치 않았다. 거의 모든 전문가가 원화 강세를 예상하고 있었기 때문

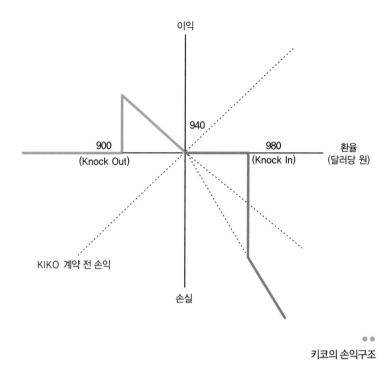

●●
키코의 손익구조

에 주저하지 않고 키코 계약서에 사인했다.

그래프에서 보듯이 달러당 원화 환율이 900원이 될 때까지 아마존
전자는 풋옵션 행사로 이익을 볼 수 있다. 외환시장에 달러를 내다 팔
면 900원밖에 받을 수 없을 때도 풋옵션을 행사해 940원을 받을 수
있기 때문이다. 예상과 달리 달러당 원화 환율이 오르더라도 980원이
될 때까지는 은행 쪽에서 아마존전자의 달러를 살 수 있는 콜옵션을
행사하지 않는 조건이 있으므로 크게 걱정할 게 없다는 게 경영진의
판단이었다.

실제로 원화 강세가 나타나자 아마존전자는 키코 덕분에 짭짤한 환

차익을 얻었다. 그러나 그런 행운은 오래가지 않았다. 2008년 글로벌 금융위기는 상상도 하지 못했던 최악의 결과를 불러왔다. 달러당 원화 환율은 가파르게 치솟아 그 해 11월 1,500원선도 훌쩍 넘어버렸다.

달러당 원화 환율이 넉인Knock in 구간이 시작되는 980원을 웃돌면 은행은 아마존전자에게서 달러를 살 수 있는 콜옵션 행사가 가능하다. 행사가격이 940원이므로 달러당 환율이 1,440원일 때 콜옵션을 행사하면 은행은 달러당 500원의 차익을 얻을 수 있다. 은행은 콜옵션 두 개를 샀으므로 차익은 곱절이 된다. 달러당 1,000원의 환차손을 입게 된 아마존전자가 부도의 벼랑 끝에 몰리지 않았다면 이상할 것이다. 아마존전자는 결국 조그만 환차익의 단맛을 즐기려다 손실이 눈덩이처럼 불어날 수 있는 리스크를 진 꼴이 됐다.

아마존전자처럼 엄청난 손실을 입은 기업들은 키코 계약의 무효와 은행들의 손해배상을 주장하며 법정싸움을 벌였다. 2010년 11월에는 중소기업들이 은행들을 상대로 낸 소송 141건 중 91건에 대한 1심 판결이 내려졌다. 서울지방법원은 원고 118개사 중 19개사의 주장은 부분적으로 받아들였지만 99개사의 주장은 기각했다. 재판부는 키코 계약이 구조적으로 불공정하거나 환헤지에 부적합하다는 원고의 주장을 받아들이지 않았다. 키코 계약으로 얻을 이익과 그에 따른 위험의 대가 관계가 어느 한쪽에만 불리하다고 볼 수 없으며 나중에 시장 상황이 바뀌었다고 계약 자체를 무효로 하거나 취소할 수 없다는 판결이었다. 그러나 기업에 부적합한 상품을 위험성을 제대로 알리지도 않고 판매한 은행들에 대해서는 고객보호 의무를 소홀히 했다고 보고 손해배상 책임을 물렸다.

키코 사태의 교훈은 분명하다. 법원의 판결은 은행과 기업 모두에 뼈아픈 반성을 촉구하는 것으로 받아들여야 할 것이다. 특히 위험관리 능력이 취약한 중소기업들에 복잡한 파생금융상품의 리스크 구조를 충분히 설명하지도 않고 떠안긴 은행들은 금융회사의 가장 기본적 의무인 고객보호 의무를 다하지 않은 엄중한 책임을 느껴야 한다. 눈앞의 이득을 좇느라 신뢰를 바탕으로 장기적인 상생관계를 맺어야 할 고객을 저버렸기 때문이다. 일부 기업들은 환차익이라는 사탕발림 속에 숨은 엄청난 리스크를 제대로 보지 못한 채 무리하게 위험상품 거래에 나섰다가 벼랑 끝에 몰리는 치명적인 실수를 저질렀다.

세상의 파도가 험할수록 내 옵션의 가치는 빛난다

피셔 블랙은 인후암을 앓다 57세를 일기로 타계했다. 그의 옵션가격 결정이론은 부와 명예를 살 수 있는 또 다른 옵션이었다. 하지만 그는 이 엄청난 옵션을 더 높은 값에 팔지 못하고 세상을 떠났다. 노벨경제학상은 고인에게는 수여되지 않는다. 아무리 값진 옵션도 때가 안 맞으면 쓸모가 없는 것이다.

재규어 씨도 알고 보면 이런저런 선택권을 많이 갖고 있다. 물론 대부분 그 경제적 가치를 정교한 수학적 모델로 계산해낼 수 없는 것들이다. 하지만 셈법이 없다고 가치를 무시할 수는 없다. 분명한 건 정글 경제의 불확실성이 커질수록 그가 가진 옵션들이 더욱 값진 자산이 될 것이라는 점이다. 모든 옵션의 가치는 시간이 지날수록 줄어들고 결국 소멸한다는 점도 잊지 말아야 한다.

따로 노는 자산들을 엮어 투자위험을 줄일 수 있다는
현대포트폴리오이론은 한계를 드러냈다.
하지만 분산투자를 통해 투자 리스크를 최소화할 수 있다는
통찰은 길이 남을 것이다.

24

달걀은 어떻게
나눠 담아야 하나?

현대포트폴리오이론

"현재는 과거가 낳은, 껍질 속에 미래를 품은 알이었다."

– 조라 닐 허스턴Zora Neale Hurston[56]

"달걀을 한 바구니에 담지 말라."

이 격언은 이제 진부한 말로 들릴 수도 있겠다. 이 오래된 지혜를 정식화한 현대포트폴리오이론modern portfolio theory에 대한 비판도 쏟아지고 있다. 그러나 어떤 이론모형의 한계가 드러났다고 해서 그 바탕에 깔린 지혜와 통찰까지 송두리째 부정할 필요는 없을 것이다. 그 이론을 맹신하거나 변화무쌍한 현실에 기계적으로 적용하지 않도록 유념하면서 여전히 쓸모 있는 가르침만 간직하면 되는 것이다.

달걀을 더 안전하게 담는 법

아마존제과는 세계적으로 유명한 초콜릿을 만들고 있고 정글식품은 초콜릿에 들어가는 카카오를 공급한다. 판도라펀드의 자산 운용을 맡고 있는 재규어 씨는 앞으로 초콜릿 수요가 늘어날 것으로 보고 아마존제과 주식에 투자하려 한다. 그러나 이 주식에만 집중적으로 투자하지 않고 투자자금의 절반은 정글식품 주식에 투자할 예정이다. 두 회사 주식에 분산 투자하는 포트폴리오를 만들려는 것이다.

포트폴리오는 여러 개별 자산을 한데 묶은 것이다. 라틴어에 뿌리를 둔 포트폴리오라는 말은 '종이foglio'와 '나르다portare'라는 말이 합쳐진 것으로 처음에는 서류철이나 서류가방을 가리키다 나중에 여러 가지 증권의 모음이라는 뜻을 갖게 됐다고 한다.

두 회사의 기대수익률과 수익률의 표준편차는 다음과 같다. 수익률이 얼마나 큰 폭으로 널뛰기하는지를 보여주는 표준편차는 주식 투자에 따르는 리스크를 가늠하는 수치다.

종목	기대수익률	표준편차
아마존제과	12	30
정글식품	18	40

판도라펀드 포트폴리오 (단위 : %)

판도라펀드 포트폴리오의 기대수익률은 쉽게 구할 수 있다. 이 포트폴리오에 편입된 개별자산 기대수익률의 평균을 구하면 된다. 물론 각

각의 자산들의 투자비중을 감안한 가중평균이다.[57]

$$0.5(12\%) + 0.5(18\%) = 15\%$$

이 포트폴리오의 리스크를 가늠하기 위한 표준편차를 구하는 것은
조금 복잡하다. 확률과 관련된 수식만 보면 하얗게 질리는 카푸친 씨
에게는 상당한 집중력이 필요한 대목이다.

판도라펀드 포트폴리오 수익률의 표준편차는 다음과 같은 식으로
구한다.

$$\sigma_p = \sqrt{w_a{}^2 \sigma_a{}^2 + w_j{}^2 \sigma_j{}^2 + 2 w_a w_j \sigma_a \sigma_j \rho_{aj}}$$
$$= \sqrt{(0.5)^2 (30\%)^2 + (0.5)^2 (40\%)^2 + 2(0.5)(0.5)(30\%)(40\%)\rho_{aj}}$$

* σ_p: 포트폴리오 수익률의 표준편차, w_a: 아마존제과의 투자비중

$\quad \sigma_a$: 아마존제과 수익률의 표준편차, w_j: 정글식품의 투자비중

$\quad \sigma_j$: 정글식품 수익률의 표준편차, ρ_{aj}: 아마존제과와 정글식품 수익률의 상관계수

아마존제과와 정글식품 수익률이 싱크로나이즈드 수영을 하는 것
처럼 완벽하게 같이 움직일 때 두 회사 수익률의 상관계수correlation
coefficient[58]는 1이 된다. 둘의 움직임에 아무런 상관관계도 없으면 이
계수는 0이 되고 둘이 완벽한 한 쌍의 청개구리처럼 언제나 정반대로
튀면 상관계수는 –1이 된다(실제로는 초콜릿회사와 카카오회사의 수익률
이 같은 방향으로 움직일 가능성이 클 것이다).

위의 공식에 상관계수 1과 0, –1을 대입해보면 다음 표와 같은 결과

를 얻는다.

상관계수(P_{aj})	기대수익률	표준편차
1	15	35
0	15	25
-1	15	5

●●
판도라펀드 기대수익률과 리스크 (단위: %)

상관계수가 1일 때 포트폴리오의 표준편차는 개별자산 표준편차의 평균(35%)과 같지만 이 계수가 낮아질수록 포트폴리오의 표준편차는 줄어든다. 아마존제과와 정글식품 주가가 정반대로 움직인다면 이 포트폴리오의 표준편차는 5%밖에 안 된다.

일반적으로, 완벽하게 같이 움직이지 않는 여러 자산, 다시 말해 상관계수가 1이 아닌 자산들을 한데 묶어 포트폴리오를 만들면 개별 자산 수익률의 평균적인 수준에 해당하는 포트폴리오 수익률을 누리면서도 포트폴리오 리스크를 개별자산 리스크의 평균적인 수준보다 낮출 수 있음을 볼 수 있다. 이 사례에서 달걀을 어느 한 바구니에만 몰아서 담지 않고 여러 바구니에 나눠 담으면 그만큼 위험을 줄일 수 있다는 지혜를 숫자로 확인할 수 있다.

현대포트폴리오이론의 한계

1990년 노벨경제학상을 받은 해리 마코위츠

는 일찍이 투자자산의 수익률뿐만 아니라 리스크를 중시해야 하며 개별 자산의 리스크보다 포트폴리오 전체의 리스크에 주목해야 한다는 생각을 했다. 이 혁신적인 사고는 1950년대 이후 금융경제학의 지형을 완전히 바꿔놓았다. 그는 리스크를 숫자로 나타냄으로써 직관과 기술의 영역에만 머물던 리스크 관리를 정교한 이론으로 체계화했다. 하지만 지난 반세기 동안 정글경제를 지배했던 현대포트폴리오이론은 이제 거센 비판에 직면해 있다.

이 이론에서는 리스크가 같은 여러 포트폴리오 가운데 기대수익률이 가장 높은 포트폴리오(또는 기대수익률이 같은 포트폴리오 중 리스크가 가장 낮은 포트폴리오)를 효율적 포트폴리오efficient portfolio라고 한다. 이 효율적 포트폴리오를 구하는 데 필요한 여러 가지 가정만 살펴봐도 이 이론이 현실을 설명하고 예측하는 데 한계가 있음을 알 수 있다.

이 이론의 기본적인 가정은 이렇다(카푸친 씨에게는 외계인의 언어처럼 알아듣기 힘들겠지만 가장 널리 활용되면서도 가장 거센 비판을 받고 있는 현대 금융이론의 속내를 잠시 들여다보자).

첫째, 투자자들의 의사결정에 영향을 미치는 변수는 기대수익률, 그리고 리스크를 가늠하는 수익률의 분산variance(어떤 확률변수가 평균값에서 얼마나 떨어진 곳에 흩어져 있는지를 가늠하는 숫자)[59] 두 가지뿐이다.

둘째, 투자자들은 위험회피적risk averse이다.

셋째, 모든 투자자는 주어진 리스크 수준에서 가장 높은 기대수익률을 추구한다.

넷째, 모든 투자자는 모든 위험자산의 기대수익률, 분산, 공분산 covariance(두 개의 확률변수가 같은 방향으로 움직이는지, 반대 방향으로 움직이는지, 따로 노는지를 가늠하는 숫자)에 대해 같은 기대를 갖고 있다.

다섯째, 모든 투자자는 공통적인 1기간 투자를 한다.

우리는 이런 가정 하나하나에 다 물음을 던져볼 수 있다.

수익률의 평균과 분산만으로 투자자들의 의사결정과 시장의 움직임을 다 설명할 수 있는가? 수익률이 정규분포를 나타내지 않고 2장에서 설명한 것처럼 통계적으로 예측할 수 없는 '검은 백조'가 나타났을 때 이 이론의 설명력과 예측력은 크게 떨어질 것이다.

수익률의 분산(또는 표준편차)은 과연 진정한 리스크를 가늠할 수 있는 숫자인가? 하나의 투자자산을 몇십 년 동안 보유하는 사람들은 그동안 이 자산가격이 큰 폭으로 널뛰기하더라도 그다지 위험하다고 느끼지 않을 수도 있을 것이다.

투자자들은 과연 마코위츠가 상정한 것처럼 늘 합리적으로 결정하고 행동하는가? 비이성적 낙관에 취하거나 패닉 상태에 빠진 투자자들은 수익률과 리스크를 냉정하게 분석해 합리적인 결정을 하기가 어려울 것이다.

개별자산들이 서로 어떤 상관관계를 갖고 움직이는지 알아내는 것도 큰 골칫거리다. 마코위츠가 윌리엄 샤프William Sharpe[60]와 함께 내놓은 해법은 특정 자산의 수익률이 다른 모든 자산의 수익률과 어떤 상관관계를 갖는지 일일이 계산할 필요 없이 그 자산이 시장 전체의 수익률과 어떤 관계를 갖는가만 보면 된다는 것이었다.

이런 생각은 나중에 자본자산가격결정모형Capital Asset Pricing Model, CAPM으로 체계화됐다. 재규어 씨에게는 너무도 익숙하지만 카푸친 씨에게는 난해한 퍼즐이 될 이 모형은 다음과 같이 표현된다.

$$E(r_j) = r_f + \beta_j [E(r_m) - r_f]$$

여기서 $E(r_j)$는 자산 j의 기대수익률, r_f는 무위험수익률risk-free rate, $E(r_m)$는 시장전체 포트폴리오의 기대수익률, β_j (자산 j의 베타계수) 는 자산 j의 수익률이 시장전체 포트폴리오 수익률에 대해 어떤 방향으로 얼마나 민감하게 따라 움직이는지 보여주는 계수다.

예컨대 무위험수익률이 5%, 시장포트폴리오 수익률이 10%, 정글전자의 베타계수가 1.5라면 정글전자의 기대수익률은 12.5%다.

$$5\% + 1.5(10\% - 5\%) = 12.5\%$$

정글전자 주식의 리스크 프리미엄risk premium은 이 주식의 수익률이 무위험수익률을 얼마나 웃도는지를 보여주는 것이다. 이 예에서 정글전자의 리스크 프리미엄은 7.5%다.[61]

포트폴리오를 짜서 아무리 여러 자산에 분산투자 하더라도 시장 전체가 한꺼번에 뜨거나 무너지는 위험까지 줄일 수는 없다. 시장위험은 분산불가능 위험 또는 체계적 위험이라고 한다. 개별 자산이나 기업에 고유한 위험은 분산가능 위험 또는 비체계적 위험이라고 한다.[62]

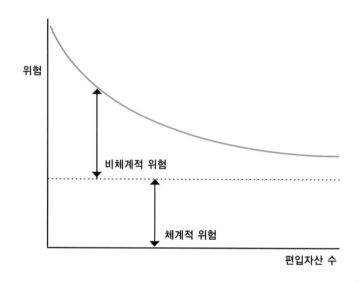

위험

비체계적 위험

체계적 위험

편입자산 수

체계적 위험과 비체계적 위험

위험은 얼마나 나눌 수 있는가

아무리 광범위한 분산투자를 하더라도 시장 전체의 체계적 위험까지 모두 제거할 수는 없다는 사실은 2008년 글로벌 금융위기의 경험에서도 알 수 있다. 세계적으로 통합된 자본시장에서는 나라와 자산과 업종을 가리지 않고 모든 시장이 한꺼번에 타오르거나 동시에 얼어붙을 수도 있다. 글로벌 자본시장의 동조화가 심화될수록 분산투자의 효과는 줄어들 것이다.

이처럼 현대포트폴리오이론이 늘 우리에게 공짜점심을 안겨주는 것은 아니다. 하지만 우리가 살아가는 데 이 이론에 깔려 있는 지혜를 빌릴 일은 많이 있을 것이다. 우리의 일상생활에서 분산투자의 개념은 얼마든지 확장할 수 있다는 말이다.

날씨에 따라 희비가 엇갈리는 우산회사와 선탠오일회사에 나눠 투자하는 것만이 분산투자가 아니다. 판도라자산 운용은 여러 업종, 여러 나라의 주식, 채권, 부동산을 비롯한 모든 종류의 자산을 포괄하는 포트폴리오를 만들 수도 있다. 대기업 집단인 정글그룹이 여러 사업을 함께 이끌어가는 것은 문어발식 사업다각화의 폐해를 낳기도 하지만 기본적으로 다양한 사업 포트폴리오로 투자위험을 줄이려는 의도가 깔려 있는 것이다.

투자대상 간 상관관계가 적을수록 분산투자의 효과는 커진다. 결혼도 하나의 투자라는 생각을 갖고 있는 세속적인 재규어 씨가 같은 자산운용업계의 여자친구와 결혼하는 것은 분산투자의 개념과는 거리가 멀다. 부부의 커리어 리스크career risk를 분산시키기 어렵기 때문이다(직업에 따른 리스크는 27장에서 설명한다). 전형적인 회사인간인 카푸친 씨가 자기회사 주식에만 올인하는 것도 마찬가지다.

시장이 효율적일수록 차익의 기회는 빨리 사라진다.
시장의 효율성을 믿는 이들은 공짜점심 같은 건 없다고 말한다.
하지만 굶주린 투자자들은 끊임없이 차익거래의 기회를 찾고 있다.

25

공짜점심은 어떻게 얻을까?

차익거래의 드문 기회

사람들은 공짜점심 같은 건 없다고 이야기한다. 하지만 우주는 궁극적인 공짜점심이다.

—스티븐 호킹Stephen Hawking, 「시간의 약사」에서

　　스페인 철학자 호세 오르테가 이 가세트José Ortega y Gasset 는 "런던에서 싸게 산 정보를 스페인에서 비싸게 팔았다"고 말했다. 그가 런던의 살롱들을 드나들며 들은 이야기를 스페인 독자들에게 전달한 것은 두 나라 사이의 정보 격차를 이용한 일종의 차익거래arbitrage였다.

| 몬테스 알파 값은 왜 두 배일까?

　　　　　　　　2011년 8월 서울에서 칠레 산 와인 '몬테스알파 카베르네 쇼비뇽Montes Alpha Cabernet Sauvignon'한 병 값은 4만4,000원

이었다. 백화점에서는 4만7,000원을 받았다. 사단법인 소비자시민모임이 18개 나라[63] 주요 도시의 물가를 조사한 결과 몬테스 알파는 서울에서 가장 비싼 것으로 드러났다.

이 와인이 다섯 번째로 비싼 곳은 독일 프랑크푸르트였는데 우리 돈으로 2만2,000원대였다. 재규어 씨가 유럽 여행에서 돌아오는 길에 한 병 사오면 거의 갑절 장사를 하는 셈이다. 칠레 현지에서는 이 와인이 1만원도 채 안 되므로 그곳에서 사오면 네 곱절 장사가 된다. 하지만 그토록 먼 곳을 여행하기는 어렵기 때문에 보통 사람들에게 차익거래 기회는 거의 없다고 봐야 한다.

각종 세금[64]과 운송비를 포함하면 이 와인이 수입상 창고에 입고될 때 가격은 1만3,000원 정도다. 여기에 수입상과 도매상, 소매상이 높은 마진을 붙여 소비자들에게는 4만원이 훨씬 넘는 값에 파는 것이다. 차익거래를 어렵게 하는 여러 장벽 탓에 일물일가의 법칙은 잘 통하지 않는다. 그럴수록 재규어 씨의 차익거래 본능이 더 살아난다.

2005년 부산에서 열린 아시아태평양경제협력체APEC 정상회의 때 만찬에 나온 '몬테스알파M' 한 병 값은 2011년 11월 현재 서울에서 19만5,000원이다. 하지만 영국에서는 같은 와인이 우리 돈 4만~6만원에 팔린다. 소비자시민모임 조사에 따르면 '리바이스501' 청바지는 도쿄에서 19만5,000원으로 가장 비쌌고 서울에서는 두 번째로 비싼 16만8,000원이다. 같은 청바지가 인도에서는 5만2,000원, 미국에서는 7만1,000원이다. 이런 가격 차이 때문에 재규어 씨는 곳곳에서 공짜 점심 기회를 찾아낼 수 있다.

차익거래는 본능이다

차익거래라고 하면 골치 아픈 경제이론이나 어려운 금융기법만 떠올리는 사람이 많다. 하지만 차익거래는 첨단 금융공학 기술을 구사하는 헤지펀드 매니저들의 전유물이 아니다. 공짜 점심을 바라는 모든 사람이 거의 본능적으로 찾아내는 것이다.

재규어 씨가 유럽 출장에서 돌아오는 길에 고급 와인을 들고 들어와 국내 레스토랑에 비싸게 팔려는 것도, 기러기 엄마로 미국에 간 카푸친 씨 부인이 유명 의류를 우편으로 부쳐 국내 옷 가게에 넘기려는 것도 본질적으로 차익거래라고 할 수 있다. 피라냐 씨가 같은 일을 하면서도 아마존식품보다 많은 연봉을 받을 수 있는 정글전자로 옮기려는 것도, 정글전자가 노동집약적인 조립공장을 한국보다 임금이 싼 동남아로 이전하려는 것도 마찬가지다.

똑같은 와인이나 옷, 동질적인 노동이 다른 값에 팔릴 때, 다시 말해 일물일가의 법칙law of one price에 따르지 않을 때 차익거래의 기회를 발견하는 것은 복잡한 경제이론으로 무장하지 않아도 가능한 일이다.

하지만 경제학자나 금융전문가들이 말하는 차익거래는 보다 엄밀하게 정의된 용어다. 차익거래는 같은 자산이 다른 시장에서 다른 가격에 거래될 때 이 자산을 동시에 사고팔아 확실한 이익을 남기는 것이다. 같은 자산이 정글시장에서는 높은 값에, 판도라시장에서는 낮은 값에 팔린다면 정글시장에서 이 자산을 공매도하면서 그 대금으로 판도라시장에서 같은 자산을 사들이는 게 전형적인 차익거래의 방식이다.

주식이나 채권, 통화, 선물, 옵션, 금, 밀을 비롯한 온갖 자산이 다

차익거래의 대상이 될 수 있다. '같은 자산이 정글시장과 판도라시장에서 다른 값에 거래된다'고 할 때 '같은 자산'이라는 말은 경우에 따라 조금 다른 의미가 될 수도 있다. 예를 들어 정글전자와 판도라금융은 다른 기업이지만 두 회사 주식에서 얻는 현금흐름이 완전히 일치한다면 같은 자산으로 볼 수 있다. '다른 시장'이라는 말도 지리적으로 떨어져 있는 시장을 뜻할 수도 있고, 현물-선물시장처럼 시간적으로 다른 시장을 의미할 수도 있다. 정글전자 주식의 선물시장 가격을 현재가치present value로 따져본 값이 현물시장의 시세와 다르다면 차익거래의 기회를 잡을 수 있다.

이런 차익거래에 비용과 위험이 따른다면 진정한 공짜점심이라고 할 수 없다. 순수한 차익거래는 아무런 위험부담 없이, 전혀 비용을 들이지 않고 이익을 얻는 것이다. 이런 이익을 얻으려면 자산을 사고파는 일을 동시에 수행해야 한다. 매매 시점이 다르면 그새 자산의 값이 오르내릴 위험에 노출되기 때문이다. 따라서 미국에서 옷을 싸게 사서 한국에서 비싸게 파는 카푸친 씨 부인의 거래는 진정한 차익거래라고 할 수 없다. 옷을 사서 보관하고 운송하는 데 밑천이 드는 데다 사고파는 시점 사이에 옷값이 크게 떨어질 위험 부담도 있기 때문이다.

공짜점심을 만드는 기술

차익거래의 원리를 보여주는 단순한 예를 하나 들어보자. A, B, C 세 가지 자산의 현재 가격과 석 달 후 예상 가격이 다음의 표와 같을 때 이들 자산을 조합해 어떻게 차익거래의 기회를 만들어내는지 살펴보자.

자산	현재 가격	약세 장	강세 장
A	7.0	5.0	10.0
B	6.0	3.0	12.0
C	8.0	3.8	11.2

●●
투자 전망(단위: 만원)

재규어 씨는 A, B 자산을 적절한 비율로 섞어 약세 장이든 강세 장이든 언제나 자산 C와 똑같은 투자성과를 내는 포트폴리오 AB를 만들 수 있다. 자산 A의 투자비중(a)과 자산 B의 투자비중(b)을 어떻게 해야 이 포트폴리오가 언제나 자산 C와 같은 현금흐름을 나타내는지 알아내려면 다음의 조건을 만족시키는 a와 b를 구하면 된다.

$5a+3b=3.8$(약세 장일 때 AB의 투자성과가 C의 투자성과와 같다.)
$10a+12b=11.2$(강세 장일 때 AB의 투자성과가 C의 투자성과와 같다.)
$a+b=1$(A와 B의 투자비중의 합은 1이다.)

방정식을 풀면 a는 0.4, b는 0.6이라는 걸 알 수 있다. 자산 A에 40%, 자산 B에 60%를 투자하는 포트폴리오 AB의 투자성과(현금흐름)는 자산 C의 성과와 똑같게 된다는 뜻이다. 그런데 지금 자산 C 하나를 사려면 8만원을 줘야 하지만 자산 A 0.4개와 자산 B 0.6개를 묶

은 포트폴리오 AB 하나를 만들려면 6만4,000원만 있으면 된다.[65]

바로 이 대목에서 공짜점심을 찾는 재규어 씨의 눈은 빛난다. 똑같은 성과를 거둘 수 있는 두 가지 자산의 가격이 다르므로 차익거래의 기회가 있기 때문이다. 값이 싼 포트폴리오 AB를 사고 비싼 자산 C를 공매도하면 된다. 예를 들어 재규어 씨가 자산 C 10억원어치를 빌려서 팔고(공매도하고) 그 대금으로 자산 A 4억원, 자산 B 6억원어치를 사는 경우를 생각해보자.

약세 장일 때는 자산 A와 B의 값이 떨어지지만 공매도한 자산 C의 값도 같이 하락한 덕분에 (공매도 때 빌린 주식을 싸게 사서 갚을 수 있게 되므로) 전체적으로 1억1,000만원의 이익을 본다. 강세 장일 때도 공매도한 주식을 사서 갚고도 3억7,100만원을 남길 수 있다. 여기서 중요한 것은 재규어 씨가 자기 돈을 한 푼도 안 들이고, 약세 장이 되든 강세 장이 되든 상관없이, 아무런 위험도 부담하지 않고 이득을 챙길 수 있다는 점이다.

자산	투자 금액	약세 장	강세 장
A	4.00	2.85	5.71
B	6.00	3.00	12.00
C	-10.00	-4.75	-14.00
합계	0	1.10	3.71

투자 성과 (단위: 억원)

물론 현실은 이처럼 단순하지 않다. 실제로 이 거래를 실행하는 단계마다 뜻밖의 걸림돌이 나타날 수도 있다. 하지만 기본적으로 어떤 자산과 똑같은 투자성과(현금흐름)를 내는 포트폴리오를 만들어내고 이 둘 사이의 가격 차이에서 공짜점심을 얻으려는 차익거래의 방식은 널리 활용되고 있다.

예로 든 자산 A, B, C는 주식이나 채권, 선물, 옵션을 비롯한 어떤 종류의 자산도 될 수 있다. 차익거래의 대상은 증권, 상품, 부동산, 파생금융상품은 물론이고 한 기업이나 한 나라의 경제, 한 사람의 지식이나 재능(인적 자본)으로까지도 확장될 수 있다. 기업매수합병(M&A) 시장에서 사냥감 기업과 사냥꾼 기업 간 주가 차이를 노린 리스크 차익거래risk arbitrage는 이미 일반화돼 있다. 이때 거래수수료와 세율이 높거나 투자에 필요한 돈을 마음대로 빌릴 수 없거나 공매도가 자유롭게 이뤄지지 못한다면 차익거래 기회는 크게 줄어들 것이다. 금융계가 공매도 규제를 그토록 반대하는 까닭이 여기에 있다. 차익거래를 전문으로 하는 헤지펀드들에게 공매도 규제는 문을 닫으라는 말로 들릴 것이다.

공짜점심 기회는 얼마나 오래 열려 있을까

'공짜점심 같은 건 없다'는 말은 경제학의 가장 중요한 화두 가운데 하나다.[66] 실제로 공짜점심을 얻는 건 매우 어려운 일이다. 얼핏 보면 공짜점심처럼 보여도 숨은 기회비용이 있는 경우가 많다. 어떤 개인이나 기업은 별 위험부담 없이 차익을 얻더라도 그 때문에 사회 전체적으로는 상당한 비용을 치러야 하는 경우도 많다.

시장이 완벽한 균형equilibrium 상태에 이르렀을 때는 아무런 비용과 리스크 없는 공짜점심을 찾을 수 없을 것이다. 물론 차익거래의 기회를 찾을 수 없다고 해서 시장가격이 반드시 자산의 기본적인 가치를 충실히 반영하는 가장 합리적인 수준에 있다고 단언할 수는 없다. 자산시장에 거품이 끓어오르는 비이성적 과열irrational exuberance이 나타나는 시기에도 차익거래 기회를 잡기는 결코 쉽지 않다. 예를 들어 거품이 지나치다는 걸 뻔히 안다 하더라도 아파트를 공매도하기는 매우 어렵다. 누군가가 어렵게 차익거래 기회를 찾아내더라도 이는 금세 사라지고 말 것이다. 가격 차이가 얼마나 빨리 사라지는가를 보면 시장의 효율성market efficiency을 가늠할 수 있다.

무서운 속도로 거래를 끝내버리는 컴퓨터와 컴퓨터 못지않게 머리 회전이 정확하고 빠른 전문 투자자들만 공짜점심을 차지할 수 있는 경우도 많다. 때로 수백 년 동안 먹을 점심을 한꺼번에 챙기는 이들도 있다. 고성능 컴퓨터를 통한 극초단타매매high-frequency trading는 0.03초 만에 매수·매도세력의 판세를 읽을 수 있다. 이는 판단과 동작이 느린 보통 사람들이 도저히 넘볼 수 없는 영역이다.

현실적으로 차익거래에는 많은 실패의 위험이 따른다. 헤지펀드 롱 텀캐피털매니지먼트LTCM의 몰락은 그 단적인 사례다. LTCM은 미국 채권과 외국 채권 간 수익률 격차가 줄어들 것으로 믿고 차익거래에 나섰으나 러시아 경제위기와 같은 예상치 못한 사태가 터지면서 수익률 격차가 오히려 급격히 확대되는 바람에 손을 들고 말았다.

2008년 글로벌 금융위기와 같은 '검은 백조'가 나타나는 상황에서는 차익거래자들의 유동성 리스크와 거래상대방 리스크counterparty risk[67]가 급격히 커질 수 있다. 하지만 시장이 언제나 완벽한 효율성을 유지할 수 없다면, 보통 사람들도 공짜에 가까운 점심을 즐길 기회는 찾아볼 수 있을 것이다. 어느 정도 비용과 위험부담을 안아야 하기 때문에 엄밀한 의미의 차익거래라고 할 수는 없어도 사실상 공짜점심이나 다름없는 이익을 챙길 수도 있다.

정치, 경제, 금융, 사회, 문화, 과학, 기술, 스포츠, 예능 각 분야의 정보 격차와 가격 차이를 이용하는, 차익거래에 가까운 기회는 충분히 오랫동안 지속될 수도 있다. 예컨대 여러 가지로 쪼개진 학문 분야를 아우르는 학제간 연구interdisciplinary study나 전문 분야를 넘나들며 통합적인 일을 하는 직종을 택하는 것도 그런 기회를 찾기 위한 노력이라 할 수 있다.

공짜점심을 노리는 굶주린 투자자들이 사라지지 않는 한 차익거래를 추구하는 시도도 끊이지 않을 것이다. 당신이 그 기회를 가장 먼저 발견했다면 절대 소문 내지 않는 게 좋을 것이다.

정글경제의 모험

"부자의 가장 큰 이점이 뭐라고 생각해요?" "모르겠는데?" "돈이 없다고 말할 수 있다는 거예요." 이건 또 무슨 말일까? 무라카미 하루키村上春樹의 소설 『상실의 시대』를 읽고 있는 카푸친 씨는 주인공 와타나베와 여자친구 미도리의 대화 장면에서 고개를 갸웃한다. 미도리의 생각을 더 들어보자. "가령 내가 같은 과 친구한테 뭘 좀 해보자고 그랬다고 해요. 그러면 상대는 이렇게 말하겠지요. '난 지금 돈이 없어서 안 돼'라고. 반대 입장이 된다면, 나는 절대 그런 소리를 못 해요. 내가 '지금 돈이 없어'라고 말한다면, 그건 정말 돈이 없다는 소리니까요. 비참할 뿐이죠. 예쁜 여자가 '나 오늘은 얼굴이 지저분하니까 외출하고 싶지 않아' 하는 것과 같거든요. 못생긴 여자가 그런 소릴 해봐요, 웃음거리만 될 뿐이지."

카푸친 씨는 고개를 끄덕인다. 그는 부자들이 아무래도 가난뱅이들보다 더 행복하고 자유로울 수 있을 거라고 생각한다. 그의 생각은 부자가 되려는 열망을 안고 사는 이 시대 보통 사람들과 크게 다르지 않다. 물론 카푸친 씨가 돈이 삶의 전부라고 생각하는 것은 아니다. 빌 게이츠나 이건희 회장 같은 거부가 되고자 하는 꿈을 꾸고 싶지는 않다. 하지만 자신의 삶이 적어도 중산층 이상은 돼야 한다고 생각하는 편이다. 어느 정도 물질적 풍요는 웰빙의 필수적인 요소라고 보는 것이다.

카푸친 씨는 스스로에게 물어보았다. 나는 앞으로 남들보다 부자가 될 수 있을까? 그러자면 정글의 맹수처럼 처절하게 싸워야 할까? 나는 어느 정도 부자가 돼야 스스로 만족할까? 실제로 그 정도 부자가 되면 지금보다 훨씬 더 행복해질 수 있을까? 우리나라가 1인당 국내총생산GDP 4만 달러대 선진국이 되면 모두가 행복해질까? 돈을 충분히 많이 벌면 가난할 때는 누리지 못하던 행복도 살 수 있을까?

내 몸값을 높이는 투자는 과연 남는 장사일까?
그 답을 알아보려면 미래 소득흐름의 현재가치가
얼마나 늘어날지를 따져봐야 한다.
금리가 올라갈수록 월급쟁이의 몸값은 떨어진다.

26

내 몸값은 얼마일까?

인적자본 투자의 논리

우리 모두 자신의 보물을 찾아 전보다 더 나은 삶을 살아가는 것. 그게 연금술인 거지.

−파울로 코엘료, 『연금술사』에서

낙타가 바늘구멍을 지나는 것보다 더 어렵게 정글전자에 입사한 재규어 씨. 그는 자기 몸값이 얼마인지 궁금하다.

그는 몸값을 계산하기 위해 우선 30년 동안 해마다 5,000만원의 연봉을 받는다고 가정했다. 매년 연봉이 같고 30년 동안 회사에서 잘리지도 않을 거라고 보았다. 물론 이는 현실성이 떨어지는 가정이다. 그의 실제 연봉은 2,000만원부터 시작해 1억원에 이르기까지 들쭉날쭉할 것이다. 그가 한 일터에서 30년을 버틸 수 있을지도 의문이다.

하지만 미래는 어차피 불확실한 것이다. 지금 재규어 씨는 회사에 자신의 노동을 얼마에 판 것인지 얼추 따져보고 싶을 뿐이다. 그래서 계산이 너무 복잡해지지 않도록 최대한 단순화했다.

금리와 몸값

재규어 씨가 30년 동안 받을 몸값을 단순히 합하면 15억원이다. 하지만 이 돈은 지금 당장 손에 쥘 수 있는 돈이 아니다. 중요한 것은 이 돈의 현재가치다.

현재가치는 미래 현금흐름을 어떤 이자율로 할인하는 방식으로 구해야 한다. 재규어 씨는 그 할인율을 5%로 잡았다. 셈을 단순하게 하기 위해 연봉은 매년 연말에 받는다고 가정했다. 이 경우 그가 30년 동안 받을 연봉 총액의 현재가치는 7억6,862만원이다. 그가 노동의 대가로 해마다 5,000만원씩 30년 동안 받는 것이나 지금 한꺼번에 7억6,862만원을 받는 것은 차이가 없다는 뜻이다.

재규어 씨 연봉의 현재가치를 구하는 셈법을 좀 더 자세히 알아보자. 다음 그림에서 보듯이 그가 1년 후 받을 5,000만원의 현재가치는 5,000만원을 5%의 이율로 할인한 금액인 4,761만원이다.[1] 2년 후 받을 5,000만원을 연리 5%로 할인한 금액은 4,535만원이다.[2] 30년 후 받을 5,000만원의 현재가치는 1,156만원에 불과하다.[3] 이처럼 먼 미래에 받을 돈은 가까운 미래에 받을 돈보다 가치가 적다. 매년 받을 연봉의 현재가치를 구해 모두 더하면 7억6,862만원이 된다.

같은 계산을 서른 번이나 되풀이하지 않고 하나의 공식으로 해결할 수도 있다. 해마다 일정한 연봉을 30년 동안 받는 것은 일정한 액수의 연금을 30년간 지급받는 것과 다를 게 없다.

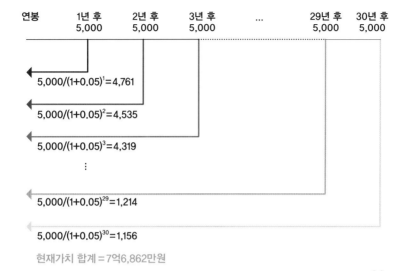

연봉	1년 후	2년 후	3년 후	...	29년 후	30년 후
	5,000	5,000	5,000		5,000	5,000

$5,000/(1+0.05)^1 = 4,761$

$5,000/(1+0.05)^2 = 4,535$

$5,000/(1+0.05)^3 = 4,319$

$\vdots$

$5,000/(1+0.05)^{29} = 1,214$

$5,000/(1+0.05)^{30} = 1,156$

현재가치 합계 = 7억 6,862만원

● ●
재규어 씨 연봉의 현재가치 (단위: 만원)

연금의 현재가치present value of annuity를 구하는 공식은 다음과 같다 (복잡한 수식만 보면 소름부터 돋는 카푸친 씨는 굳이 알고 싶어 하지 않겠지만, 연금의 현재가치를 구하는 식이 어떻게 나왔는지 유도과정을 보려면 주석을 참조하기 바란다).[4]

$$PVA_n = A \left[\frac{1 - \dfrac{1}{(1+i)^n}}{i} \right]$$

여기서 PVA_n는 n 기간 중 받을 연금의 현재가치를 모두 더한 값이며, A는 매 기간 말에 받을 일정한 연금액, i는 현재가치를 구하는 데 적용한 할인율이다. 이 공식에 대입해 재규어 씨 연봉의 현재가치를 구하면 다음과 같다.

$$5,000 \left[\frac{1 - \dfrac{1}{(1+0.05)^{30}}}{0.05} \right] = 5,000(15.372) = 7억6,862만원$$

재규어 씨가 적용한 할인율이 5%가 아니라 7%라면 그의 연봉의 현재가치는 다음과 같다.

$$5,000 \left[\frac{1 - \dfrac{1}{(1+0.07)^{30}}}{0.07} \right] = 5,000(12.409) = 6억2,045만원$$

할인율이 높아지면 현재가치가 줄어든다는 걸 볼 수 있다. 반대로 할인율이 3%로 낮아지면 현재가치는 늘어날 것이다.

$$5,000 \left[\frac{1 - \dfrac{1}{(1+0.03)^{30}}}{0.03} \right] = 5,000(19.6) = 9억8,002만원$$

위의 계산에서 보았듯이 시중 실세금리가 올라가 할인율이 높아질수록 미래소득의 현재가치로 가늠한 재규어 씨의 몸값은 떨어진다. 반대로 같은 연봉을 받더라도 금리가 떨어질 때는 그의 몸값이 올라간다.

아버지에게서 상속받은 10억원을 은행에 넣어두고 그 이자만 갖고 놀고먹는 피라냐 씨는 금리가 5%일 때 연 5,000만원의 이자 수입을 얻는다.[5] 이때 놀고먹는 피라냐 씨는 열심히 일해 5,000만원의 연봉을 받는 재규어 씨와 같은 생활수준을 유지할 수 있다. 하지만 금리가 3%로 떨어지면 피라냐 씨의 연 소득은 3,000만원으로 줄어든다. 5,000만원의 이자소득을 얻으려면 상속재산이 17억원쯤은 돼야 한다.[6] 이처럼 실세금리가 떨어질 때 월급쟁이의 몸값이 상대적으로 올라간다는 걸 알 수 있다.[7]

몸값을 올리는 투자는 남는 장사일까

재규어 씨는 좀 더 현실적인 가정을 바탕으로 몸값을 따져보려 한다. 연봉은 30년 동안 일정한 게 아니라 첫해 3,000만원으로 시작해 해마다 7%씩 인상된다고 보는 것이다.

이는 매 기간 일정한 비율로 늘어나는 연금의 현재가치[8]를 구하는 공식을 통해 간단히 계산해볼 수 있다. 공식은 다음과 같다(이 식의 유도과정을 풀어놓는 것은 카푸친 씨를 너무 심하게 고문하는 것이므로 여기서는 생략하자).

$$PVGA_n = \frac{A}{i-g}\left[1-\left(\frac{1+g}{1+i}\right)^n\right] = A\left[\frac{1-\left(\frac{1+g}{1+i}\right)^n}{i-g}\right]$$

여기서 A는 첫해 (연말에 받는) 연금액, g는 연금의 일정한 증가율 (성장률)이다. 이 식에 대입하면 30년 동안 매년 7%씩 늘어나는 재규어 씨 연봉의 현재가치는 11억원 남짓한 수준이다.

$$3{,}000 \left[\frac{1 - \left(\dfrac{1+0.07}{1+0.05} \right)^{30}}{0.05 - 0.07} \right] = 3{,}000\,(38.065) = 11억4{,}195만원$$

재규어 씨는 몇 년 동안 직장을 다니다 뜻한 바 있어 명문 정글대학원에서 새로운 지식을 충전하기로 했다. 정글경제학 석사 학위를 따면 몸값이 크게 뛸 것으로 기대했기 때문이다. 하지만 그에 따른 기회비용opportunity cost(어떤 선택을 하려면 포기해야 하는 차선의 대안에서 얻을 수 있는 이득)[9]도 적지 않다. 2년 동안 일을 중단하고 등록금도 내야 하기 때문이다.

재규어 씨는 한 해 4,000만원씩 2년 치 연봉을 포기해야 한다. 등록금은 한 해 1,500만원씩 들어간다. 연봉은 연말에 받고, 등록금은 연초에 낸다고 하자. 학위를 마치면 연봉은 5,200만원으로 뛴다. 그는 졸업 후 25년을 더 일할 수 있다.

그의 투자는 과연 남는 장사일까? 주먹구구 셈법으로 알아보자. 학위를 따는 데 들어가는 비용(포기한 연봉과 등록금의 현재가치)을 학위를 따서 얻을 이익(늘어난 연봉의 현재가치)과 비교해보면 된다. 할인율은 5%를 적용한다.

(1) 등록금의 현재가치 1,500만원+1,500만원/(1+0.05)=2,928만원

(2) 포기한 연봉의 현재가치

　　[4,000만원/(1+0.05)]+[4,000만원/(1+0.05)^2]=7,437만원

(3) 학위 취득 비용의 현재가치 (1)+(2)=1억365만원

(4) 학위 취득 후 늘어난 연봉의 현재가치

(4.a) 2년 후 시점의 가치: $1,200 \left[\dfrac{1 - \dfrac{1}{(1+0.05)^{25}}}{0.05} \right] = 1억6,912만원$

(4.b) 현재 시점의 가치: $1억6,912만원/(1+0.05)^2 = 1억5,339만원$

(5) MBA 학위의 순현재가치net present value, NPV: (4.b)−(3) = 4,974만원

결론적으로 재규어 씨의 투자는 남는 장사다. 물론 이는 너무 단순한 셈법이다. 연봉이 늘어난 게 반드시 학위 덕분인지, 이 셈법에 포함되지 않은 직간접적인, 그리고 유무형의 비용과 수익은 얼마나 되는지를 잘 따져봐야 한다.

대학교육의 손익계산서

이제 보다 근본적인 문제를 짚어보자. 대학교육 투자의 손익계산서를 만들어보는 것이다. 먼저 각국 대학교육 실태를 분석한 2011년 경제협력개발기구OECD 보고서[10]를 살펴보자.

2009년 한국의 25~34세 연령층 인구 중 고등학교 교육[11]을 받은 이는 98%에 이른다. OECD 34개 회원국 중 단연 으뜸이다. 이들보다 한 세대 앞선 55~64세 연령층의 고졸자가 43%에 그친 것에 비하면 놀라운 발전이다. 25~34세 인구 중 대학교육을[12] 받은 이는 63%로 역시 최고 수준이다. OECD 평균(37%)의 1.7배에 이른다. 2008년 25~64세 인구 중 일반 대학 졸업자[13]들은 고졸자들보다 평균 43% 많은 소득을 올렸다.

연령대별로 대졸 프리미엄은 큰 차이를 보인다. 25~34세 젊은 세대

의 대졸 프리미엄은 30%에 그친다. 이에 비해 한 세대 앞선 55~64세 연령층의 대졸 프리미엄은 61%나 된다. 이는 무엇보다 젊은 세대일수록 대졸 인력의 공급이 많기 때문이다. 50대 후반과 60대 초반의 대졸자 비율은 13%에 불과하다. 20대 후반과 30대 초반의 대졸자 비율(63%)의 5분의 1 수준이다. 10명 중 6명이 대학을 졸업한 요즘 세대에서 대졸자의 경쟁우위나 대학졸업장의 신호효과가 예전 같지 않은 건 당연한 일이다.

OECD는 대학 교육 투자의 수익과 비용을 따져 얼마나 남는 장사인지 계산해보았다. 계산 방식은 재규어 씨의 MBA 손익 분석 때와 기본적으로 같다. 대학 교육 덕분에 늘어날 소득과 고용가능성 증대효과를 계산하고 여기에서 대학 교육에 들어갈 직간접적인 비용을 빼는 방식으로 대학 교육의 순현재가치를 구하는 방식이다.

OECD 셈법에 따르면 한국 남성이 기대할 수 있는 대학 교육의 순현재가치는 2007년 기준으로 30만 달러에 이른다. 우리 돈으로 3억 3,000만원 남짓한 것이다.[14] 이는 OECD 평균(17만5,067달러)보다 71%나 많은 수준이다. 남성만 보면 OECD 34개 회원국 가운데 한국보다 대학 교육의 순현재가치가 높은 나라는 포르투갈(37만3,851달러), 미국(32만3,808달러), 이탈리아(31만1,966달러) 세 나라밖에 없다. 덴마크(5만5,946달러), 스웨덴(6만2,481달러), 노르웨이(9만2,320달러) 같은 북유럽 나라들은 적어도 개인적인 차원에서는 대학 교육 투자가 그다지 많이 남는 장사가 아니었다.

다음 표에서 보듯이 한국의 남성 대졸자들은 OECD 평균에 비해 훨씬 많은 소득증가 효과를 기대할 수 있다. 대학 졸업에 필요한 직접

비용은 많지만 학업 중 포기해야 할 소득(기회비용)이 비교적 적고 대졸자들의 소득세와 사회보장기여금 부담 증가도 더 적다.

	OECD 평균	한국
총소득 증가	338,508	438,338
고용가능성 증대효과	13,210	12,156
직접비용(학비)	-10,746	-19,846
기회비용(포기한 소득)	-40,479	-32,639
소득세	-97,209	-77,162
사회보장기여금	-31,947	-19,979
기타(보조금 등)	3,730	-
대학 교육의 순현재가치(NPV)	175,067	300,868

••
남성의 대학 교육 투자 손익계산서 (단위: 달러)

대학 교육에 들어간 비용과 투자 효과를 비교하면 수익률[15]은 연 13.6%에 이른다. 이는 OECD 평균(12.4%)보다 높은 수준이다. 한국 여성이 기대할 수 있는 대학 교육의 순현재가치는 19만77달러로 남성에 비해 훨씬 적다. 그러나 OECD 각국 여성들의 평균(11만7달러)보다는 높은 수준이다. 물론 이런 숫자를 절대적으로 믿을 수는 없다. OECD가 쓴 것과 같은 셈법은 대학 교육의 진정한 가치를 가늠하는 데 한계가 있기 때문이다. 우리가 대학 교육에서 얻을 수 있는 건 소득이나 고용가능성 증대효과뿐만이 아니다. 진리 탐구의 기쁨을 비롯해 화폐가치로 따지기 어려운 여러 가지 효과를 얻을 수 있으나 이런 것들은 위의 손익계산서에서 빠져 있다.

대학 졸업자의 소득증가 효과는 평균적인 수준만 보여줄 뿐 개인적인 특성은 모두 무시됐다. OECD는 또한 현재의 학력별 소득 격차를 바탕으로 대졸자의 소득 증대효과를 추정했는데 미래에 기술과 경제적, 사회적 환경이 급격히 바뀌면 대졸 프리미엄도 크게 달라질 수 있다.

OECD는 현재가치를 계산할 때 모든 나라에 똑같이 3%의 할인율을 적용했는데 이 할인율이 적정한 수준인지에 대해서도 의문을 가질 수 있다. 2007년 OECD 회원국들의 장기국채 수익률은 평균 4.8%였다. 각국 중앙은행들이 인플레이션을 2% 이하로 안정시킬 수 있다면 실질이자율을 대략 3% 정도로 잡고 이를 할인율로 삼아도 무리가 없으리라는 게 OECD의 판단이었다.

또한 OECD는 결정적인 변수 하나를 간과했다. OECD 분석에는 대입 사교육비가 빠져 있다. 어느 나라보다 사교육 광풍이 거센 한국의 대학교육비 총액은 OECD가 계산한 것보다 훨씬 많다고 봐야 할 것이다. 그렇다면 한국의 대학 교육이 다른 나라에 비해 더 수지맞는 장사라는 결론도 곧이곧대로 믿을 수 없다.

지식일꾼이 되려는 카푸친 씨

지식은 인적자본human capital의 가장 중요한 요소 중 하나다. 인적자본이라는 말은 1964년 게리 베커Gary Becker 당시 컬럼비아대 교수(현재 시카고대 교수)가 『인적자본: 특히 교육에 관한 이론적, 경험적 분석』이라는 책[16]을 발간한 후 회자되기 시작했다.

그가 1992년 노벨경제학상을 탄 후에는 일반인들에게도 널리 쓰이는 말이 됐다. 이제 지식과 창의력, 신뢰, 건강, 사회적 네트워킹 능력을 비롯해 개인의 생산성과 몸값을 높이는 인적자본 투자의 중요성은 누구나 이해하고 있다.

중요한 것은 학위가 아니라 정글경제를 살아가는 데 도움이 되는 가치 있는 지식으로 무장하고 생각의 힘을 기르는 일이다. 미래학자 앨빈 토플러Alvin Toffler가 옵솔리지obsoledge[17]라고 일컬은 쓸모없는 구닥다리 지식만 쌓는 건 아까운 시간과 돈을 버리는 행위다. 학력 인플레이션 때문에 학위가 주는 신호효과도 떨어진다.

카푸친 씨는 임금노동자의 비애를 느끼지 않는 지식일꾼이 되려 한다. 지식기반경제knowledge-based economy의 핵심적인 자본이 지식이라면 지식일꾼 카푸친 씨는 노동자인 동시에 자본가일 수도 있다. 하지만 카푸친 씨의 인적자본 투자전략은 많은 리스크를 안고 있다. 문제는 짙은 안개 속에 숨어 있는 미래에 어떤 지식이 가장 비싸게 팔릴지 알기 어렵다는 데 있다. 이는 다음 장에서 살펴볼 주제다.

전공과 직업을 선택하는 것은
우리의 일생을 좌우할 가장 중요한 투자 의사결정 가운데 하나다.
오늘의 인기 직종이 내일 사라져버릴 수 있다.
금융자산의 리스크와 달리 커리어 리스크는
분산하거나 팔아버리기 어렵다.

27

내 직업의 미래는
어떤 모습일까?

잡 쇼크와 커리어 리스크

지식은 가장 민주적인 권력의 원천이다.
−앨빈 토플러, 「권력이동」에서

"가장 훌륭한 인공위성도 테러리스트의 마음까지 꿰뚫어볼 수는 없다. 최고의 위성도 사담 후세인의 속내까지 드러내지는 못한다."

『전쟁과 반전War and Anti-war』을 쓴 앨빈 토플러는 미국이 후세인의 권부 안에 단 한 사람의 스파이라도 심어놓았더라면 역사가 달라졌을 거라고 말한다. 미국은 최첨단 첩보위성을 비롯한 여러 가지 정찰 기술을 통해 이라크 군대가 쿠웨이트 접경에 집결하는 것을 눈치챘지만 이를 단순히 후세인의 협박일 뿐이라고 판단하고 무시해버렸다. 후세인의 진의를 알아챌 수 있는 대인對人 정보가 없었기 때문에 오판을 한 것이다.

스파이의 미래는 있나

토플러는 정보기술이 아무리 발달해도 휴민트humint,[18] 즉 사람이 직접 수행하는 첩보활동의 중요성은 여전하다고 본다. 스파이라는 직업은 미래에도 살아남을 것이다. 물론 정보혁명으로 스파이가 일하는 방식은 크게 달라지고 새로운 기술과 시장의 변화에 적응하지 못하는 스파이는 바로 도태될 수밖에 없겠지만.

직업인으로서 미래에 불안을 느끼는 건 스파이들뿐만이 아니다. 정글경제를 살아가는 이들은 누구나 자기가 선택한 직업의 미래를 걱정한다. 비약적인 기술혁신이 이뤄지면서 자기가 몸담은 산업이나 직종이 아예 사라져버리는 건 아닌지 불안해 하기도 하고, 그 산업이나 직종의 수요와 공급 상황이 급격히 바뀌면서 미래 소득 흐름이 불안정해지지는 않을까 염려하기도 한다.

인적자본에 대한 투자를 연구하는 경제학자들은 오래전부터 개인들의 커리어 선택에 따르는 리스크career risk에 주목했다. 이들은 특히 대학 전공학과 선택과 커리어 리스크의 관계에 관한 흥미로운 연구 결과들을 내놓고 있다.

대학 교육을 받는 것은 한 사람의 생애에서 가장 중요한 투자 가운데 하나다. 장래 수익을 기대하고 금융자산을 사들이는 것처럼 교육도 미래 소득을 창출하기 위한 투자로 이해할 수 있다. 하지만 교육은 금융자산과 달리 잘게 쪼갤 수도 없고 남에게 쉽게 팔아치울 수도 없다.[19] 따라서 교육 투자의 리스크를 분석할 때에는 커리어마다 다른 특유의 리스크[20]에 주목해야 한다.

우리는 5장에서 리스크의 기본적인 개념에 대해서 알아봤다. 일반적으로 어떤 자산의 리스크는 그 자산 가격의 변동성으로 가늠한다. 커리어 리스크는 장래 근로소득의 변동성을 의미한다. 사람들은 어떤 커리어를 선택할 때 리스크에 상응하는 프리미엄[21]을 요구한다. 어떤 직종의 소득흐름이 들쭉날쭉 불안정할수록 다른 직종보다 더 많은 소득을 얻을 수 있어야 그 직종을 택한다는 뜻이다.

일반적으로 가난한 이들보다 부자들이 더 적은 리스크 프리미엄을 요구할 것이다. 교육에 많은 돈을 쏟아 부었다가 불안정한 소득흐름으로 낭패를 당하지 않을까 겁내는 것은 모두가 마찬가지겠지만 부자들보다 가난한 이들이 더 겁을 많이 낼 것이다.

부가 쌓일수록 리스크가 큰 일을 택할까

2005년 하버드대 레이본 삭스Raven Saks와 펜실베이니아대 와튼스쿨 스티븐 쇼어Stephen Shore는 실증연구를 통해 부자일수록 리스크가 큰 직종을 선택하는 경향이 있다는 사실을 보여줬다.[22] 삭스와 쇼어는 먼저 1968~1993년 직종별 임금 통계를 바탕으로 컴퓨터, 엔지니어링, 교육, 의료 업종의 소득흐름이 세일즈, 경영관리, 엔터테인먼트 업종보다 안정적이라는 점을 밝혔다. 근로소득이 얼마나 들쭉날쭉한지만 보면 예술가나 연예인, 사업가, 세일즈맨은 리스크가 큰 직업이고, 컴퓨터 기술자나 엔지니어, 교사, 의사나 간호사는 상대적으로 안정된 직업이라는 뜻이다.

두 사람은 이어 어떤 학생(가족)이 평생 모을 수 있는 부富[23]의 크기가 커리어 선택에 어떤 영향을 미치는지를 보여준다. 이들은 어떤 학생

(가족)의 부가 갑절이 되면 그 학생이 커리어 리스크가 적은 교육 관련 학과 대신 리스크가 큰 비즈니스 학과를 택할 가능성이 약 20% 커지는 것으로 추정했다.

다음의 그래프는 이런 연구 결과를 종합한 것이다. 세로축은 직종별 소득흐름의 변동성으로 가늠한 커리어 리스크를 나타낸다. 가로축은 부가 늘어날 때 해당 전공을 선택할 확률을 나타낸다.

전체적으로 그래프가 오른쪽 위로 올라가는 모습을 보이는 것은 개인의 부가 늘어날수록 소득 변동 리스크가 큰 직종을 택할 가능성이 높아진다는 걸 뜻한다.

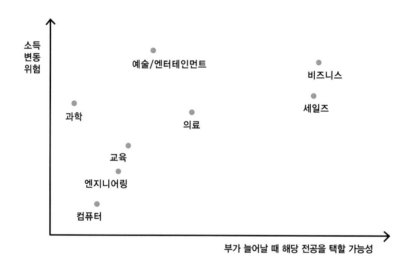

부자일수록 리스크 높은 직업을 택할까
(Saks and Shore, 2005)

그렇다면 이 연구 결과의 정책적 시사점은 뭘까? 삭스와 쇼어는 가난한 학생들이 리스크가 높은 인적자본 투자를 꺼리는 것은 바람직한 현상이 아니라고 보았다. 그 투자의 기대수익이 높은데도 높은 리스크 때문에 투자를 꺼린다면 심각한 문제다. 그러므로 (인적자본 투자의 개인적인 기대수익이 클수록 사회적인 기대수익도 커지는 한) 정부가 가난한 학생들에게 더 많은 보조금을 줄 필요가 있다고 주장한다.

이들은 금융 지원과 함께 상속세, 누진적 소득세를 포함한 재분배 정책을 설계할 때 부가 커리어 선택에 미치는 영향을 고려해야 한다고 주장한다. 로버트 실러 예일대 교수는 새로운 사회보험을 제안한다. 개인이 미래소득의 불확실성에 대비할 수 있도록 하는 생계보험livelihood insurance을 만들자는 것이다.

예를 들어 바이올린 연주자가 되는 게 꿈인 가난한 소녀가 있다고 하자. 최고의 연주자가 되지 못할 경우 오랫동안 굶주려야 하는 이 직종의 특성을 생각하면 이 소녀는 꿈을 버릴 가능성이 크다. 좋아하지는 않지만 더 안정적인 직업을 택하는 것이다.

특수한 생명과학 분야를 파고들고 싶어도 10년, 20년 후 이 분야 전문가에 대한 수요가 얼마나 될지 너무나 불확실해 고민하는 과학도도 있을 것이다. 그가 커리어 리스크 때문에 가장 하고 싶어 하고 가장 잘할 수 있는 전공을 포기한다면 사회적으로도 효율적인 자원배분에 실패하게 된다. 가난한 바이올린 연주자나 개척정신이 강한 과학자가 두려워하는 소득 변동 위험을 금융시장을 통해 광범위하게 분산시키자는 게 실러의 아이디어다.

신이 내린 직장

우리나라에서 상대적으로 안정적인 고소득을 얻을 수 있는 직종은 무엇일까? 이 물음에 답하려면 삭스와 쇼어의 연구와 같은 매우 광범위하고 정밀한 실증분석이 이뤄져야 한다. 그러므로 여기서는 직종별 소득수준과 안정성을 대략적으로만 살펴보자.

다음의 그래프는 업종별로 시간당 평균 급여와 근속 연수를 보여준다. 근속 연수가 길수록 안정적인 직종이라고 봐도 크게 틀리지 않을 것이다.

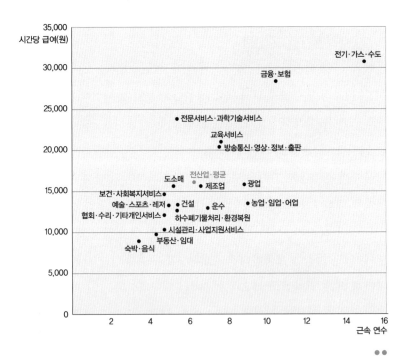

••
직종별 근속 연수와 시간당 급여 수준

여기서 업종별 시간당 급여는 상용근로자 5인 이상 사업체의 2010년 월 평균 총 급여를 총 근로시간으로 나눈 값이다.[24] 근속 연수는 근로자 80만 명을 상대로 한 고용 형태별 근로실태 조사에서 나온 숫자다. 근속 연수는 평균 재직 기간을 뜻한다.[25]

그래프를 보면 전기·가스·수도, 금융·보험, 교육, 방송통신·영상·정보·출판 관련 산업의 급여 수준이 전체 산업 평균을 웃돌고 근속기간도 길다. 과학기술·전문서비스는 급여는 높지만 근속 연수는 평균보다 적다. 하지만 이는 업종 별로 뭉뚱그린 평균치일 뿐이다. 같은 업종 안에도 급여 수준과 안정성이 천지 차이인 온갖 직업이 섞여 있다. 같은 직종이라도 개인 별 성과에 따라 소득 수준과 커리어 리스크는 엄청나게 달라질 것이다.

시대를 초월한 신이 내린 직장은 어디에도 없다. 지금은 가장 안정적인 고소득을 누리지만 국가면허제도와 같은 진입장벽이 무너지거나 강력한 노동조합 같은 보호막이 사라지는 바람에 인기가 추락하는 곳도 많을 것이다. 새로운 기술과 라이프스타일이 나타나면서 쓸모가 없어지거나 후발 개도국의 추격으로 글로벌 경쟁력을 잃는 바람에 수익성과 안정성이 격감하는 직종도 숱할 것이다. 장기적인 안목으로 기술과 산업의 사이클을 생각하지 않고 당장 인기 절정인 직종에만 몰려가는 것은 자칫 거품만 잔뜩 낀 주식을 가장 비싼 값에 사들이는 것과 같은 꼴이 될 수 있다.

미래에는 어떤 직업이 뜰까

커리어 리스크가 두려울수록 미래에 어떤 직업이 뜨고 질지 알고자 하는 욕망도 강해진다. 직업의 트렌드를 좇는 전문가와 미래학자들이 숱한 예측을 내놓고 있지만 어느 것도 확실한 건 없다.

2006년 『포브스』지는 멀지 않은 장래에 사라질 직업 열 가지를 꼽았다. 모두가 디지털 화폐digital money를 쓰는 시대에 슈퍼마켓 계산대나 고속도로 톨게이트, 은행 창구에서 종이돈과 동전을 세는 이들은 사라질 것이다. 200여 년 동안 쌓아온 영국 브리태니커Britannica의 아성이 마이크로소프트의 CD 한 장에 어이없이 무너진 걸 보면 오프라인 백과사전 편찬자의 미래는 어두워 보인다. 이제는 그 CD의 자리가 위태롭다. 음악CD 가게 매니저가 일자리를 잃고 필름 인화 기술자를 찾는 이들이 없어지리라는 건 누구나 예상할 수 있다. 『포브스』는 전통적인 노동조합 조직자의 미래도 밝지 않다고 보았다(이 대목은 논란이 있을 수 있겠다).

광부는 바이오마이닝biomining 기술 때문에, 건설노동자는 3차원 프린팅3D printing 건축기술 때문에 설 자리를 잃는다. 콜센터 직원은 컴퓨터에 일자리를 빼앗기고, 전투기 조종사는 로봇에 자리를 내줄 것이다. 새로운 에너지원이 나타나면서 석유 탐사업자도 역사 속으로 사라질 것이다. 그렇다면 유망직종은 무엇일까? 이 잡지는 다음과 같은 직종이 뜰 것으로 보았다.

- 유전자 검사원(기업들은 DNA 검사로 약물을 남용하거나 생산성

을 해치는 성향을 지닌 직원을 걸러낸다.)

- 방역 집행인(신종 전염병 확산을 막기 위한 공권력이 필요하다.)
- 침수도시 전문가(기후변화로 많은 도시가 물속에 잠긴다.)
- 텔레포트 전문가(자동차가 사라지고 순간이동이 가능해지면 이 분야 전문가가 뜰 것이다. 하지만 이 전망은 아직 믿기 어렵다.)
- 로봇 수리 전문가(로봇이 어느 정도 인격을 지닌다면 치료 전문가 라는 표현이 더 맞을 수도 있겠다.)
- 동물 후견인(동물의 법적 권익을 지킨다.)
- 비행선 조종사(활주로가 필요 없는 비행선은 저개발국에서 인기 를 끈다.)
- 할리우드 홀로그래퍼[26](홈 시어터가 흉내내지 못하는 영상을 제 공한다.)
- 우주여행 가이드
- 수소연료 충전소 매니저

2010년 초 영국 『가디언』지는 다음과 같은 분야의 전문직을 10년 후 유망한 직업으로 꼽았다.

- 환경과 기후변화, 재생에너지: 수소와 핵 연료
- 새로운 제조기술: 메카트로닉스mechatronics, 메탈 스킨metal skin
- 증강현실augmented reality[27]: 가상빌딩 건축, 아바타 디자인
- 로봇과 인공지능
- 비즈니스 개선

- 나노와 바이오기술
- 사회서비스: 간호사, 돌보미
- 교육
- 식량: 유전자기술을 이용하는 농업

기계에 밀려날 지식경제의 노마드

미래에 어떤 직업이 뜨고 질지를 가늠하려면 무엇보다 인구 구조와 기술이 어떻게 바뀔지, 지구촌을 하나의 시장으로 만든 세계화globalization가 어떤 변화를 불러올지를 살펴야 한다. 특히 기술변화에 주목해야 한다. 정보기술은 동시통역사의 일자리를 뺏을 수도 있고 로봇과 인공지능기술이 외과수술 전문의의 일을 대신할 수도 있다. 외국어 통역사도 대부분 컴퓨터와 로봇에 자리를 비켜줘야 할 것이다.

하지만 정보혁명 시대에도 스파이가 살아남듯이 시대가 바뀌고 기술이 변해도 오랫동안 살아남을 직업도 많을 것이다. 『포브스』는 정치인, 매춘부, 장의사, 세무원, 이미용사, 예술가, 종교지도자, 범죄자, 부모, 군인은 먼 미래에도 사라지지 않을 것이라고 보았다. 『가디언』은 법률가, 정치인, 작가, 예술가와 엔터테이너, 장의사, 매춘부, 세무원, 종교지도자가 오랫동안 살아남을 것으로 내다봤다.

중요한 건 일의 형태나 방식보다 노동과 업業의 본질이다. 미국의 경제학자 로버트 하일브로너Robert Heilbroner는 "우리는 지난 200여 년 동안 기계가 빼앗아가버린 일자리를 떠나 그 기계가 창출한 다른 일자리를 찾아 헤매는 거대한 이동을 목격할 것"이라고 밝혔다.

사회사상가인 제러미 리프킨Jeremy Rifkin은 산업화 사회는 노예노동의 종말을 이끌었고 접속의 시대Age of Access는 대량 임금노동을 끝낼 것으로 보았다. 그의 물음은 섬뜩하기까지 하다.

"자동화되는 세계경제 속에서 전혀 쓸모가 없는 수많은 젊은이를 어떻게 할 것인가?"

확실한 건 아무것도 없다. 그러나 카푸친 씨는 미래의 충격을 두려워하며 움츠러들기만 해서는 안 된다. 똑똑한 기계들에 일자리를 내주더라도 언제든 새로운 터전을 찾아갈 수 있는 지적 유목민(노마드)이 돼야 한다.

카푸친 씨가 지식경제의 변화를 즐길 수 있으려면 어떤 능력을 갖춰야 할까? 미국 싱크탱크 랜드RAND Corporation는 다음의 네 가지 능력이 가장 중요하다고 밝혔다.

- 추상적인 추론abstract reasoning
- 문제 해결problem solving
- 커뮤니케이션communication
- 협업collaboration

아름다움은 자본인가?
우리는 사람의 아름다움에 값을 매길 수 있을까?
사회가 부유해질수록 개인의 매력은 더욱 비싸게 팔릴까?
스스로 아름다워지기 위한 투자는 얼마나 해야 할까?

28
내 아름다움에 투자할까?
에로틱 캐피털의 가치

나는 세상만사를 다 잊은 채 그녀의 날씬한 몸매며, 가느다란 목과 예쁜 손,
반쯤 감긴 영리해 보이는 눈과 갸름한 두 볼을 뚫어지게 바라보았다.
—이반 세르게예비치 투르게네프 Ivan Sergeevich Turgenev, 「첫사랑」에서

"아름다움은 얼굴에 있지 않다. 그것은 마음속의 빛이다."

20세기 초 산문시집 『예언자』를 쓴 칼릴 지브란Khalil Gibran은 이렇
게 말했다. 하지만 21세기 사회는 내면의 아름다움만을 추구하지 않
는다. 오늘날 사람들은 그 어느 때보다 더 열정적으로 겉으로 드러나
는 아름다움을 좇고 있다. 조금이라도 더 아름답게 보이려고 때로는
자신과 처절한 싸움을 벌이기도 한다.

아름다움에 대한 열망은 인간의 본성이다. 그것은 예나 지금이나 다
르지 않다. 하지만 얼굴과 몸매, 옷차림과 몸짓, 말의 맵시에서 드러나
는 매력은 오늘날 그 어느 때보다 비싼 값에 팔리고 있다. 권력과 재력

을 가진 소수가 아니라 온 대중이 스스로를 아름답게 가꾸기 위해 지금처럼 많은 시간과 돈과 에너지를 쏟아 부은 적은 일찍이 없었다. 우리의 이 열광적인 투자는 과연 어떤 열매를 맺을 수 있을까?

아름다움에 허기지다

사람들은 아름다워지려는 욕망을 안고 참으로 많은 고통을 감내해야 했다. 우아해지고 싶은, 또는 우아해져야 한다고 믿는 여성들은 코르셋으로 허리를 거의 실신할 지경까지 조르기도 하고, 터무니없이 작은 신발로 두 발의 자연스러운 성장을 막기도 했다. 어떤 이들은 더 무모한 행동도 서슴지 않았다. 아름다운 피부를 만들기 위해 비소를 삼키기도 하고 잘록한 허리를 위해 아예 갈비뼈를 제거하기도 했다.

전통과 관습의 굴레에서 풀려난 현대인들도 여전히 아름다워지기 위한 고통을 참아내야 한다. 얼굴 모양을 예쁘게 고치려고 전신마취 상태에서 길게는 8시간 동안 위아래 턱을 모두 깎아내는 양악兩顎수술을 감행하기도 한다. 날씬한 몸매를 유지하려는 걸그룹 멤버는 양배추와 물만 먹으며 이를 악물고 혹독한 다이어트를 견디기도 한다. 예전과 달라진 게 있다면 지체 높은 귀부인들뿐만 아니라 계층과 남녀의 구분 없이 모두가 그 고통을 감내하고 있다는 점이다. 많은 사람이 그래야 한다는 강박관념을 갖고 그럴 수밖에 없다며 순응하고 산다.

아름다움을 가꾸는 경쟁에서 승리한 이들에 대한 시장의 보상은 어느 때보다 커졌다. 이는 경쟁에서 탈락한 이들에 대한 처벌이 어느 때보다 가혹하다는 것과 같은 이야기다. 이제 보통 사람들도 소득수준이 높아진 만큼 얼굴과 몸매를 가꿀 수 있는 경제적, 시간적 여유를 갖게 됐다. 과학기술이 발전하면서 화장과 성형도 옛날에 비해 덜 위험한 방법으로, 더 만족스럽게 할 수 있게 됐다. 또한 미디어의 영향으로 누구나 여신상 같은 몸매를 갖고 싶어 하게 됐다. 아름다움에 대한 기대수준과 구매력이 높아짐에 따라 고급 화장품과 미용성형은 일부 상류층의 전유물[28]에서 대중적인 소비재로 바뀌고 있다.

세계에서 가장 큰 뷰티제국인 프랑스 로레알L'Oreal의 매출액은 1990년대 초까지만 해도 50억 유로에 그쳤다. 그러나 2010년 이 회사의 매출액은 그 네 배인 195억 유로에 이르렀다. 영업이익만 30억 유로에 달했다. 2010년 말 이 회사 주식시가 총액은 500억 유로에 이르렀다. 우리 돈으로 77조원이다.

신흥국 중산층이 빠르게 늘어날수록 '모두에게 아름다움을'을 슬로건으로 내건 뷰티제국의 영토 확장도 가속도가 붙는다. 2010년 아시아와 남미시장에서 로레알의 화장품 매출 증가율은 11%와 17%로, 서유럽(1%)이나 북미시장(4%)의 성장률보다 훨씬 높았다. 중국 법인은 매출이 10억 유로에 이르러 로레알 자회사 중 세 번째로 큰 회사가 됐다.

세계 시장에서 화장품, 미용성형, 다이어트, 헬스용품을 비롯해 아름다움에 대한 욕망을 부추기는 상품이 한 해 몇천억 달러나 팔리는지 정확히 알기는 어렵다. 분명한 것은 아름다워지려는 사람들의 열망이 사라지지 않는 한 이 시장은 끊임없이 커지리라는 점이다.

기업들은 모든 사람에게 아름다워질 수 있다는 믿음과 환상을 심어주려 한다. 이런 기업들의 설득이나 속임수에 따라 뷰티 상품에 대한 수요는 끊임없이 늘어날 것이다. 실제로 화장품업체는 광고와 판매촉진을 위해 엄청난 자원을 투입한다. 2010년 로레알은 연구개발비로 매출액의 3%를 썼지만 광고판촉 비용으로는 30%를 쏟아 부었다.

성형사회

잠시 미국으로 눈을 돌려보자. 미국은 자유시장 자본주의의 모든 혁신과 기현상을 보여준다. 이 나라의 미용성형 시장은 현대 자본주의 사회에서 인공적인 아름다움이 어떻게 제조되고 상품으로 거래되는지를 보여주는 흥미로운 사례다.

미국 미용성형외과협회ASAPS에 따르면 미국에서는 2010년 한 해 동안 모두 933만 건의 미용성형 수술과 시술이 이뤄졌다.[29] 이 협회가 통계를 내기 시작한 1997년에 비해 155% 늘어난 것이다. 성형수술을 한 이는 162만 명이나 된다. 수술 건수는 한 해 전에 비해 9% 가까이 늘었는데, 협회 관계자는 "경제와 고용시장 불확실성 때문에 미뤄놓았던 수술이 실제로 이뤄졌기 때문"이라고 설명했다. 그는 "경기침체가 완화되고 베이비붐 세대와 그 자녀들이 미용성형 수술과 시술을 고려하기 시작함에 따라 수요는 계속 늘어날 것 같다"고 밝혔다. 미국인들이 한 해 동안 미용을 위한 성형수술과 시술을 위해 쓴 돈은 모두 107억 달러에 이른다. 우리 돈으로 12조원이 넘는다. 이 가운데 66억 달러가 수술에 들어간 돈이다.

미국인들이 가장 많이 한 수술은 가슴을 더 크게 만드는 것이었다. 한 해 동안 31만 명이나 이 수술을 받았다. 그다음으로는 지방흡입술

(28만 명), 눈꺼풀 수술(15만 명), 복부 지방과 피부 절제술(14만 명), 가슴 크기를 줄이는 수술(13만 명), 얼굴을 고치는 수술(12만 명) 순이었다. 수술이 아닌 간단한 시술은 771만 건이나 이뤄졌다.[30] 가장 흔한 시술은 주름을 없애주는 보톡스 주사(243만 건)나 히알루론산 주사(143만 건), 레이저 제모(93만 건), 레이저 피부관리 시술(56만 건), 화학약품을 이용한 박피술(49만 건) 순이었다.

35~50세 중년층(44%)이 성형수술과 시술을 받는 데 가장 적극적이었고 51~64세(28%), 19~35세(20%)도 많았다. 이들 중 92%는 여성이었다. 이 협회에 따르면 미국인 가운데 절반은 성형수술을 하는 것도 괜찮다고 생각하고 있다. 연간 소득이 7만5,000달러를 넘는 여유 있는 계층에서 성형수술에 대한 찬성률(56%)이 가장 높았다. 또한 미국인의 3분의 2는 자신이 성형수술을 한다면 그 사실을 친구나 가족이 알더라도 부끄러워하지 않을 것이라고 답했다. 지금 또는 앞으로 자신이 성형수술을 고려할 것이냐는 물음에는 아직 결혼하지 않은 이들의 경우 33%가 그렇다고 답한 데 비해 이미 결혼을 해 품절남녀가 된 이들은 27%가 그렇다고 답했다.

한국은 어떨까? 국제미용성형외과협회ISAPS는 2009년 한국의 성형외과 전문의가 1,277명에 이를 것으로 추산했다. 이는 미국(5,700명), 중국(4,250명), 브라질(3,824명), 인도(2,000명), 멕시코(1,518명), 일본(1,438명)에 이어 세계에서 일곱 번째로 많은 숫자다. 인구수에 비하면 단연 세계 최고 수준이다(대한성형외과의사회는 그 해 국내 성형외과 전문의가 1,611명에 이르는 것으로 집계했다. 2011년에는 1,800명에 가까운 것으로 추산된다. 그렇다면 한국의 성형 전문의는 세계에서 다섯 번째로 많다. 하지만 여기서는 국제 비교를 위해 ISAPS 통계를 쓴다).

ISAPS에 따르면 2009년 한국에서 이뤄진 미용성형은 65만9,213건으로 세계에서 일곱 번째로 많았다. 인구수에 비하면 역시 세계 최고 수준이다. 이 가운데 수술은 36만5,145건, 수술이 아닌 시술은 29만4,068건이었다. 보톡스 시술(9만1,931건)이 가장 많았고 그다음으로는 가슴 확대 수술(6만6,864건), 지방흡입 수술(6만3,901건), 레이저 제모 시술(5만6,073건), 히알루론산 주사(5만2,919건), 눈꺼풀 수술(5만2,651건), 코 성형 수술(2만9,282건), 복부지방 절제 수술(2만7,813건), 가슴을 들어올리는 수술(2만3,152건), 가슴을 줄이는 수술(2만394건), 자가지방 이식 시술(2만228건), 얼굴 성형 수술(1만7,022건) 순이었다.

과거에는 눈, 코 성형이 대종을 이뤘으나 요즘은 몸매를 아름답게 바꾸려는 성형이 크게 늘고 있다. 성형외과는 서울 강남에 밀집해 있다. 지역별, 계층별 소득과 부의 격차는 성형시장에도 그대로 반영되고 있다.

가장 억울한 차별

누구나 얼굴과 몸매를 아름답게 가꿔야 한다는 것은 현대 자본주의사회의 지배 이데올로기가 됐다. 존재하는 모든 것에 값을 매기는 시장에서는 누가 그런 이데올로기를 더 충실하게 따르는지 냉혹하게 평가한다.

미추美醜의 차별이 가장 극심한 곳은 결혼시장과 노동시장이다. 경제학자인 대니얼 해머메시Daniel Hamermesh 텍사스대 교수와 제프 비들Jeff Biddle 미시건주립대 교수는 1990년대 초 사람들의 외모와 소득의

상관관계에 관한 고전적인 논문을 발표했다.[31]

이들은 먼저 "개인적인 아름다움은 어떤 추천서보다 낫다"는 아리스토텔레스의 말을 상기시키면서 미국과 캐나다 노동시장을 분석했다. 분석 결과 다른 조건이 같다면 못생긴 남자의 소득은 평균보다 9% 낮지만 잘생긴 남자의 소득은 평균보다 5% 높았다. 못생긴 여자의 소득은 평균보다 5% 낮지만 예쁜 여자의 소득은 평균보다 4% 높았다. 여자들의 외모에 대한 차별이 더 심할 것이라는 통념과 다른 결과다. 하지만 노동시장뿐만 아니라 결혼시장까지 함께 고려한다면 남자들보다 여자들의 외모에 따른 차별이 더 심할 것이다.

결혼시장에서 잘생긴 남자와 젊고 아름다운 여자가 강력한 지렛대를 갖는 것은 동서고금이 다르지 않다. 19세기 프랑스 소설 『마담 보바리』[32]의 주인공 샤를의 아버지는 타고난 풍채를 미끼로 그의 용모에 홀딱 반한 어떤 메리야스 상인의 딸에게서 6만 프랑의 지참금을 손에 넣을 수 있었다. 밀란 쿤데라의 소설 『참을 수 없는 존재의 가벼움』에 나오는 한 대목을 보자. 주인공 토머스의 연인 테레사의 어머니에 관한 이야기다.

"그녀가 결혼할 수 있는 나이가 되었을 때 그녀에게는 아홉 명의 구혼자가 있었다. 모두가 무릎을 꿇고 그녀 주위에 둘러앉았다. 첫 번째 남자는 미남이었고, 두 번째 남자는 재주가 많았고, 세 번째 남자는 부자였고, 네 번째 남자는 스포티했고, 다섯 번째 남자는 가문이 좋았고, 여섯 번째 남자는 그녀에게 시를 낭송해주었고, 일곱 번째 남자는 온 세상을 두루 돌아다닌 사람이었고, 여덟 번째 사람은 바이올린 연주자였고, 아홉 번째 사람은 모든 구혼자 중에서 가장 남성적이었다."

그녀는 결국 아홉 번째 남자를 택했다. 하지만 그녀가 원했다면 부자 남편을 얻을 수도 있었고 가문 좋은 남편을 얻을 수도 있었다.

다시 노동시장 이야기로 돌아가자. 해머메시 교수는 미국과 캐나다에 이어 다른 나라 노동시장도 같은 방법으로 분석해봤다. 중국에서는 외모에 따른 차별이 극심했다. 상하이에서는 못생긴 남자에 대한 페널티는 -25%에 이르고 잘생긴 남자가 누리는 프리미엄은 3%였다. 못생긴 여자의 페널티와 예쁜 여자의 프리미엄은 각각 -31%와 10%였다. 영국에서 못생긴 남자에 대한 패널티(-18%)는 여자(-11%)보다 컸지만 잘생긴 이들에 대한 프리미엄은 남녀 모두 1%로 같았다.

물론 이런 숫자들에 절대적인 의미를 둘 필요는 없다. 경제학자들이 계산한 프리미엄은 분석대상과 방법론에 따라 얼마든지 달라질 수 있기 때문이다. 하지만 누구든 외모에 대한 차별이 존재하는 현실을 부인하기는 어렵다.

영국 프리미어 리그에는 뛰어난 축구선수들이 많지만 얼굴이 잘생긴 데이비드 베컴David Beckham이 유독 많은 광고에 출연할 수 있었던 까닭을 모르는 사람은 없다. 접촉사고를 낸 뒷차 운전자가 슈퍼모델 같은 젊은 여성이라는 걸 알아챈 순간 앞차 운전자는 갑자기 나긋나긋해진다. 이는 영화 속에서만 일어나는 일이 아니다. 예컨대 변호사처럼 생김새보다는 지적 능력에 따라 성과가 달라질 것 같은 직종에서도 외모는 소득수준에 상당한 영향을 미친다는 분석도 있다. 엔터테인먼트산업과 서비스산업처럼 지성뿐만 아니라 감성을 많이 발휘해야 하는 분야, 다시 말해 이른바 감정노동emotional labor이 필요한 분야에서는 외모에 따른 소득 격차가 더 심하다.

현대사회의 규범은 인종과 성, 정치이념, 연령, 학력, 출신지역에 따른 부당한 차별을 막고 있다. 하지만 외모의 미추에 따른 차별에 대해서는 적극적으로 개입하지 않고 있다. 법규로 외모에 따른 차별을 막아야 하는지, 막아야 한다면 어떻게 막을 수 있는지에 대해서는 뜨거운 논란이 벌어지기도 한다.

하지만 현실에서는 여전히 차별이 당연시될 때가 많다. 그럴수록 아름답게 가꾼 외모는 늘 수요에 비해 공급이 매우 부족한 희소자원으로 평가된다. 어떤 자원이든 수요와 공급 사이의 격차가 클수록 그 가격은 더욱 치솟게 된다. 전통적으로 자원의 희소성 문제를 다뤄온 경제학이 아름다움이라는 희소한 자원의 문제를 무시할 수는 없다.

에로틱 캐피털

개인의 매력을 아름다운 얼굴과 몸매에만 한정시키는 건 너무 좁은 시각이다. 런던정경대 사회학 교수인 캐서린 하킴Catherine Hakim은 2010년 초 '에로틱 캐피털erotic capital'이라는 개념을 들고 나와 학계와 언론의 주목을 받았다.[33] 하킴은 돈이나 땅과 같은 경제적 자본, 문학과 예술에 대한 식견을 비롯한 문화적 자본, 인적 네트워크를 비롯한 사회적 자본과 더불어 개인이 가질 수 있는 제4의 자본으로 에로틱 캐피털을 이야기한다. 에로틱 캐피털은 현대자본주의

사회에서 대단히 중요한 자본이지만 그동안 학계에서는 이를 굳이 무시해왔다고 하킴은 주장한다. 에로틱 캐피털에 대한 '발칙한' 연구가 이뤄지지 못한 건 상당 부분 학자들의 가부장적 의식과 이 자본을 이용하는 걸 비하하는 사회의 윤리적, 종교적 가치관 때문이라고 본다.

하킴은 에로틱 캐피털에 다음과 같은 여섯 가지 요소가 내포돼 있다고 본다.

1. 얼굴과 몸매의 아름다움(beauty)
2. 섹시한 매력(sexual attractiveness)
3. 상대를 기분 좋게 해주는 사회성(social skill)
4. 건강미가 느껴지는 활력(liveliness)
5. 사회적 표현력(social presentation)
6. 성적 능력(sexuality)

물론 누구나 이런 요소들을 다 갖추고 있는 건 아니다. 따라서 이런 개인의 매력들은 언제나 공급이 부족하고 시장가치가 있는 자본이다. 예컨대 사회적 지위가 높고 부유한 남성과 젊고 아름다운 여성이 결혼할 때는 사회적, 경제적 자본과 에로틱 캐피털의 교환이 이뤄지는 셈이다.

경제적, 사회적, 문화적 자본만 중시됐던 과거에 비해 소비의 욕망을 한껏 부추기는 현대자본주의 사회에서는 연애와 결혼시장뿐만 아니라 노동시장과 미디어, 광고, 정치, 스포츠, 예술을 비롯한 모든 분야에서 에로틱 캐피털이 더욱 중요해졌다. 특히 스포츠레저와 엔터테인먼트산업에서는 에로틱 캐피털이 경제적, 사회적 자본보다 훨씬 값어치가 클 때가 많다.

자본은 권력이다. 그렇다면 에로틱 캐피털을 많이 보유한 이들은 누구나 대단한 권력자가 된다. 우리 시대의 우상이 되고 있는 스포츠와 연예계 슈퍼스타들을 떠올려보라.

에로틱 캐피털은 타고나기도 하지만 후천적으로 습득하거나 계발할 여지가 많다. 부유한 현대사회에서는 개인들이 기술적 진보에 힘입어, 그리고 적극적인 교육과 투자를 통해 에로틱 캐피털을 크게 늘릴 수 있다. 이 자본을 여성들이 독점하는 건 아니다. 하지만 여성이 남성보다 더 많은 에로틱 캐피털을 보유하고 있다. 에로틱 캐피털에 대한 남성들의 수요는 여성들이 공급하는 양을 훨씬 초과해 언제나 수급 불균형이 심하다.

우리 사회의 외모지상주의와 여성의 상품화를 비판하는 이들은 에로틱 캐피털을 적극적으로 이용하는 걸 강력히 반대한다. 하지만 하킴은 그런 반대가 역설적으로 에로틱 캐피털의 공급을 줄여 값을 더 올리게 된다고 분석했다.

아름다움은 보는 이의 눈 속에 있다

미적美的 자본에 대한 온갖 고민은 사회적 차원의 것과 개인적 차원의 문제로 나눠서 볼 수 있다. 사회적 차원에서는 무엇보다 미적 자본의 부익부 빈익빈富益富 貧益貧이 가속화되는 문제를 고민해야 한다. 스스로 아름다움에 투자할 여력이 있는 이들은 에로틱 캐피털을 비롯한 미적 자본을 늘림으로써 더 많은 소득과 부를 얻을 수도 있다. 그리고 이는 또다시 더 많은 투자와 더 많은 부를 낳는다. 하지만 이런 투자 경쟁에서 밀린 이들은 정반대의 악순환에 빠지게 된다. 이 같은 양극화를 막기 위해서는 미적 자본에 대한 우리 사회의 법적, 윤리적 규범을 정립해가야 한다. 직장에서 알게 모르게 존재하는 외모에 대한 차별은 머지않아 뜨거운 법적, 윤리적 논쟁을 불러일으킬 수 있다.

　모든 개인이 아름다워지기 위한 최소한의 투자를 할 권리가 있다고 본다면 그 투자에 대한 세제 혜택이나 보조금 지급 문제도 진지하게 논의할 수 있을 것이다. 기업들이 설비투자나 고용을 늘릴 때, 개인들이 공부를 더 하거나 직업훈련을 받을 때 세제 혜택을 주듯이 아름다움을 가꾸기 위한 투자도 세제를 통해 장려하게 될지도 모른다. 미적 자본에 대한 과잉투자도 염려해야 한다. 미적 자본 투자 경쟁이 과열로 치달으면 교육 투자를 비롯해 인적자본의 가치를 높일 수 있는 다른 분야의 투자가 상대적으로 위축될 수도 있다. 개인적인 차원에서 가장 큰 고민은 스스로 아름다워지기 위해 얼마나, 그리고 어떻게 투자해야 할 것인가의 문제다.

　미적 자본을 늘리기 위한 투자 경쟁에서 완전히 자유로울 수 없는 카푸친 씨도 똑같은 고민에 빠져 있다. 그는 자신의 고민을 푸는 데 지금까지 배운 정글경제의 원리를 적용해볼까 한다. 카푸친 씨는 우선 자신의 미적 자본에 대한 기대수익률과 리스크를 따져봐야 한다. 예컨대 크고 작은 성형시술과 같이 큰 리스크를 안아야 하는 투자는 더욱 철저한 위험관리가 필요하다.

　기술적으로 시술이 잘못되거나 부작용을 낳을 수 있는 리스크를 따져보는 건 당연하다. 실제로 성형 부작용으로 삶을 망친 사례도 얼마나 많은가? 유행처럼 번진 양악수술만 보더라도 웃을 때 입 꼬리가 올라가지 않거나 음식물이 묻어도 못 느끼거나 입을 크게 벌리지 못하는 것과 같은 부작용이 나타날 수 있다.

공들여 얼굴을 고쳤는데 얼마 지나지 않아 미에 대한 기준이 달라지는 바람에 제대로 빛을 보지 못하고 헛되이 고생만 하게 될 리스크도 크다. 미에 대한 인식은 시대와 문화에 따라 얼마든지 달라질 수 있다. 흔히 미인선발대회에 비견되는 주식투자에서 일시적인 유행을 좇다 낭패를 당하는 것과 다를 바 없다.

리스크를 줄일 수 있는 분산투자와 옵션도 중요하다. 얼굴과 몸매를 가꾸는 데에만 올인하는 것은 분산투자와는 거꾸로 가는 전략이다. 투자의 진행 상황에 따라 유연하게 전략을 바꿀 수 있는지, 투자가 실패할 경우 손실을 일정 수준에서 막을 수 있는지를 따져볼 때는 옵션과 보험의 원리를 응용할 수 있을 것이다.

아름다움에 대한 욕망은 인간의 가장 강렬하고 치명적인 욕망 가운데 하나다. 프랑스의 문학비평가이자 철학자인 르네 지라르René Girard는 욕망의 모방성mimetic character of desire에 대한 깊은 통찰을 보여주었다.[34] 지라르가 꿰뚫어본 것처럼 우리의 욕망은 자주적이고 자연발생적인 것이라기보다는 다른 사람의 욕망에서 베껴온 것인지도 모른다.

카푸친 씨의 고민은 진정한 아름다움은 과연 무엇인지에 대한 깊은 성찰 없이는 쉽게 풀리지 않을 것이다. 그를 위해 19세기 아일랜드 작가 마거릿 울프 헝거포드Margaret Wolfe Hungerford가 해준 말이 있다.

"아름다움은 보는 이의 눈 속에 있다.Beauty is in the eye of the beholder"

그 많은 젊은이는 어디로 갔을까?
카푸친 씨의 빛나는 노년을 위해 연금을 내주고
그의 집과 주식을 사줄 젊은 세대가 줄어들고 있다.
세계에서 가장 빨리 늙어가는 한국 경제의 장수 리스크는 무엇일까?

29
내 노년은 아름다운 은빛일까?
호모 센테니얼 시대

어떤 사람들은 언제나 새로운 게 있다고 생각하면서,
그리고 흔히 말하듯이 길모퉁이에서 근사한 모험이 기다리고 있다고 생각하면서
일흔 살, 여든 살까지 산다.

—미셸 우엘벡, 『소립자』에서

"눈이 왔어요, 쥘."

그녀는 소파 등받이 위로 우뚝 솟은 남편의 뒤통수에 대고 말했다. 평소 그는 부엌 식탁에서 그녀를 맞이하곤 했다. 늘 한 군데 흐트러짐 없이 식탁보를 덮어놓고서.

그러나 쥘은 아무 대답이 없었다. 그녀는 슬며시 미소를 지었다. 그는 슬픈 눈으로 눈 내리는 창 밖을 하염없이 바라보며 옛 생각에 잠겨 있는 게 틀림없었다.

벨기에 작가 디아너 브룩호번Diane Broeckhoven의 소설 『쥘과의 하루』

에 나오는 한 장면이다. 소설 속의 쥘과 알리스는 50년 넘게 함께한 노부부다. 아들네 가족도 있지만 따로 산다. 어느 겨울 아침 쥘은 소파에 앉은 채 죽어 있었다. 하지만 알리스는 그를 바로 보내줄 수 없다. 그 오랜 세월 미워하고 사랑했던 쥘과 하루를 더 보내기로 한다.

인생의 황혼에 찾아오는 엄청난 상실을 어떻게 극복할 수 있을지 생각하게 해주는 소설이다. 우리 사회가 늙어갈수록 쥘과 알리스 같은 외로운 삶도 늘어날 것이다. 지금 한국 사회는 젊고 역동적이었던 20여 년 전과 딴판이다. 이런 추세대로 20여 년이 더 흐른 후 한국 사회는 어떤 모습으로 바뀔까?

로봇과 함께 살아야 할 카푸친 씨

2034년 12월 23일. 토머스 맬서스가 세상을 뜬 지 꼭 200년이 지났다. 가족사진을 들여다보던 카푸친 씨는 지구촌이 인구 폭발로 재앙을 맞으리라던 2세기 전 영국 정치경제학자의 예언이 얼마나 크게 빗나갔는지 생각하며 쓸쓸히 웃는다. 지금 지구촌은 인구 감소의 충격을 두려워하고 있다. 카푸친 씨 가족사진 속에는 피부색이 다른 사람과 애완동물과 로봇이 함께 앉아 있다.

2034년 정치 지형은 20여 년 전과 완전히 딴판이다. 모든 정파는 '실버세대 연합'과 '미래세대 연합'으로 갈라졌다. 세대 갈등은 전면전으로 치닫고 있다. 젊은 세대는 자기들 미래를 실버세대가 훔쳐갔다고 비난한다. 무절제한 소비를 계속한 앞 세대의 빚을 자기들이 고스란히 떠안게 됐다고 목소리를 높인다.

젊은 세대는 노인들에게 연금을 주기 위해 너무 많은 부담을 지고 있지만 정작 자기들은 연금을 받을 수 있을지조차 알 수 없다고 불만을 터트린다. 더 이상 세대 간 불공평한 부의 이전이 계속되지 않도록 하려면 실버 연합이 집권해 장로정치gerontocracy[35] 체제가 확립되는 것을 막아야 한다고 외치고 있다.

젊은 세대가 미래 성장 잠재력을 높이기 위한 인적자본 투자를 더 늘려야 한다고 주장하는 데 반해 실버세대는 노인층에 대한 의료혜택을 더 확대하라고 요구한다. 실버세대는 자기들의 피와 땀으로 한국 경제를 이만큼 일궈놓았는데 젊은 세대가 그 고마움을 모른다고 섭섭해 한다.

인구가 줄어들기 시작하자 두 세대는 연금 개혁과 정년 연장 문제를 둘러싸고 날카롭게 부딪쳤다. 정년퇴직 시점과 연금을 받기 시작하는 시점을 기대수명에 연동시키는 방안에 대해 세대 간 이해가 극명하게 엇갈렸기 때문이다. 자녀 수에 따라 투표권을 늘려주는 급진적인 아이디어에 대해서도 뜨거운 공방이 벌어졌다.

아이를 많이 낳을수록 국가 발전에 더 큰 기여를 한다는 점을 인정하고 아직 목소리를 내지 못하는 미래세대의 이익을 부모들이 대변할 수 있도록 해야 한다는 주장과, 그렇게 하면 불임 부부나 경제 사정으로 출산이 어려운 이들을 부당하게 차별하는 것이라는 주장이 엇갈렸다. 임신의 고통을 피하고 일하는 즐거움을 얻으려는 여성이 갈수록 늘어나자 정부는 '시험관아기 지원법'을 만들었다.

카푸친 씨는 외로움을 달래주고 귀찮은 일들을 도와줄 매력적인 로봇 하나를 새 식구로 맞으려 한다. 인생의 황혼기에 더 외롭고 가난하게 될 것 같은 예감에 침울해진다.

20여 년 후 한국 사회는 과연 이런 모습으로 바뀔까?(그때 이 책을 다시 보게 되면 검증해보기 바란다.)

맬서스가 보지 못한 미래

맬서스는 1798년부터 1826년까지 여섯 차례에 걸쳐 발표한 인구론[36]에서 인구는 기하급수적으로 늘어나는 데 비해 식량 공급은 산술급수적으로 늘어 지구촌은 재앙을 맞을 것이라고 주장했다. 인구 증가는 전쟁이나 기근, 또는 전염병 때문에 억제될 수도 있고, 출산율을 낮춰 억제할 수도 있다.[37]

맬서스는 임금 수준이 높아질수록 노동자들은 더 많은 아이를 낳을 것이라고 봤다. 정부가 빈곤층을 도와주는 건 가난한 이들이 더 많은 아이를 낳도록 할 뿐이라고 주장했다. 또한 가난한 노동자들은 결혼을 미룰수록 더 잘살 수 있으며 이들에게는 출산을 줄이는 '도덕적 절제'가 필요하다고 주장했다. 그때까지만 해도 유럽 몇몇 나라에는 빈곤층의 결혼을 금지하는 칙령이 있었다.

하지만 인구 증가를 시한폭탄으로 규정한 그의 이론은 타이밍을 잘못 잡은 것이었다. 과거와 현재의 추세만 보고 하는 미래 예측이 흔히 그러하듯 그의 예언은 보기 좋게 빗나갔다. 다른 모든 동물은 먹을거리가 풍부할수록 개체수가 늘어나지만 인간은 어느 수준을 넘은 다음에는 부유해질수록 아이를 적게 낳았다.

합계출산율total fertility rate은 여성 한 명이 평생 동안 낳을 것으로 예상되는 아이 수다. 한 해 동안 태어난 아이를 인구수로 나눈 비율인 출생률birth rate과는 다른 개념이다.[38] 지구촌 여성의 출산율은 1970~1975년 4.32명이었으나 2005~2010년에는 2.56명으로 줄었다. 2010년 지구촌의 절반은 대체출산율replacement level of fertility(현재의 인구를 유지하기 위해 한 여성이 가임 기간 중 낳아야 할 아기의 수)인 2.1을 밑돌게 된 것으로 추정된다. 대체출산율은 현재 인구를 유지할 수 있는 매직 넘버다. 어린이 사망률이 높은 나라에서는 여성 한 사람이 3명 이상을 낳아야 인구가 유지될 것이다.

경제학자들은 출산율과 소득수준의 상관관계를 보여주었다. 보통 1인당 연 평균 소득이 1,000~2,000달러가 되면 출산율이 떨어지기 시작한다. 소득이 4,000~1만 달러가 되면 출산율은 대체출산율 수준으로 떨어진다. 그 후에는 한동안 대체출산율 아래에서 머물다가 소득이 더욱 크게 늘고 정부가 적극적인 출산 지원책을 펴면 출산율이 다시 고개를 든다.

지나치게 높았던 출산율이 적절한 수준으로 떨어지면 어린이와 노인층에 비해 노동인구가 상대적으로 많아진다. 출산율이 너무 높지도 너무 낮지도 않은 골디락스Goldilocks[39] 기간을 맞게 되는 것이다. 이때는 아이들을 키워야 하는 부담도 노인들을 부양해야 하는 짐도 그다지 무겁지 않다. 출산율이 떨어지면 여성들이 바깥일을 더 많이 할 수 있다. 저축할 여력이 생기면서 투자도 더 많이 할 수 있다. 1인당 축적된 자본의 양도 늘어난다. 유럽 경제는 1945~1965년 베이비붐 이후 이런 시기를 맞아 30년 동안 성장했다. 이제 아시아와 남미가 그런 단계에 있다.

보통 중위연령median age(전체 인구를 한 줄로 세웠을 때 한가운데 서게 되는 사람의 나이)이 20세 아래인 경제는 어린이들을 키우는 데, 중위연령이 40세 이상인 경제는 노인을 부양하는 데 많은 힘을 쏟아야 한다. 이는 글로벌 투자자들에게도 중요한 시사점을 던져준다. 다른 조건이 같다면 인구가 젊은 경제에 투자해야 높은 성장을 기대할 수 있다는 점을 일깨워주는 것이다.

세계에서 가장 빨리 늙어가는 경제

한국은 세계에서 가장 빨리 늙어가는 나라로 꼽힌다. 유엔 추계[40]에 따르면 2009년 7월 전세계 인구 68억 명을 나이 순으로 한 줄로 세웠을 때 정중앙에 서게 되는 이는 28.9세다. 2011년 통계청 추계 결과 한국 인구 4,941만 명의 중위연령은 37.9세다.

2050년 세계 인구는 91억 명으로 늘어나며 중위연령은 38.4세가 된다. 그때까지 한국의 인구는 4,812만 명으로 줄어들고 중위연령은 55.9세로 높아진다(통계청은 출산과 사망, 국제이동 수준을 감안한 시나리오, 즉 중위, 고위, 저위가정별로 장래 인구를 추계했다. 여기서는 중위 가정에 따른 추계를 썼다). 한국의 인구는 2031년부터 줄어들기 시작한다. 한국인의 사망이 출생보다 많아지는 시점은 2028년이지만 외국인 유입 증가 덕분에 실제 인구 감소는 3년 늦게 시작된다. 한국의 전체 인구에서 65세 이상의 노인이 차지하는 비중은 2010년 11%에서 2050년 37%로 늘어난다.

생산활동을 하는 연령대인 15~64세 인구는 2016년 3,704만 명을

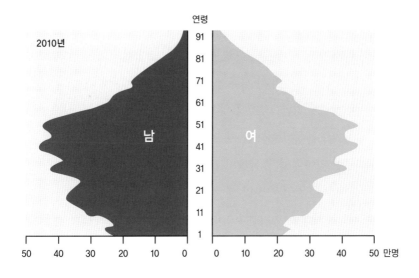

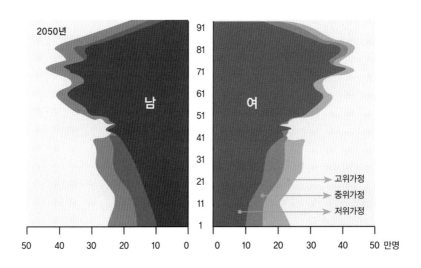

물구나무 서는 한국의 인구피라미드

정점으로 감소한다. 생산가능 인구 100명당 65세 이상 노인 수를 노년부양비라고 한다. 노년부양비는 2010년 15명에서 2050년 71명으로 급격히 증가한다. 지금은 생산인구 6.6명이 노인 한 사람을 부양하지만 40년 후에는 1.4명이 한 사람을 책임져야 한다는 뜻이다. 한국의 노년부양비는 세계 평균(25명)의 세 배 가까운 수준이 된다.

한국은 지구촌에서 아이를 가장 적게 낳는 나라 중 하나다. 유엔 추계에 따르면 영국에서 출산율이 5명에서 2명으로 떨어지는 데 130년(1800~1930)이 걸렸다. 반면 한국에서는 20년(1965~1985)밖에 걸리지 않았다. 경제개발 초기인 1970년 우리나라 여성 한 사람이 평생 낳을 것으로 예상되는 자녀는 4.53명이었다. 출산율은 1980년대 초까지만 해도 대체출산율을 웃돌았으나 2009년에는 1.15명으로 떨어졌다. 2010년에는 1.23명으로 조금 늘어났다.

여성들의 결혼은 갈수록 늦어지고 있다. 1980년까지만 해도 20대 후반 여성 가운데 미혼자는 14%에 그쳤다. 그러나 25년 후 이 비율은 59%로 높아졌다. 같은 기간 30대 초반 여성의 미혼자 비율은 2%에서 19%로 높아졌다.

호모 센테니얼

한국인의 수명은 급속히 늘어나고 있다. 1970년에 태어난 남자 아기의 기대수명(출생 시 기대여명)[41]은 58.7세였다. 이에 비해 2010년에 태어난 남자 아기는 77.2세까지 살 것으로 기대할 수 있다. 같은 기간 여자 아기의 기대수명은 65.6세에서 84.1세로 늘어났다. 1970년 당시 25세였던 청년은 39.7년을 더 살 것으로 기대할 수 있었다. 그로부터 40년 후인 2010년 25세 청년의 기대여명은 52.9년으로 늘어났다.

2005~2010년 지구촌 사람들의 기대수명은 67.6세인 데 비해 한국인의 기대수명은 79.1세에 이른다. 갈수록 많은 사람이 100세까지 살 수 있게 될 것이다. 우리는 이제 호모 센테니얼Homo centennial 시대를 맞은 것이다. 세계에서 아이를 가장 적게 낳고 가장 빨리 늙어가는 한국인들은 장수를 축복으로만 받아들일 수 있을까?

사회가 늙어갈수록 위험을 피하고 안정을 추구하려는 경향이 강해진다. 젊은 사회가 적극적인 변화와 개혁을 추구하는 것과 대조적이다.

여기서 잠시 아랍의 민주화 혁명으로 눈을 돌려보자. 우리는 정글경제 탐사 첫머리에서 정글농장의 닭 이야기를 했다. 버트런드 러셀은 "닭의 일생 동안 날마다 먹이를 주던 농부가 결국에는 닭의 목을 비튼다"고 했다. 그 닭은 운명의 순간을 맞을 때도 여느 날처럼 농장 주인이 먹이를 주러 다가오고 있다고 믿었을 것이다. 리비아의 독재자 무아마르 카다피의 운명도 그 닭과 같았다. 41년 전 쿠데타 때 그는 닭의 목을 비트는 농부와 같았다. 그러나 결국 그 자신 목이 졸리는 닭 신세가 됐다. 튀니지의 독재자 벤 알리는 23년, 이집트의 철권 통치자 호스니 무바라크는 30년 동안 농장 주인 행세를 했다. 하지만 우둔한 닭은 국민들이 아니라 바로 그들 자신이었다.

아랍의 독재를 무너뜨린 힘의 원천은 속박을 거부하는 인간의 보편적인 자유의지였다. 하지만 오랫동안 억눌려 있던 민주화의 열망을 일깨운 건 일자리와 빵을 얻지 못하는 대다수 국민의 경제적 고통이었다. 그들에게 힘을 보태준 건 정보기술이었다. 특히 젊은이들의 소셜 네트워크SNS는 강력한 혁명의 도구가 됐다.

그보다 더 깊은 동인은 인구구조에서 찾을 수 있다. 이집트와 리비아 인구의 절반이 25세 이하다. 튀니지의 25세 이하 인구 비중도 40%를 웃돈다. 이 비율이 50~60%에 이르는 아랍 국가가 수두룩하다. 불만에 가득 찬 젊은이들은 변화를 두려워하지 않는다. 바로 이 젊은이들이 기존 체제를 무너트리는 데 앞장섰다.

아랍의 변화는 지구촌 곳곳에 충격파를 던졌다. '재스민혁명'이라는 말만 들어도 긴장하는 중국은 민생 안정에 좀 더 힘을 쏟아야 한다는 점을 깨달았다. 늙은 대륙 유럽이 아랍 인구 유입을 막는 요새가 될지, 젊은 아랍을 끌어안아 역동성을 되찾을지는 두고 볼 일이다.

한국은 이미 오래전에 정치적 민주화를 위한 투쟁의 단계를 거쳤다. 4.19혁명이 일어난 반세기 전 한국의 24세 이하 인구는 60%를 웃돌았다. 민주화 열풍이 거셌던 1980년대에도 인구 절반이 24세 이하였다. 하지만 지금은 30%를 밑돌고 2030년에는 20% 안팎으로 떨어질 것이다. 이런 인구구조만 봐도 아랍과 같은 정치적 격변의 가능성은 희박함을 알 수 있다. 그 대신 경제적 자원의 배분을 둘러싼 세대 간 갈등은 더욱 커질 가능성이 높다.

백발이 성성해져 몸을 사리는 일본 사회에서 젊은 시절 날렵했던 닌자忍者의 모습을 찾아보기는 어렵다. 일본처럼 늙어가는 사회는 급격한 변화보다는 끝없는 정체를 걱정해야 한다. 고령사회에서는 절대다수인 기성세대가 미래세대를 압도하면서 변화가 오랫동안 억눌릴 수 있다. 변화 없는 사회는 또 다른 위기를 잉태할 수 있다. 이는 지구촌의 선진국 대부분이 안고 있는 고민이다. 1998년 노벨문학상 수상자인 주제 사라마구의 글은 매우 은유적이다. 그의 소설 『눈뜬 자들의 도시』의 한 대목이다.

우리가 사는 이 세계에서, 맹목적으로 비틀거리며 앞으로 나아가는 이 시대에, 나이가 들면서 젊었을 때 꿈꾸던 것과는 달리 돈도 많이 벌며 편안하게 살아가는 남자와 여자를 만나는 것은 아주 흔한 일이다. 그들도 열여덟 살 때는 단지 유행의 빛나는 횃불이었을 뿐 아니라, 무엇보다도 자신의 부모가 지탱하는 체제를 타도하고 그것을 끝내 우애에 기초한 낙원으로 바꾸어놓겠다고 결심한 대단한 혁명가들이었다.

위기의 베이비부머

한국에서 1980년대 후반과 1990년대에 태어난 이들은 젊은 베이비붐 세대baby boomer 아빠와 살고 있다. 2010년 말 전체 인구의 여덟 명 가운데 한 명은 한국전쟁이 끝난 1955년부터 1963년까지 출생률이 높았던 시기에 태어난 베이비붐 세대다. 다섯 가구 중 한 가구의 가장은 이 세대다.

2010년은 베이비붐 세대가 처음으로 만 55세가 되는 해였다. 다시 말해 베이비붐 세대의 은퇴가 본격화한 해다. 산업화, 민주화, 세계화의 격랑을 헤쳐온 이들은 이제 무대에서 쓸쓸히 밀려나기 시작했다. 2010년 55세가 된 아빠에게 남은 삶은 25년이 조금 넘는다.[42] 이는 평균치일 뿐이므로 남은 생이 40년에 이르는 아빠도 많을 것이다. 어쨌든 이들의 노후는 불안하다.

KB금융지주 경영연구소가 통계청의 가계금융조사 자료를 분석해보니 베이비붐 세대가 꾸리고 있는 가구의 2010년 말 보유 자산은 평균 3억4,000만원 정도였다.[43] 이중 4분의 3이 부동산이고 나머지가 금융자산이었다. 한국 가계의 평균적인 자산 변동 추이를 보면 55세부터는 금융자산이 줄어들고 65세부터는 부동산도 줄어든다. 베이비붐 세대 아빠가 은퇴하면 곧바로 통장 잔액이 줄어들고 10년쯤 지나면 부동산까지 줄여야 한다는 이야기다.

평균적인 베이비붐 세대의 가구가 은퇴 후 쓰고자 하는 한 달 생활비는 최소한으로 잡았을 때 은퇴 전 가처분소득의 절반 수준인 146만원이다. 적정한 수준의 소비를 원하는 이들에게는 은퇴 전 소득의 4분의 3인 225만원이 필요하다. KB금융지주 경영연구소는 이들의 기대여명[44]을 감안할 때 남은 생을 위해서는 최소 3억6,000만원이 필요하며, 적정 수준의 생활비는 5억4,000만원에 이른다고 추산했다. 하지만 베이비붐 세대 아빠에게는 아직 결혼하지 않은 자녀가 있다. 평균 1.25명이다. 이들의 대학 등록금과 결혼 비용을 대주려면 추가로 1억 3,000만원쯤 목돈을 써야 한다.

은퇴 후 생활비를 최소한으로 잡더라도 베이비붐 세대의 가구 중 지금 갖고 있는 자산으로 노후 생활비를 전부 충당할 수 있는 가구는 4분의 1도 안 된다. 보유 자산을 다 털어 써도 최소 생활비의 50%도 충당할 수 없는 가구가 절반을 넘는다. 금융자산만으로 노후 생활비를 쓴다면 취약한 계층은 3년 이내에 통장의 바닥을 드러내고, 여유 있는 계층도 10년 내에 금융자산을 다 소진할 것이다. 결국 부동산을 팔아 생활비로 쓸 수밖에 없다. 그마저도 어려운 계층은 참으로 힘든 노년을 보내야 할 것이다.

자녀들에게 의지하기도 쉽지 않다. 통계청이 2010년 5월 15세 이상 3만7,000명을 대상으로 실시한 사회조사에서 부모의 노후 생계를 가족이 돌봐야 한다는 응답은 36%에 불과했다. 2002년(70%)에 비하면 절반으로 줄었다. 이에 비해 가족과 정부, 사회가 함께 돌봐야 한다는 응답은 47%로 8년 전(18%)에 비해 크게 늘었다. 과연 정부와 사회가 베이비붐 세대의 노년을 얼마나 책임질 수 있을까?

열정을 다 써버린 이들보다 더 늙은 사람은 없다

인구 폭발에 따른 인류의 암울한 미래를 그린 맬서스의 예언은 크게 빗나갔다. 21세기 지구촌은 저출산의 덫에 관한 불길한 예언들이 보기 좋게 빗나가기를 모두가 바라고 있다.

펜실베이니아대 와튼스쿨의 제러미 시겔Jeremy Siegel 교수는 인구 고령화라는 시한폭탄이 터지면 무엇보다 자산시장에 엄청난 충격을 줄 수 있다고 경고했다. 이제 막 은퇴하기 시작한 베이비붐 세대가 모아두었던 자산을 본격적으로 팔게 되면 다음 세대가 그 매물을 지금과 같은 가격에 다 받아줄 수 없기 때문이다. 하지만 시겔 교수는 개발도상국의 젊은 세대가 그 충격을 피하도록 해줄 것이라고 밝혔다. 예컨대 갈수록 부유해지는 중국의 젊은이들은 노후자금이 필요한 미국의 베이비붐 세대가 파는 주식을 소화해줄 것이라는 이야기다.

하지만 고령화 사회의 고민은 여기서 그치지 않는다. 장수 리스크 longevity risk는 정글경제를 살아가는 모두를 짓누르고 있다. 연금재정 고갈은 세대 간 갈등을 더욱 증폭시킬 것이다.

농경사회에서는 자녀들이 가계 안정을 위한 보험과 같은 구실을 했다. 하지만 지금은 지나치게 비싼 양육비 때문에 오히려 가계 불안을 초래하는 부채가 되고 있다. 물론 자녀들이 경제 외적으로 부모에게 줄 수 있는 한없는 기쁨을 생각하면 이 셈법은 완전히 달라질 수 있겠지만.

인구가 줄어들면 경제는 끝없는 침체의 늪에 빠져들 수 있다. 한 나라의 국내총생산은 1인당 부가가치를 인구수로 곱한 값이다. GDP가 조금이라도 늘어나도록 하려면 인구가 줄어드는 것보다 더 빠른 속도로 부가가치를 높여야 한다. 그러자면 과학기술과 인적자본에 대한 투자를 늘려 생산성을 높이는 게 중요하다. 다른 나라에서 젊은 인재를 적극적으로 수입하고 사람 대신 컴퓨터와 로봇이 많은 일을 할 수 있도록 해야 한다.

그리고 많은 사람이 더 오래 일해야 한다. 새로운 문제를 풀고 낯선 상황에 재빨리 적응할 수 있는 유동성 지능fluid intelligence은 중년 이후 감퇴하더라도 습득한 지식과 경험, 언어 능력을 바탕으로 한 결정성 지능crystallized intelligence은 계속해서 활용할 수 있다. 물론 노인들이 할 수 있는 일을 임금노동에만 한정할 필요는 없다. 사회 봉사나 가사를 통해서도 노년을 더 빛나게 할 수 있다.[45]

마크 트웨인Mark Twain은 우리가 80세에 태어나서 18세가 될 때까지 조금씩 젊어진다면 무한히 행복할 것이라고 했다. 하지만 우리는 그럴

수 없다는 걸 잘 알기에 "주름살은 단지 미소가 머물던 자리를 알려주는 것일 뿐Wrinkles should merely indicate where smiles have been"이라는 위안의 말도 함께 남겼다.

우리는 과연 노년을 아름다운 은빛으로 만들 수 있을까? 그러자면 무엇보다 열정을 잃지 않도록 힘써야 할 것이다. 헨리 데이비드 소로는 "열정을 다 써버린 이들보다 더 늙은 사람은 없다None are so old as those who have outlived enthusiasm"고 했다.

행복은 소득 순일까?
부의 피라미드에서 남들보다 조금이라도 더 높이 오르려 무한경쟁에
뛰어든 이들은 단순히 지난날보다 잘사는 것에 만족하지 못한다.
부에 대한 열망을 품고 사는 우리는 지금 얼마나 행복할까?

30
우리는 잘사는 만큼 행복할까?

참살이의 경제학

사람은 언제나, 무엇보다도, 다가갈 수 없는 것을 강렬하게 욕망한다.
-밀란 쿤데라, 『농담』에서

누군가 카푸친 씨에게 물었다. 당신은 다음 두 가지 상황 중 어느 쪽
이 더 좋은가?

- 정글나라에서 살 때: 당신은 한 해 5,000만원을 번다. 다른 사
  람들의 소득은 그 절반밖에 안 된다.
- 판도라나라에서 살 때: 당신은 한 해 1억원을 번다. 하지만 다
  른 이들은 당신의 두 배를 번다.

카푸친 씨는 정글나라에서 살 때가 더 낫다고 생각한다. 자기 소득

은 판도라나라에서 살 때의 절반에 불과하지만 남들보다 두 배나 벌 수 있다는 점이 마음에 든다. 자기 소득이 크게 늘어나더라도 다른 이들의 소득이 그 몇 곱절로 늘어난다면 카푸친 씨는 그다지 행복하지 않을 것이다.

오늘날 지구촌에 사는 대부분의 사람이 그와 비슷한 생각을 하고 있다. 그들의 생각을 속 깊이 들여다보면 정글경제의 많은 부분을 이해할 수 있다.

행복은 소득 순일까?

소득과 행복 사이에는 어떤 상관관계가 있을까? 우리는 더 많은 부를 쌓는 만큼 삶에 대해 더 만족하게 될까? 쉬운 문제를 어렵게 풀어내기 좋아하는 경제학자들이 이 화두를 내버려둘 리 없다.

소득income은 어떤 기간 중 얼마나 많은 돈을 버는지 가늠하는 것이다. 부wealth는 어느 한 시점에 얼마나 많은 재산을 갖고 있느냐를 말하는 것이다. 경제학자들은 더 많은 소득을 얻고 더 높이 부를 쌓은 이들이 반드시 더 행복한 것은 아니라는 점에 주목했다. 카푸친 씨 역시 이것은 당연한 말이라고 생각한다. 하지만 경제학자들은 이 당연한 것 같은 명제를 치밀하게 실증하고 싶어 한다. 그리고 눈에 보이는 숫자로 소득과 행복의 역설을 드러내려 한다.

런던정경대학 리처드 레이어드Richard Layard 교수도 그런 사람 중 한 명이다. 그가 2003년 이 대학에서 한 특강은 '행복은 과연 소득 순인가'

라는 오래된 화두를 던지는 것이었다.[46] 잠시 그의 강의를 들어보자.

서방 국가들은 지난 반세기 동안 훨씬 더 부유해졌다. 사람들은 훨씬 더 많은 휴가를 즐길 수 있게 되고, 훨씬 더 건강하게 더 오래 살게 됐다. 하지만 그만큼 더 행복해지지는 않았다.

물론 어느 한 시점만 잘라놓고 보면 부자들이 가난한 이들보다 더 큰 행복을 느끼는 게 보통이다. 하지만 서로 다른 시점을 비교해보면 사람들이 부유해지는 만큼 반드시 더 행복해지는 건 아니다.

2차 세계대전 후 반세기 동안 미국의 1인당 소득[47]은 세 배 가까운 수준으로 늘어났다. 그러나 미국인들에게 '당신은 얼마나 행복한가'를 묻는 설문조사를 했을 때 '매우 행복하다'고 응답한 이들의 비율은 그대로였다.

'매우 행복한' 이들은 1950년대 후반 한때 40%를 웃돌기도 했지만 1990년대 말에는 오히려 30% 남짓한 수준으로 줄었다.

금융위기로 살기 어려워진 2008년 이후에는 매우 행복하다는 미국인들이 더 줄었을 게 틀림없다.

유럽 여러 나라도 부유해진 만큼 더 행복해지지 못했다는 점에서 예외가 아니었다. 일본은 더욱 극적인 경제성장을 이뤘다. 하지만 1인당 소득이 6배로 늘어나는 동안에도 행복한 이들의 비율은 그대로였다. 앞서 이야기한 소설 『상실의 시대』는 주인공 와타나베가 20년 전인 1960년대 말 자신의 청춘 시절을 회상하는 것으로 시작한다. 일본이 경제성장의 고속도로를 질주하던 시기에 20대와 30대를 보낸 그는 얼마나 더 행복해졌을까?

한국은 어떨까? 한국이 기적이라 할 만큼 놀라운 경제성장을 이룩했다는 건 카푸친 씨도 잘 안다. 하지만 성장의 속도를 숫자로 확인해보면 새삼 깜짝 놀라지 않을 수 없다.

한국은 반세기 전만 해도 지구촌에서 가장 가난한 나라로 꼽혔다. 1960년 국민 1인당 소득수준[48]은 79달러로 아프리카 짐바브웨의 절반 남짓한 수준이었다. 하지만 2010년 1인당 소득[49]은 2만759달러로 짐바브웨의 34배나 된다. 한국 사람들의 평균적인 소득수준은 지구촌 모든 나라를 통틀어 33위다.

하지만 이런 명목소득만으로 삶의 질을 가늠하는 것은 너무 단순한 셈법이다. 그래서 유엔개발계획UNDP이라는 국제기구는 인간개발지수 Human Development Index, HDI라는 걸 만들어냈다. 이는 한 나라 국민이 얼마나 오래 건강하게 살 수 있는가, 교육을 얼마나 받을 수 있는가, 얼마나 많은 상품과 서비스를 살 수 있는 실질구매력을 갖고 있는가를 종합적으로 따져 그 나라의 삶의 질을 가늠하는 지표다.

한국은 2010년 인간개발지수에서 세계 12위에 올랐다. 하지만 건강과 교육, 소득이 얼마나 고루 분배되고 있는지를 감안해 조정한 인간개발지수Inequality-adjusted HDI에서는 27위로 떨어진다. 체코나 슬로베니아보다 못한 수준이다.

영국 레스터대학 애드리언 화이트Adrian White 교수는 사람들에게 얼마나 행복한지 직접 물어본 결과를 갖고 삶에 대한 만족도지수Satisfaction with Life Index를 산출했다. 2006년 조사에서 한국은 178개국 가운데 102위에 머물렀다. 소득수준에서 한국과 비교조차 어려운 중국이

나 아프리카 가나보다 낮았다.

이스털린 역설

소득수준이 다른 여러 나라 국민을 대상으로
얼마나 행복하다고 느끼는지 조사하여 비교해보면 무척 흥미로운 결

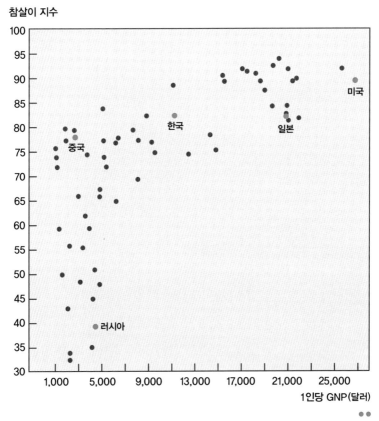

참살이 지수

소득과 웰빙 *1인당 GNP는 1995년 구매력평가(PPP) 기준

과가 나타난다. 일반적으로 먹고살기에 급급한 나라들을 비교해보면 소득수준과 행복은 밀접한 상관관계를 갖는다. 하지만 소득수준이 어느 정도를 넘어선 나라들 사이에서는 그런 상관관계가 거의 사라져버린다. 앞의 그래프를 보자.

이 그래프는 미국과 독일의 정치학자인 로널드 잉글하트Ronald Ingle-hart 미시건대 교수와 한스-디터 클링거만Hans-Diter Klingemann 베를린자유대 교수가 만든 것이다.[50] 가로축은 1995년 1인당 소득수준[51]을 나타낸다. 세로축은 각국 국민의 주관적인 웰빙well-being을 점수로 표시한 것이다. 각자 얼마나 행복하다고 느끼는지, 삶에 대해 얼마나 만족하고 있는지를 조사해 두 가지 점수를 평균낸 값이다.

전체적으로 보면 소득수준과 주관적인 웰빙은 밀접한 상관관계가 있다.[52] 하지만 1인당 소득이 1만3,000달러를 넘어선 나라들을 보면 그 상관관계가 매우 약하다. 1인당 소득이 1만5,000달러를 넘는 나라들[53]을 보면 소득과 행복은 거의 무관한 것처럼 보인다(하지만 그래프의 가로축을 로그값으로 바꿔 일정한 비율대로 변화하도록 표시하면 소득과 행복의 상관관계는 더 뚜렷해 보일 것이다).

이 그래프에 표시된 한국 사람들의 주관적 웰빙 수준은 외환위기가 터지기 한 해 전인 1996년에 조사된 것이다. 한국인의 평균소득은 65개국 중 중상 수준이었고 웰빙 수준은 매우 높은 편이었다. 외환위기가 터진 다음 12년 동안 한국 사람들의 평균소득은 원화 기준으로 꼭 두 배로 늘어났다. 하지만 한국인의 행복도와 삶에 대한 만족도도 그만큼 높아졌을까?[54]

건강도 마찬가지다. 일반적으로 한 나라 안에서는 부자들이 가난한 이들보다 더 건강하다. 하지만 가난한 나라 사람들이 부자 나라 사람들만큼 건강한 경우도 많다. 평균소득이 미국의 9분의 1에 불과한 쿠바 사람들의 기대수명은 미국인들과 똑같은 78세다.

지금까지 살펴본 것처럼 더 부유해진 이들이 그만큼 더 행복해지지 못하는 것을 이스털린 역설Easterline Paradox이라고 한다. 소득과 행복의 상관관계를 연구한 미국 남가주대 리처드 이스털린Richard Easterline 교수의 이름을 딴 말이다.[55] 레이어드는 이런 역설이 나타난 까닭을 부의 습관화와 부를 향한 지나친 경쟁에서 찾았다.

여왕의 스타킹, 여공의 스타킹

사람들은 자신을 행복하게 해줄 것을 얻으려고 열심히 일한다. 하지만 노동의 열매에서 느끼는 달콤함은 그리 오래가지 않는다. 옛날 같으면 꿈도 꾸지 못했을 물질적 풍요를 누리게 된 사람들은 금세 이를 당연한 것으로 여기고 갈수록 더 많은 것을 원하게 된다. 사람들은 풍요로운 환경에 금세 적응하며 기대수준은 갈수록 높아지게 되는 것이다.

자본주의는 한때 사치품이었던 것도 금세 필수품으로 만들고 만다. 오스트리아 출신 경제학자 조셉 슘페터Joseph Schumpeter는 자본주의가 한때 여왕의 전유물이었던 실크 스타킹을 여공들도 신을 수 있도록 해주었다고 말했다. 하지만 실크 스타킹을 신은 여공이 옛날의 여왕처럼 사치와 특권을 누리는 것은 아니다.

1970년 우리나라에 등록된 자가용 차를 모두 합해도 4만6,000대에 불과했다. 2010년에는 새로 등록된 수입 승용차만 9만 대에 달했다. 지금 외제차를 굴리는 이들이 40년 전 국산 승용차를 몰던 이들만큼 특별한 지위를 과시하려면 외제차 중에서도 최고급 차를 몰아야 할 것이다. 반세기 전 한국에서 수돗물을 마실 수 있는 이는 국민 6명 중한 명에 불과했다. 그때 사람들은 한 병에 1~2만원짜리 생수를 마시는 건 꿈도 꾸지 못했을 것이다.

아르투르 쇼펜하우어Arthur Schopenhaur는 "부는 바닷물과 같은 것"이라고 말했다. 마시면 마실수록 목이 더 마른 바닷물처럼 부는 많이 가질수록 더욱 갈망하게 된다는 것이다.

갈수록 격렬해지는 경쟁도 행복지수를 떨어트리는 가장 큰 요인 중하나다. 사람들은 지난날보다 잘살게 된 것만으로는 충분치 않다고 생각한다. 다른 이들보다 더 잘살고 싶은 열망을 품고 남들보다 조금이라도 더 높은 지위에 오르고자 밤낮을 가리지 않고 일에 매달린다. 이때 비교 대상이 되는 이들[56]은 주로 가까운 사람들이다. 내 남편의 연봉은 흔히 언니나 친구의 남편이 벌어들이는 돈이 얼마냐에 따라 쥐꼬리처럼 작아 보이기도 하고 용의 꼬리처럼 커 보이기도 한다. 대중매체는 부와 사치에 대한 욕망을 한껏 자극한다. 통속적인 TV 드라마에 재벌2세가 그토록 자주 나오는 것도 같은 맥락에서 이해할 수 있다. 그런 드라마를 본 날 내 남편의 월급봉투는 한없이 얇아 보일 것이다.

문제는 더 높은 지위에 오르려는 경쟁은 제로섬 게임zero-sum game(참가자들의 이득과 손실을 합하면 제로(0)가 되는 게임)이 되기 십상이라는 점이다. 모두가 가장 좋은 집과 가장 비싼 자동차를 가질 수는 없다. 지위를 과시하는 재화(지위재positional goods)는 다른 이들이 즐길 수 없어야 당신이 즐길 수 있는 것이다. 누구나 손에 넣을 수 있는 명품은 이미 명품이 아니다.

부의 피라미드에서 맨 꼭대기에 오를 수 있는 이는 한 사람뿐이다. 하지만 정상에 오른 이에게도 경쟁자는 늘 있게 마련이다. 경쟁은 시간과 공간을 뛰어넘는다. 어느 한 나라에서 최고의 부자가 된 이는 다른 나라에 더 큰 부자가 있는지 둘러볼 것이다. 어느 한 시대에 최고의 거부가 된 이는 역사 속에 더 위대한 부자가 있었는지 살펴볼 것이다.

부의 피라미드에서 남들보다 더 높은 곳에 오르려 모두가 기를 쓸수록 무한경쟁은 피할 수 없다. 레이어드는 이런 상황에서는 결국 모두가 패자가 될 수 있다고 경고한다. 모두가 경쟁을 자제하기로 합의하는 건 현실적으로 불가능하기 때문이다. 그래서 어떤 경제학자들은 남들보다 한발이라도 앞서 나가려는 경쟁의식을 억제할 필요가 있다고 주장한다. 레이어드는 마치 오염을 발생시킨 이들에게 세금을 물리듯이 자멸로 치닫는 경쟁을 촉발하는 이들에게는 무거운 세금을 매겨야 한다는 제안까지 하고 있다.

단층斷層 사회

국내총생산GDP은 삶의 질과 웰빙을 가늠하는 지표로서 분명한 한계를 갖고 있다. GDP는 어느 한 나라에서 일정 기간 동안 산출한 상품과 서비스의 값어치를 모두 합한 것이다. 예컨대 승용차나 아이스크림 같은 상품을 만들어내고 택시 운전이나 아이스크림 판매와 같은 서비스를 제공할 때 그 부가가치가 모두 GDP 통계에 잡힌다.

하지만 카푸친 씨가 아기를 태우고 손수 운전하거나 그의 아내가 집에서 아이스크림을 만들어주는 것은 잡히지 않는다. 아무리 값어치가 있는 생산활동이라도 시장에서 거래되지 않는 것은 GDP에 포함되지 않는다.

우리는 시장에 내다 팔지 않고 스스로 소비하기 위해 무엇인가를 만들어낼 때가 많다.[57] 아무런 대가를 받지 않고 이웃을 돕는 자원봉사를 할 수도 있다. 이는 모두 값어치 있는 일이지만 GDP 통계에서는 빠진다. 스스로 삶을 여유 있게 만들 여가활동이나 사랑하는 가족을 위한 온갖 집안일, 소외된 이웃을 위한 값진 봉사활동에 더 많은 시간을 쓸수록 GDP는 오히려 줄어들 수도 있다. 미국 상원의원을 지낸 로버트 케네디Robert Kennedy는 일찍이 GDP가 삶의 질을 가늠하는 지표로 어떤 한계를 갖고 있는지에 관해 웅변했다. 그의 신랄한 비판은 고전이 될 만하다.[58]

우리는 너무 오랫동안 단순히 물질적인 것들을 쌓아올리는 데 공동체의 가치와 우수성을 너무 많이 넘겨줘버렸습니다. 국민총생산 계산에는 대기오염[59]과 담배광고, 아수라장이 된 고속도로의 구급차도 들어갑니다. 우리 문에 단 특수자물쇠와 이를 부수는 이들을 위한 감옥도 포함됩니다. 네이팜탄과 핵탄두 생산비용, 거리의 시위대와 싸우는 경찰 장갑차도 계산됩니다. ……
하지만 국민총생산은 우리 자녀들의 건강이나 교육의 질, 그들이 뛰어 놀 때 느끼는 즐거움을 반영하지 않습니다. 또한 우리 시

詩의 아름다움이나 결혼의 건강함, 공적 토론에서 나타나는 예지, 또는 공직자들의 정직성도 반영하지 않습니다. 국민총생산은 우리의 기지와 용기, 배움과 지혜, 열정과 헌신도 반영하지 않습니다.

집중호우에 따른 산사태로 정글아파트가 부서졌다고 하자. 수십억 원에 이르는 직접적인 재산 피해나 값으로 따질 수 없는 인명 피해는 GDP 통계에 잡히지 않는다.[60] 하지만 다친 사람을 치료하고 아수라장이 된 현장을 정리하는 서비스의 대가는 모두 GDP에 잡힌다. 부서진 아파트를 철거하고 새로 아파트를 짓는 것도 모두 GDP를 늘리는 생산 활동이다. GDP 통계만 보면 산사태 참사는 오히려 경제 성장에 도움이 되는 것으로 나온다. 이런 성장이 삶의 질을 높여주지 못한다는 건 두말할 필요조차 없다.

우리가 삶의 질을 가늠하고자 1인당 평균 GDP를 주목할 때 잊지 말아야 할 게 하나 더 있다. 평균소득이라는 숫자는 뜻하지 않게 눈속임이 될 수도 있다는 점이다.

2010년 한국 사람들의 평균소득[61]은 2,400만원이었다. 이는 국민의 절반은 한 해 2,400만원 넘게 번다는 뜻일까? 그렇지 않다. 개중에는 10억원대 연봉을 받는 이들도 있고 그 100분의 1밖에 못 버는 이들도 있다. 이들을 한데 섞어 평균을 내면 평균에 못 미치는 이들이 전체의 절반을 넘을 수밖에 없다. 이때는 평균값보다 중간값이 보통 사람의 소득 수준을 제대로 보여줄 수 있다. 전 국민을 소득의 높낮이에 따라 한 줄로 세웠을 때 딱 중간에 서게 된 이의 소득을 중위소득median income이라고 한다. 2010년 한국의 중위소득은 1,952만원으로 평균소득의 81% 수준이었다.

전체 가구 중 벌이가 중위소득의 절반도 안 되는 가구의 비율을 상대적 빈곤율이라고 한다. 한국의 상대적 빈곤율은 지난 20년 새 7%대에서 12%대로 높아졌다.[62] 이 기간 중 소득이 중위소득의 50~150% 수준인 중산층은 계속 줄어들었고, 중위소득의 1.5배 이상을 버는 고소득층은 20%까지 늘었다. 이는 2인 이상 도시가구의 가처분소득_{dispos-able income}(총소득 중 세금을 내고 나서 마음대로 쓸 수 있는 돈)을 기준으로 한 것이다. 1인 가구를 포함한 전국 가구의 총소득을 보면 소득의 양극화는 더욱 뚜렷하다. 이 기준으로 하면 2010년 상대적 빈곤율은 18%나 된다. 다섯 가구 중 한 가구는 상대적 빈곤층이라는 이야기다.

카푸친 씨가 20년 새 중산층에서 고소득층으로 뛰어오른 3% 가구에 들었다면 그는 행복했을 것이다. 고소득층에 진입한 후에는 기대수준과 비교 대상이 달라짐에 따라 행복감도 희미해졌겠지만 적어도 부의 피라미드를 뛰어오를 때는 짜릿한 희열을 느꼈을 것이다. 하지만 그가 이 기간 중 중산층에서 빈곤층으로 굴러떨어진 5%에 속했다면 그의 심경이 어땠을지는 말할 필요도 없다. 1990년 446만원에 불과했던 1인당 평균소득이 20년 새 다섯 배 이상으로 늘어났다는 사실은 상대적 박탈감을 느끼는 그에게 그다지 위안이 될 수 없다.

한국의 소득불평등 정도는 총소득 기준으로 하면 경제협력개발기구 회원국 중 낮은 편에 속한다.[63] 하지만 세금을 뺀 가처분소득을 기준으로 하면 중간 수준이다. 세금을 통한 정부의 소득재분배 기능이 상대적으로 약하다는 뜻이다. 이런 구조는 쉽게 바뀌지 않을 것이다. 교육을 잘 받아 새로운 지식 및 기술로 무장한 이들과 그렇지 못한 이들 사이의 소득 격차는 갈수록 커질 것이다.

인구구조 변화도 불평등을 심화시킨다. 핵가족화로 한 사람이 분담해야 할 주거비와 온갖 리스크 관리비용이 커질 뿐만 아니라 대략 30년쯤 일한 뒤 그만한 세월을 일자리도 없이 버텨야 하는 고령인구가 빠르게 늘어나고 있기 때문이다.

카푸친 씨는 한국 사회의 단층화를 피부로 느끼고 있다. 계층 간 부침이 뚜렷이 엇갈리면서 상층이동이 갈수록 어려워지는 것이다. '못 가진 자'가 '가질 수 없는 자'가 됐다고 느끼면 미래에 대한 희망을 놓아버린다. 이런 사회에서는 질시와 갈등만 부글부글 끓게 되고 사회통합을 위한 합의를 이루기란 더욱 어려워질 것이다.[64]

부자 아빠 가난한 아빠

자산분배의 양극화는 소득양극화보다 더 심하다. 2011년 3월 말 우리나라 가구가 보유한 자산은 평균 2억9,765만 원이다.[65] 하지만 전체 가구의 절반이 3억원 가까운 자산을 갖고 있는 것은 아니다. 보유 자산 규모에 따라 모든 가구를 한 줄로 세웠을 때 딱 중간에 서게 되는 가구의 자산(중위수)은 1억5,926만원에 그친다.

총자산에서 부채를 뺀 순자산은 가구당 평균 2억4,560만원(중위수는 1억3,026만원)이다. 상위 10% 부자 가구는 전체 순자산의 46%를 차지한다. 상위 20% 가구는 64%를 차지한다. 그러나 하위 50% 가구가 보유한 순자산은 전체의 9%에 불과하다.

소득 기준 상위 20% 가구는 평균 5억3,258만원의 자산을 보유하고 있다. 소득 하위 20% 가구가 보유한 자산(9,401만원)의 5.7배다. 순자산 기준 상위 20% 가구는 평균 9억1,437만원의 자산을 보유하고 있다. 순자산 하위 20% 가구가 보유한 자산(2,402만원)의 38배다.[66] 가구주 연령대별로 보면 50대 가구가 평균 3억9,558만원으로 가장 많은 자산을 보유하고 있고, 그다음으로는 60세 이상(3억911만원), 40대(3억887만원), 30대(2억733만원), 30세 미만(8,310만원) 순이었다.[67]

이는 통계청이 2011년 4~5월 전국 1인 이상 가구 1만 곳을 표본조사한 결과다. 몇조 원의 자산을 보유한 재벌 총수들까지 다 포함해 전 가구를 조사했다면 부의 양극화는 훨씬 더 심하게 나타날 수 있다.

넓은 경제적 해자

카푸친 씨는 어떻게 하면 부자가 될 수 있을까? 누구도 한마디로 답할 수 없는 복잡하고 어려운 문제다. 분명한 건 답이 한 가지가 아니라는 것이다. 여기서는 욕심 내지 말고 한 가지 팁만 얻기로 하자.

부자가 되는 법 중 한 가지는 워런 버핏이 말한 '넓은 경제적 해자垓子'를 구축하는 것이다. 해자는 적들의 공격에 대비해 성城 주위에 파 놓은 못이다. 경제전쟁에서도 이런 해자가 필요하다. 경쟁자들이 범접하지 못하도록 독점적 지위를 갖는 것이다. 이 해자는 한 기업이 정치적 특혜로 독점사업을 하는 형태일 수도 있고 스스로 경쟁력을 쌓아 누구도 넘볼 수 없는 아성을 구축한 경우를 의미할 수도 있다. 이런 기업은 스스로 가격을 결정할 수 있는 힘을 갖는 만큼 많은 이익을 남긴다.

글로벌 투자가인 워런 버핏은 2011년 3월 기준으로 500억 달러의 재산을 갖고 있다. 세계에서 세 번째로 큰 부자다.[68] 그는 장기적인 안목으로 넓은 경제적 해자를 구축한 기업들에 투자해 거대한 부를 쌓았다. 세계 최고의 부자들은 모두 경제적 해자로 난공불락의 성을 만들었다. 미국 역사상 최고의 부자였던 존 록펠러John Davison Rockefeller 는 석유산업에서 강력한 지배력을 구축했다. 그의 지배력은 너무나 압도적이어서 미국 정부가 반독점 경쟁정책의 개념을 만들어내야 할 정도였다. 740억 달러의 재산을 보유해 2011년 세계 최고의 부자로 꼽힌 멕시코 통신재벌 카를로스 슬림Carlos Slim 은 정부가 해자를 파준 경우다.

독점적 기업가들은 정부의 특혜를 받았든 자수성가했든 인기가 없기는 마찬가지였다. 물불 안 가리고 일군 부를 어떻게 쓰느냐를 보면 여러 유형으로 나뉜다. 위대한 초기 자본가 앤드루 카네기Andrew Carn-egie 는 "부자로 죽는 사람은 불명예스럽게 죽는다"고 말했다. 워런 버핏은 기회 있을 때마다 "나에게 부과된 세금이 너무 적다"고 말한다.

기업만 이런 해자를 구축하는 것은 아니다. 개인 차원의 해자도 생각할 수 있다. 부자가 되려는 카푸친 씨는 우선 무엇이 경쟁자의 접근을 막을 만한 해자가 될 수 있는지를 고려해야 한다. 시장에서 가장 높은 값을 받을 만한 지식과 노하우로 무장하는 게 중요할 것이다. 어떤 지식과 노하우가 비싸게 팔릴지는 학과와 직업을 선택할 때 가장 먼저 고려해야 할 문제다.

자유가 되는 돈, 굴레가 되는 돈

18세기 사상가 제러미 벤덤Jeremy Bentham은 행복이나 효용을 계산하려 했다. 그는 사람들이 언제나 쾌락을 추구하고 고통을 피하려 한다고 보았다. 그 후 효용을 어떻게 측정하고 비교하느냐 하는 문제는 경제학자들에게 가장 중요한 화두 가운데 하나가 됐다.

호기심을 주체하지 못하는 이들은 심지어 쾌락을 재는 기계장치를 만들자는 아이디어까지 내기도 했다. 행복을 정확히 잴 수 있는 기계를 만들지 못한 경제학자들은 내면적인 느낌이 아니라 겉으로 드러난 행동을 보고 그 사람의 선호를 알아내는 방법을 쓰기도 했다.[69]

하지만 이제 경제학자들은 행복을 직접 측정할 수 있다는 자신감을 보이고 있다. 사람들에게 얼마나 행복한지, 삶에 대해 얼마나 만족하는지 직접 물어보고 그들의 진술이 정확한지 확인하기 위해 신경과학의 도움을 받기도 한다. 예컨대 전전두엽 피질의 전기적 활동과 혈류를 측정하는 장치를 통해 그들의 진술이 실제 느낌과 일치한다는 걸 확인하는 식이다.

끊임없이 새로운 방법론을 개발하며 행복을 탐구하는 경제학자들은 사람들에게 소득 못지않게, 또는 소득보다 더 중요한 것이 많다고 말한다. 연봉의 높낮이만 따지면 일 자체에서 높은 성취감을 갖기 어렵고, 더 많은 소득과 더 많은 소비, 더 높은 지위만 추구할 때 가족과 건강과 여가의 소중함을 잊게 된다는 점도 일깨워준다.

행복경제학자들의 셈법 가운데는 이런 것도 있다. 어떤 가구의 소득이 평균소득에 비해 3분의 1이 적다고 하자. 이는 분명 그 가구의 행복지수를 떨어트릴 것이다. 이렇게 떨어지는 행복의 크기를 편의상 100이라고 하자. 이에 비해 일자리를 잃었을 때 떨어지는 행복지수는 300이나 된다. 결혼이 파국에 이르러 이혼을 하게 되면 그 때문에 떨어지는 행복지수는 250 정도이고, 별거를 하게 되면 행복지수는 450이나 떨어진다.[70]

행복에 가장 목말라 하는 이들은 행복의 재분배를 제안하기도 한다. 성장지상주의를 비판하는 행복경제학자들은 직업의 안정성, 공동체 의식, 정신적 건강, 정치적 자유와 개인적 자유를 비롯해 전통적 경제학에서 소홀히 다룬 가치들을 새롭게 성찰하도록 해준다.

러시아 문호 표도르 도스토옙스키는 돈을 동전으로 찍어낸 자유로 묘사했다. 그는 '돈은 주조된 자유'이며 '그러므로 자유를 빼앗긴 이들에게 그 돈은 열 배나 더 귀한 것'이라고 썼다.[71] 하지만 같은 시대를 살았던 레프 톨스토이에 따르면 '돈은 새로운 형태의 예속'이다.[72] 돈은 다른 이들의 노동력을 이용할 권리를 의미한다. 돈이 만든 예속관계가 기존 노예제와 다른 건 주인과 노예 사이의 인적 관계가 없다는 점뿐이다. 가난에 찌들어 살았던 도스토옙스키가 자유를 의미하는 돈을 이야기한 반면 경제적으로 여유 있게 살았던 톨스토이는 굴레가 되는 돈을 말했다는 것이 매우 흥미롭다.

어떤 경우 자유와 예속은 동전의 양면일 수도 있다. 카푸친 씨는 돈으로 자유를 얻을 수도 있고 돈 때문에 누군가에게 예속될 수도 있을 것이다.

이번 강의를 듣고 카푸친 씨가 생각해봐야 할 것은 무엇일까? 이런 저런 실증연구를 종합해보면 행복은 소득 순이 아니라는 건 분명하다. 일반적으로 어느 한 시점에서는 부자가 가난한 이들보다 더 행복하지만 여러 시점을 놓고 보면 부유해지는 만큼 행복해지는 건 아니다.

물질적으로 더 여유 있고 기름진 삶을 살게 되면 금세 새로운 환경에 적응하고 기대수준은 높아진다. 물질적 풍요가 가져다준 기쁨은 시간이 지날수록 줄어든다. 사회적 동물인 인간은 늘 비교하고 질시한다. 절대적인 소득과 부가 아무리 늘어나도 다른 사람들보다 덜 늘어난다면 행복하지 않을 것이다.

카푸친 씨는 행복을 얻기 위해 소득과 부를 늘리려 노력할 것이다. 이때 잊지 말아야 할 것은 이를 위해 투자할 수 있는 시간이 무한하지 않다는 점이다. 부자가 되려면 다른 많은 소중한 것을 포기해야 할 수도 있다. 결국 부를 얻기 위해 얼마나 많은 것을 희생하고 얼마나 처절하게 투쟁해야 할지 결정하는 것은 카푸친 씨 그 자신의 몫이다.

경제학자들은 카푸친 씨가 무엇에 더 높은 가치를 부여해야 하는지를 말해주지 않는다. 다만 한정된 자원을 어디에 얼마나 쓰는 게 가장 큰 행복을 얻는 길인지 반드시 따져볼 것을 권한다. 앞서 살펴본 시간가치와 수익률, 커리어 리스크의 개념을 비롯해 카푸친 씨의 지식을 총동원해서 풀어야 할 문제다.

행복경제학자들의 실증연구는 부자가 되려는 열망을 꺾으려는 게 아니다. 소득과 부가 늘어남에 따라 높아질 행복지수를 과대평가하는 것을 경계할 뿐이다. 다른 소중한 것을 너무 많이 희생하면서까지 추구할 만한 가치가 있는지 제대로 한번 따져보라는 것이다.

정글에서 영혼을 잃지 마라

게다가 안은 어둡고, 태양으로 방향을 알아낼 단서도 없고, 환상이 나타나고
거울이 겁을 주어 혼을 빼놓는가 하면 들어간 사람은 죄의식이라는 짐까지
덤으로 지고 있어야 하는 판국이니 이 미궁을 헤쳐 나오기가 어찌 쉽겠느냐?
— 움베르토 에코, 『장미의 이름』에서

우리는 정글경제의 공포와 격변과 투쟁과 모험을 이야기했다. 그리
고 정글의 비밀을 풀 서른 가지 코드를 이야기했다.

우리는 정글경제의 생태계를 탐사하면서 많은 질문을 던졌다. 당신
은 아직 모든 의문을 풀지 못했을 것이다. 정글경제에 깊숙이 들어갈
수록 새로운 난제가 꼬리에 꼬리를 물고 나타나기 때문이다. 하지만
이제 당신은 적어도 정글경제의 언어와 개념에 많이 익숙해졌을 것이
다. 그만큼 정글의 생리를 더 많이 이해하고 정글에서 길을 찾는 법을
더 쉽게 떠올릴 수 있게 됐을 것이다. 또 그런 만큼 불안과 공포는 더
쉽게 떨쳐버릴 수 있고 용기와 지혜는 더 많이 갖게 될 것으로 믿는다.

우리가 던진 서른 가지 물음은 정글을 헤쳐나가는 모든 이가 늘 품고
있어야 하는 것이다. 그에 대한 답은 개인의 특성과 환경 변화에 따라

얼마든지 달라질 수 있다. 정글의 기류와 지형이 바뀌면 가야 할 길도 달라지는 것과 마찬가지다. 중요한 건 올바른 질문을 던지는 것이다.

여기서 우리가 품었던 엉뚱하면서도 진지한 질문을 다시 한 번 던져보자.

- 금융의 정글에서는 판의 괴성에 놀란 무리에 섞여 무조건 내달리는 게 안전할까?
- 검은 백조는 꿈에도 생각하지 못하는 것이라면 어떻게 그 충격에 대비할 수 있을까?
- 아무리 똑똑하고 민첩해도 늘 시장을 이길 수 없다면 시장에 맞서지 말고 그저 시장의 흐름에 몸을 맡기는 게 나을까?
- 합리적인 경제인간이 허상이라면 무엇이 참모습일까?
- 내 투자와 삶은 적극적으로 리스크를 안는 것인가?
- 복잡한 정글경제에서 길을 찾을 때 가장 믿을 만한 가이드는 누구일까?
- 인플레이션은 내가 쌓은 저축을 얼마나 훔쳐가고 내가 진 빚을 얼마나 덜어줄까?
- 정글경제의 유동성이 광포한 홍수로 변할 때 어떻게 피신할 것인가?
- 중앙은행 수장들은 파티를 망치지 않으려고 얼마나 시장의 눈치를 보는가?
- 달러를 대체할 수 있는 21세기 글로벌 통화체제의 닻은 무엇일까?
- 서울의 빅맥 값은 뉴욕보다 비싼가?

- 부국클럽 유럽은 내전의 불씨를 잠재울 수 있을까?
- 금은 언제 안전한 피난처가 되고 언제 위험한 투기의 대상이 되는가?
- 글로벌 금융시장을 질주하는 전자 소 떼에 밟히지 않으려면 무엇을 지켜봐야 하는가?
- 주식과 채권이 알을 낳는 거위라면 더 큰 알을 꾸준히 낳는 것은 어느 쪽일까?
- 시장의 추락을 기다리는 마녀들은 우리가 모르는 무엇을 알고 있을까?
- 폰지의 후예들에게 맡겨놓은 내 자산은 없는가?
- 내가 믿고 있는 족집게 도사들은 예언자 문어 파울과 확실히 다른가?
- 나도 모르는 새 초심 도박사들의 오류를 범하고 있지 않은가?
- 나는 레몬이 아니라는 신호를 보내려면 어떻게 해야 할까?
- 금융의 지렛대를 들어올려야 할 때와 내려놓아야 할 때는 언제일까?
- 내가 가진 옵션이 가장 빛날 때는 언제일까?
- 여러 바구니에 나눠 담은 달걀을 한꺼번에 깨트리게 할 만한 걸림돌은 무엇일까?
- 모두가 노리는 공짜점심은 얼마나 빨리 사라질까?
- 지식일꾼으로서 몸값을 올리려고 투자하는 것은 얼마나 남는 장사일까?
- 내가 꿈꾸던 직업이 미래에는 아예 없어지거나 쓰임새가 크게

줄어들 가능성은 얼마나 될까?

- 아름다움과 매력이라는 자본은 어떻게 가꿀 수 있을까?
- 호모 센테니얼 시대의 내 노년은 우울한 잿빛일까, 우아한 은 빛일까?
- 돈은 행복을 가져다줄 주조된 자유일까, 새로운 형태의 예속 일까?

　정글경제는 미궁이다. 너무나 복잡하고 변화무쌍한 그 안에서는 방향조차 가늠하기 어렵다. 때때로 환상이 나타나고 주술사가 혼을 빼놓는다. 야만적인 투쟁에 뛰어들어야 할 때는 죄의식이 엄습한다. 이런 곳에서는 누구나 영혼을 잃어버리기 쉽다. 잘못된 위성항법장치GPS에 의존하다가 정글에서 길을 잃을 수도 있다. 모두가 잘못된 길로 우르르 몰려갈 수도 있다. 이런 오류는 글로벌 금융위기 때 모두가 뼈저리게 느꼈던 것이다.

　정글경제에서 경험과 상식은 위험하다. 가장 정밀한 금융경제이론도, 이 시대 최고의 석학과 전문가의 조언도 때로는 치명적일 수 있다. 잘못된 첨단 항법장치보다 오히려 우직한 나침반이 나을 수도 있다. 당신은 이번 탐사에서 우리가 품었던 것과 같은 물음을 끊임없이 던지고 스스로 답하며 정글을 헤쳐나가는 수밖에 없다.

　정글경제 탐사의 가이드로서 내가 들려줄 이야기는 여기까지다. 이제 당신의 자유로운 상상력과 샘솟는 열정과 온갖 리스크에 맞서는 용기와 지혜를 갖고 정글경제에서 길을 찾기 바란다. 정글경제는 당신의 모험을 기다리고 있다.

첫 번째 탐사

정글경제의 공포

1 그 해 9월 파산할 당시 리먼브러더스의 자산은 6,390억 달러, 부채는 6,130
억 달러로, 경제 규모 세계 17위인 터키의 한 해 국내총생산GDP과 맞먹는
수준이었다. 온갖 복잡한 금융거래의 중심에 있던 리먼이 쓰러지면 글로벌
금융시스템 전체에 최악의 동맥경화가 일어날 수 있다는 불안감이 패닉을
불러왔다.

2 조셉 스티글리츠 컬럼비아대 교수는 2010년 발간한『끝없는 추락Freefall』에
서 스스로를 위기학자crisisologist라고 불렀다. 그는 이 책에서 글로벌 금융
위기의 근본적인 원인을 분석하고 위기 재발을 막기 위한 개혁 방안을 제시
했다.

3 민스키는 투기적 낙관speculative euphoria이 파국을 불러오는 과정을 금융불
안정성가설financial instability hypothesis로 정리했다.

4 킨들버거는『광기, 패닉, 붕괴Manias, Panics and Crashes』라는 책에서 신용팽창
에 따른 금융위기의 역사를 흥미롭게 서술한다.

5 로버트 실러 예일대 교수는 '비이성적 과열irrational exuberance'에 따라 증시 거품이 끓어오르고 꺼지는 과정을 분석했다.

6 케네스 로고프 하버드대 교수는 카먼 라인하트Carmen Reinhart 메릴랜드대 교수와 함께 쓴 책 『이번엔 다르다This Time Is Different』에서 8세기 동안 되풀이된 금융위기의 역사를 조명한다.

7 전통적인 경제학이 언제나 합리적인 선택을 하는 완벽한 경제인간Homo economicus을 가정하고 이론을 펼치는 것과 달리 행동경제학은 사람들이 실제 어떻게 선택하고 행동하는지를 주목한다. 4장에서 상세히 설명한다.

8 이 지수의 정식 이름은 시카고옵션거래소 시장변동성지수Chicago Board of Options Exchange Market Volatility Index다.

9 복잡한 수식은 딱 질색인 카푸친 씨는 굳이 알 필요가 없는 것이지만, VIX 산출 방식에 따라 연율을 한 달치 변동율로 바꾸려면 15%를 12로 나누지 않고 12의 제곱근으로 나눠야 한다. 이것 역시 카푸친 씨가 몰라도 되는 것이지만, VIX가 15%라는 말은 현재의 S&P500 주가지수옵션 가격이 '앞으로 30일 동안 주가 변동이 4.3%에 이를 가능성이 68%(1표준편차 범위 내 확률)'라는 예상에 따라 결정된 것이라는 뜻이다.

10 미국 국방장관을 지낸 도널드 럼스펠드는 '모른다는 사실을 아는 것known unknown'과 '모른다는 사실조차 모르는 것unknown unknown'을 구분했다.

11 앞으로 일어날 일을 내다보는prospective 것은 예측, 지난일을 돌이켜보는 retrospective 것은 설명이다.

12 확률분포의 꼬리가 뚱뚱한 것을 팻 테일fat tail, 꼬리가 긴 것을 롱 테일long tail이라고 한다.

13 1953~ . 미국 록그룹 미스터 빅Mr. Big의 베이시스트.

14 올리스는 실제로 5년 3개월을 복역하고 출소했다.

15 그 해 베이식-레빈슨Basic Inc v Levinson 사건 판결 때 효율적시장가설에 바탕을 둔 이른바 시장에 대한 사기fraud on the market이론이 받아들여졌다.

16 내부정보를 몰래 이용해 이익을 얻거나 손실을 줄이는 내부자거래insider

trading는 위법이다.

17 Sanford Grossman and Joseph Stiglitz, "On the Possibility of Informationally Efficient Market"(1980)

18 1987년 10월 19일 뉴욕 증시의 다우존스 주가지수는 22.61% 폭락했다.

19 카너먼과 트버스키는 이 실험을 '아시아 질병 문제Asian disease problem'로 불렀다.

20 150(0.5)-100(0.5)=25

21 50(0.5)-200(0.5)=-75

22 이를 시간선호의 비일관성time inconsistency이라고 한다.

23 이를 독재자게임dictator game이라고 한다.

24 6장에서 설명할 화폐의 시간가치time value of money를 생각하면 어느 쪽이 유리한지 분명하다.

25 대니얼 카너먼은 제한적 합리성을 강조했다.

26 1945~ . 미국의 수학자.

27 $\sqrt{(100-15)^2(0.3)+(15-15)^2(0.4)+(-70-15)^2(0.3)}=65.87\%$

28 $\sqrt{(20-15)^2(0.3)+(15-15)^2(0.4)+(10-15)^2(0.3)}=3.87\%$

29 정글전자 변동성계수 30/70=0.42, 아마존식품 변동성계수 3/5=0.6

30 로버트 실러Robert Shiller 예일대 교수가 이런 리스크에 대비한 생계보험livelihood insurance이라는 걸 제안하기는 했지만 보험업계에서는 감감무소식이다. 생계보험에 관해서는 27장에서 다시 설명한다.

31 미국 역사상 최대 거부인 록펠러는 생을 마감했던 1937년에 2000년대 후반 달러기준 가치로 3,920~6,630억 달러의 순자산을 보유했던 것으로 추정된다. 『포브스』지는 2011년 3월 세계 최고의 부자인 멕시코 통신 재벌 카를로스 슬림Carlos Slim Helu의 순자산을 740억 달러로 추정했다.

32 100만원×$(1+0.1)^3$=133.1만원
100만원×$(1+0.1)^{30}$=1,744.94만원

33 $\dfrac{100}{(1+0.1)^3} = 75.13$만원

$\dfrac{100}{(1+0.1)^{30}} = 5.73$만원

34 할인율이 k라면 매년 일정한 금액 PMT를 받는 연금의 현재가치present value of an annuity PVA_n는 다음의 식으로 구한다.

$$PVA_n = PMT \times \left[\frac{1 - \dfrac{1}{(1+k)^n}}{k} \right]$$

매년 연금 수령액이 5,000만원, 할인율이 5%라면 연금의 현재가치는 다음과 같이 구한다.

$$5{,}000\text{만원} \times \left[\frac{1 - \dfrac{1}{(1+0.05)^{25}}}{0.05} \right] = 5{,}000\text{만원} \times 14.09 = 7\text{억}469\text{만원}$$

35 첫해 주당 배당금(D_1)이 1000원, 매년 배당 성장률(g)이 5%로 일정한 회사를 생각해보자. 이 회사는 영원히 존속하고 배당은 끊임없이 지급된다고 하자. 할인율(k)이 7%라면 배당할인모형dividend discount model, DDM으로 계산한 현재 주가(V_0)는 5만원이다.

$$V_0 = \frac{D_1}{k - g} = \frac{1{,}000}{0.07 - 0.05} = 50{,}000$$

이 식은 할인율이 커질수록 주가는 떨어지고, 성장률이 높을수록 주가는 오른다는 걸 보여준다.

36 기본 식은 다음과 같다. $\dfrac{E(\tilde{C}F)}{(1+r)^\tau}$

여기서 분자는 미래 현금흐름의 기대값이다. r은 할인율, τ는 할인 기간이다. 이 식이 해독할 수 없는 암호 같다면 너무 신경 쓰지 말고 일단 그냥 지나가자.

37 변동성이 클수록 리스크가 크다고 본다.

38 23장에서 설명할 옵션 거래가 대표적이다.

39 John Quiggin, *Zombie Economics*(2010)

40 동태확률일반균형Dynamic Stochastic General Equilibrium, DSGE 모형은 전통적인 일반균형모형을 현실에 가깝게 고친 것으로, 실업과 자산거품 문제도 다룰 수 있으나 글로벌 금융위기 같은 사태를 예측하고 대응하는 데는 쓸모가 거의 없다는 비판을 받고 있다.

41 물가안정목표제를 운영하는 중앙은행은 물가지표가 목표 수준을 웃돌면 금리를 올리고 밑돌면 금리를 내리는 식으로 통화정책을 편다. 8장과 10장에서 더 자세히 설명한다.

42 완벽하게 합리적인 경제인간의 가정에 대해서는 4장을 보기 바란다.

43 케인스는 사람들이 어떤 행동에 따른 이득과 확률을 숫자로 따지기보다는 즉흥적인 충동에 따라 행동에 나설 때가 많다고 갈파했다.

44 그의 이론을 효율적시장가설에 대비해 적응적시장가설Adaptive Market Hypothesis, AMH이라고 부른다.

두 번째 탐사
정글경제의 격변

1 1차 세계대전이 시작된 1914년의 빵 한 조각 가격은 13페니히(0.13마르크)였다. 1923년 말 빵 한 조각 값이 2,000억 마르크에 이르렀다는 기록도 있다.

2 이 돈은 발행비용을 아끼려고 한 면에만 인쇄한 것이었다.

3 펭고pengó화

4 Steve H. Hanke and Alex K. F. Kwok, "On the Measurement of Zimbabwe's Hyperinflation"(2009)

5 $(1/2)^{10} = 0.00097$

6 카드 사용이 늘고 인터넷 뱅킹이 쉬워진 지금은 현금이 많이 필요하지 않고

은행을 자주 오갈 필요도 없으므로 구두창 비용shoeleather cost이라는 용어는 진부한 느낌이 든다.

7 1,000×V=2×1,000, V=2

8 2,000×2=P×1,000, P=4

9 통화주의자Monetarist들은 통화유통 속도가 일정하다고 본 반면 케인스주의자Keynesian들은 이는 비현실적인 가정이라고 반박했다.

10 인플레이션목표제inflation targeting라고도 한다. 이런 정책은 물가를 예측하는 데 통화량이 그리 중요하지 않다고 보는 뉴케인스주의자들New Keynesian의 지지를 받았다.

11 프랑스 의회의 피에르 S. 뒤퐁Pierre S. du Pont 의원이 프랑스 혁명기 당시 가치가 폭락한 화폐 아시냐assignat의 추가 발행에 관해 한 연설.

12 1493~1541. 스위스 의학자이자 화학자.

13 이 1억원이 매도자가 어쩔 수 없이 받아들여야 하는 할인 폭이다.

14 그렇다고 해서 현금이 가치저장 수단으로 가장 훌륭한 자산이라고 할 수는 없다.

15 M2에는 정기예금, 적금, 부금 같은 단기 저축성예금, MMFMoney Market Fund, 양도성예금증서CD, 환매조건부채권RP, 표지어음 같은 시장형 금융상품, 2년 미만 금융채와 금전신탁, CMACash Management Account가 포함된다.

16 명목GDP는 1970년 2조7,751억원에서 2010년 1,172조8,034억원으로 늘었다.

17 M2는 1970년 7,615억원에서 2010년 1,669조5,300억원으로 늘어났다.

18 경제규모와 유동성증가(단위: 조원, 배)

	1995년	2010년
경제규모(명목GDP)	409	1,172
유동성(L)	572	2,856
L/명목GDP	1.4	2.4

19 윌리엄 맥체스니 마틴은 1951년 4월부터 1970년 1월까지 미국 통화정책 수

장인 FRB 의장으로 일했다.

20 그린스펀은 1987년 8월부터 2006년 1월까지 FRB를 이끌었다.

21 *The Age of Turbulence*: *Adventure in a New World*(2007)

22 FRB는 통화량 지표를 거의 쳐다보지 않는다. 2006년에는 넓은 의미의 통화량지표인 M3 통계를 아예 없애버렸을 정도다.

23 이를 'two-pillar system'이라고 한다.

24 시중 실세금리가 오르내리면 카푸친 씨의 몸값이 어떻게 달라지는지는 26장에서 설명한다.

25 2011년 1월 28일 워싱턴에서 미국 기업인들을 상대로 연설하면서 한 말이다.

26 미국 국채가 대표적인 무위험 준비자산이다. 하지만 이는 어디까지나 상대적으로 위험이 적다는 뜻일 뿐이다. 절대적인 의미에서 무위험 자산은 없다고 봐야 한다.

27 Barry Eichengreen, *Exorbitant Privilege*(2011)

28 이를 다수통화체제multiple-currency system라고 한다.

29 이를 네트워크 외부성network externality이라고 한다.

30 특별인출권은 국제통화기금이 만들어낸 보조적인 준비자산으로, 민간에서 쓸 수 있는 통화currency가 아니다. SDR 가치는 네 가지 주요 통화(달러, 유로, 파운드, 엔) 바스켓에 따라 결정되며, IMF 회원국은 배분받은 SDR을 외환이 넉넉한 나라와 교환거래를 통해 주요 통화로 바꿀 수 있다.

31 누구도 돈을 빌려주려 하지 않을 때 유일하게 신용 공급을 할 수 있는 기관. 주로 한 나라의 중앙은행이 최후의 대부자 구실을 한다. 유럽재정안정기금EFCF이나 국제통화기금이 최후의 대부자가 될 수 있어야 한다는 주장도 있다.

32 2009년 10월 말 금융위기를 겪던 아이슬란드에서 맥도날드가 철수할 당시 로이터 기자에게 한 말.

33 3,700원/4.07＝909원

34 2011년 7월 25일 매매기준율. 이하 동일.

35 1달러/909＝0.0011001달러. 환전비용은 무시했다.

36 1달러/1,056＝0.0009469달러

37 1,056원×4.07＝4,297원

38 14.7위안/4.07＝3.61위안

39 6.45위안×4.07＝26.2위안

40 14.7/6.45＝2.28

41 3,400원/3.58＝949원

42 2010년 5월 28일 매매기준율. 이하 동일.

43 1달러/949＝0.0010537달러. 환전비용은 무시했다.

44 1달러/1,194＝0.0008375달러

45 1,194원×3.58＝4,274원

46 12.5위안/3.58＝3.49위안

47 6.82위안×3.58＝24.4위안

48 12.5/6.82＝1.83

49 금융위기로 물가가 치솟은 아이슬란드에서는 2009년 11월부터 빅맥을 사먹을 수 없게 됐다.

50 이 이론에 따르면 같은 물건은 어느 나라에서나 같은 값에 팔려야 한다. 이때 명목환율이 나라별 물가 차이를 반영하고 있다고 본다.

51 수출입 거래가 가능한 것을 교역재tradable goods, 불가능한 것을 비교역재 nontradable goods라고 한다.

52 국제수지balance of payments는 일정 기간에 이뤄진 외국과의 상품과 서비스, 자본과 금융 거래의 수입과 지출을 보여준다. 국제수지는 경상수지, 자본수지capital and financial account balance, 준비자산 증감changes in reserve assets으로 나눠볼 수 있다. 경상수지는 주로 상품과 서비스 교역, 자본수지는 직접투자와 증권투자, 대출과 차입의 결과이며, 준비자산 증감은 경상수지와 자본수지의 변동에 따라 늘어나거나 줄어드는 중앙은행의 외환보유액이다.

53 삼성경제연구소 실질실효환율지수에 따르면 당시 원화는 균형환율 수준에 비해 고평가돼 있었다.

54 1985년 9월 22일 미국, 일본, 독일, 프랑스, 영국 재무장관들이 뉴욕 플라자 호텔에 모여 외환시장 개입을 통해 엔과 마르크에 대한 달러 가치를 떨어트리기로 한 합의.

55 하버드대 경제학 교수이자 NBER 명예의장.

56 2012년 1월 16일 1유로의 매매기준율은 1,461.43원이다.

57 2012년 1월 16일 1스위스프랑의 매매기준율은 1,209.10원이다. 싱가포르에는 우리 돈 892만원에 해당하는 1만 싱가포르달러 지폐가 있으나 이 돈은 거의 쓰이지 않고 있다.

58 1982년 10월부터 16년 동안 재임한 독일 총리. 동서독 통일과 유로 출범을 이끌어냈다.

59 단일시장을 만들려는 경제동맹과 단일통화를 쓰는 통화동맹이 결합한 것이다.

60 Robert Mundell, "The Theory of Optimum Currency Area"(1961)

61 유로권 17개국이 저마다 사정이 다른데도 하나의 기준금리를 설정하는 것은 획일적one-size-fits-all인 통화정책이다.

62 개별 국가가 아닌 유로권 전체를 의미한다.

63 Martin Feldstein, "EMU and International Conflict", *Foreign Affairs* (1997 Nov/Dec)

64 한국 은행들은 외화 차입의 절반을 유럽계 은행들에 의존하고 있다.

65 지나치게 복잡한 숫자를 쓰지 않으려 어떤 품목은 소수점 이하 숫자를 버리고 다른 품목은 반올림했다. 정확한 숫자를 쓰면 소비자물가지수는 35년 9개월 만에 10.85배, 자장면 값은 29.63배, 남자구두 값은 8.97배, 전세 값은 10.04배, 금반지 값은 25.61배가 됐다.

66 이 이율을 구하는 식은 다음과 같다. 100만원$\times(1+x)^{36}$=1,000만원, x=0.066(근사치).

67 $(1+x)^{36}=25$, $x=0.093$(근사치).

68 이자소득세는 무시했다.

69 $(10/25)=0.4$

70 1트로이온스는 31.1034768g이다.

71 기회비용은 선택하지 않은 차선의 대안에서 얻을 수 있는 이득으로 가늠할 수 있다.

72 Milton Friedman, *A Monetary History of the United States, 1867~1960* (1971)

73 GFMS, *Gold Survey 2011*

74 ETF는 투자대상 자산의 가격 흐름을 따라가면서 거래소에서 주식처럼 낮은 비용으로 편리하게 사고팔 수 있도록 한 것이다. 금을 대상으로 한 ETF에 투자하면 금이나 금 관련 기업 주식을 직접 사는 데 들어가는 비용과 위험을 줄일 수 있다.

75 프리드먼은 1999년에 펴낸 『렉서스와 올리브나무The Lexus and the Olive Tree』에서 전자 소 떼의 거친 질주를 묘사했다. 10년이 지난 후 글로벌 자본 흐름은 그가 이 책을 썼을 때와는 비교할 수 없을 정도로 거세졌다.

76 외국인직접투자는 생산설비에 투자하거나 기업을 사는 형태로 이뤄진다. 주식이나 채권을 사는 포트폴리오투자portfolio investment에 비해 장기적이고 안정적이다.

77 McKinsey Global Institute, *Mapping global capital market 2011*

78 1944년 7월 44개 연합국 대표는 미국 뉴햄프셔 주 브레튼우즈에 모여 전후 국제통화질서에 합의했다. 이는 세계 각국이 자국 통화가치를 미국 달러에 연동시키고 미국은 달러와 금의 교환비율을 지키는 방식으로 통화가치 안정을 도모하는 체제였다. 그러나 1971년 8월 미국이 일방적으로 달러를 금으로 바꿔주지 않겠다고 선언함에 따라 금이 통화가치의 표류를 막는 닻의 구실을 하던 체제가 무너졌다.

79 노벨경제학상 수상자인 제임스 토빈James Tobin이 브레튼우즈체제가 무너진

직후 외환시장 투기를 줄이려 제안한 거래세. 외환거래세에 한정하지 않고 일반적인 금융거래세라는 넓은 의미로 쓰일 때도 많다.

80 이는 국내총생산 대비 자본수지의 표준편차로 가늠한 것이다.

81 100만원×$(1+0.05)^3$＝115만7625원

82 1,000/50,000＝0.02

83 3,500/50,000＝0.07

84 800/50,000＝0.016

85 여기서 채권수익률은 신용등급이 AA인 3년 만기 무보증 회사채의 유통수익률이다. 주식수익률은 모건스탠리 캐피털 인터내셔널MSCI이 산출한 한국 주식시장의 가중평균 PER의 역수다. 이때 순익은 상장기업들의 지난 1년간 실적이 아니라 향후 1년간 순익에 대한 전문가들의 예상치(컨센서스)를 썼다.

86 1990년대는 1992년 1월부터 1999년 12월까지, 2000년대는 2000년 1월부터 2011년 9월까지를 말한다.

87 주주들은 기업의 자산에 대한 옵션option을 갖고 있다. 23장을 참조하기 바란다.

88 투기speculation와 투자investment를 굳이 구분하는 사람도 많다. 하지만 모든 투자는 크고 작은 리스크를 안는 것이므로 어느 정도 투기적이라고 할 수 있다.

세 번째 탐사

정글경제의 투쟁

1 이날 코스피200지수는 장중 254~255 수준에 머물다 장 끝나기 전 10분간 동시호가 때 매물폭탄이 쏟아지는 바람에 247.51로 떨어졌다. 이 지수를 252.50에 팔 수 있는 풋옵션을 가진 투자자는 4.99포인트의 차익을 얻게 됐다. 옵션의 원리는 23장에서 설명한다.

2 레이는 실은 자기 아들이 아니라 아들의 증권중개인이 엔론 주식을 공매도한 것이라고 밝혔다.

3 이야기를 단순화하기 위해 수수료는 무시하자.

4 정글금융 주식을 갚기 전까지 재규어 씨는 정글금융 주식 100주가 부족short했다. 이런 상태를 숏 포지션short position에 있다고 말한다. 이 주식 100주를 되사서 갚는 것은 숏 포지션을 커버cover 한다고 말한다.

5 그의 이름은 이삭 르 메이어Isaac Le Maire이다.

6 1711년 설립된 영국의 남해회사는 중남미 지역에 접근할 수 있는 독점권을 가졌다. 그러나 이곳은 영국과 전쟁을 벌이던 스페인의 식민지였다. 이익을 내지 못하던 이 회사의 주가는 1720년 초 100파운드 남짓한 수준에서 그 해 8월 1,000파운드로 치솟았다.

7 주식을 빌려서 파는 차입공매도covered short selling와 달리 무차입공매도naked short selling는 주식을 빌리지도 않고 없는 주식을 일단 팔고 보는 것이다.

8 혁명기의 투기는 생명을 거는 일이다. 블라디미르 레닌은 1917년 "투기꾼이 잡히면 그 자리에서 총살될 것"이라고까지 했다.

9 이를 업틱 룰uptick rule이라고 한다.

10 같은 해 11월 금융주를 제외한 주식에 대한 공매도 금지를 풀었다.

11 경제전문가들은 펀더멘털fundamental이라는 말을 자주 쓴다. 이는 기본적 가치fundamental value를 의미한다.

12 Ian Marsh and Norman Niemer, "The Impact of Short Sales Restriction" (2008)

13 주가가 더 오를수록 공매도에 따른 손실이 눈덩이처럼 불어날 수 있으므로 더 늦기 전에 숏 커버링short covering에 나서는 것이다.

14 메이도프는 'spilt-strike conversion'이라는 투자전략을 쓴다고 주장했다.

15 롤오버roll over라고 한다.

16 라비 바트라는 미국 댈러스의 서던메소디스트대학 경제학 교수다.

17 $2^7 = 128$

18 $128(1/2)^7 = 1$

19 $40{,}000{,}000$명$\times(1/2)^{24} = 2.38$명

20 $10{,}000$원$\times(2)^{24} = 167{,}772{,}160{,}000$원

21 $(0.5)^8 = 0.0039$

22 파울을 잡아 스페인식 볶음밥인 빠에야를 만들어 먹겠다는 둥 온갖 위협이 제기됐지만 파울은 2010년 10월 26일 향년 2세로 평온하게 생을 마쳤다.

23 이 표현은 연구자가 자기 주장을 뒷받침하는 데 유리한 입맛에 맞는 데이터만 골라 쓴다는 부정적인 뜻으로 쓰일 때가 많다.

24 칼 포퍼(1902~1994)는 20세기의 가장 위대한 과학철학자 중 한 사람이다. 그는 과학의 발전은 기존 이론을 반증하는 과정에서 이뤄지며, 반증의 담금질을 견뎌낸 이론이라도 반드시 참이라고 할 수는 없다고 보았다. 『열린 사회와 그 적들The Open Society and Its Enemies』과 『역사주의의 빈곤The Poverty of Historicism』을 썼다.

25 1893~1981. 2차 대전 때 활약한 미국 5성 장군.

26 $(1/2)^{20} = 1/1{,}048{,}576$

27 Amos Tversky and Daniel Kahneman, "Judgment under Uncertainty: Heuristics and Biases", *Science*(1974)

28 『이코노미스트』 2012년 2월 5일자 기사 "Can we ever trust instinct?"

29 "The Market for Lemons: Quality and Uncertainty and the Market Mechanism", *Quarterly Journal of Economics*(1970)

30 기대값expected value은 정상 차를 만날 확률과 그 차값을 곱하고, 레몬 차를 만나게 될 확률과 그 차값을 곱한 다음 이 둘을 합한 숫자다. 즉, $(0.5)1{,}200 + (0.5)300 = 750$만원.

31 주주들이 기업의 주인이라고 본다면 경영자들은 주주들을 위해 일하는 대리인이다.

32 대마불사too-big-to-fail형 금융회사는 나라 경제나 금융시스템 전체에 미칠

충격파를 생각할 때 도저히 쓰러지게 내버려둘 수 없는 회사를 말한다.

33 졸업장효과 또는 학위효과를 뜻하는 양피지효과sheepskin effect라는 말이 있다. 이는 옛날 졸업장을 양 가죽에 쓴 데서 유래된 말이다.

34 2010년 학력별 월급여 총액 (단위: 만원)

학력＼나이	20~24	25~29	30~34	35~39	40~44	45~49	50~54	55~59
고졸 (A)	136.4	163.9	190.0	205.2	210.1	213.6	213.5	193.5
전문대졸	140.3	170.2	202.2	232.8	252.0	266.5	280.9	256.9
대졸 이상 (B)	156.3	203.1	259.8	322.9	367.0	398.0	416.1	423.9
B/A	1.14	1.23	1.36	1.57	1.74	1.86	1.94	2.19

35 사기 피해금액과 보험 지급액은 보험업계의 2006 회계연도(2006년 4월 ~2007년 3월)를 기준으로 추정한 것이다.

36 기업의 자산asset은 자기자본equity과 타인자본debt을 조달해 사들인 것이다. 기업은 보통 주식 및 채권을 발행하거나 은행에서 차입하는 방식으로 자본을 조달한다.

37 예금을 받아 대출하는 게 주업인 상업은행commercial bank과 달리 투자은행은 증권을 비롯한 여러 자산에 적극적으로 투자하기 때문에 더 많은 위험을 떠안는다.

38 골드먼삭스Goldman Sachs, 모건스탠리Morgan Stanley, 메릴린치Merrill Lynch, 리먼브러더스, 베어스턴스Bear Stearns.

39 시간이 흘러 이자가 나가면 가만히 있어도 이자비용만큼 자본이 잠식된다.

40 1998년 9월 LTCM이 바닥까지 추락했을 때에는 그 해 초보다 10배나 높은 레버리지를 기록했다. 당시 이 회사는 1,000억 달러 이상의 자산을 보유하고 있었지만 자기자본은 그 250분의 1인 4억 달러에 그쳤다.

41 베어스턴스는 JP모건 체이스에, 메릴린치는 뱅크오브아메리카BoA에 인수됐고, 리먼브러더스는 파산했다.

42 여기서는 복잡한 세금 문제나 집을 사는 대신 은행에 예금하면 얻게 될 이

자는 생각하지 말자.

43 1억원/5억원=0.2, (1억원-2,100만원)/2억원=0.395

44 -1억원/5억원=-0.2, -(1억원+2,100만원)/2억원=-0.605

45 재규어 씨의 수익률 분포를 나타내는 벨커브는 훨씬 펑퍼짐한 모양이 될 것이다.

46 두 사람의 수익률이 같아지는 점을 구하는 공식은 다음과 같다.

$$\frac{x}{5억원} = \frac{x - (3억원 + 2,100만원)}{2억원}, \quad x = 5억3,500만원$$

47 2011년 10월 코스피200지수선물과 옵션 거래를 할 때 투자자가 증권사에 맡겨야 하는 증거금은 15%이며, 달러나 유로 선물거래 증거금율은 6%다. 실제 증거금액은 지수나 환율 수준에 따라 달라진다.

48 Franco Modigliani and Merton Miller, "The Cost of Capital, Corporation Finance, and the Theory of Investment"(1958)

49 거래비용과 세금, 파산비용bankruptcy cost, 정보비대칭information asymmetry, 기업과 투자자의 차입금리 차이가 없다는 가정.

50 행사가격은 strike price라고도 한다.

51 헤지hedge와 투기speculation의 구분은 분명하지 않지만 필요 이상으로 지나치게 많은 헤지를 하는 건 투기로 볼 수 있다.

52 Fischer Black and Myron Scholes, "The Pricing of Option and Corporate Liabilities", *Journal of Political Economy*(1973)

53 Robert C. Merton, "Theory of Rational Option Pricing", *Bell Journal of Economics and Management Science*(1973)

54 이를 콜옵션의 외가격out of money 상태라고 말한다. 내가격in the money은 주가가 콜옵션 행사가격을 웃도는 상태를 뜻한다.

55 만기까지 남은 시간이 많을수록 옵션의 시간가치time value of option가 높다. 야구경기에서 홈런을 기대하는 이에게는 이닝 수가 많이 남아 있을수록 좋은 것과 마찬가지다.

56 1891~1960. 미국 민속학자, 인류학자이면서 소설 『그들의 눈은 신을 보고 있었다Their Eyes Were Watching God』를 쓴 작가다.

57 포트폴리오의 기대수익률을 구하는 일반 식은 다음과 같다.

$E(r_p)=w_aE(r_a)+w_iE(r_i)$

〔$E(r_p)$: 포트폴리오의 기대수익률, w_a: 아마존제과의 투자비중, w_i: 정글식품의 투자비중, $E(r_a)$: 아마존제과의 기대수익률, $E(r_i)$: 정글식품의 기대수익률〕

58 상관계수는 두 변수가 완전히 같은 방향으로 움직이는지, 정반대 방향으로 움직이는지, 완전히 따로 노는지를 가늠할 때 쓰는 지표로 -1~1의 값을 갖는다.

59 표준편차는 분산의 제곱근이다.

60 1934~ . 1990년 해리 마코위츠, 머튼 밀러Merton Miller와 함께 노벨경제학상을 받았다.

61 12.5-5.0=7.5%

62 외국 신문의 경제기사나 원서를 읽을 때를 위해 용어를 알아두면 좋겠다. 시장위험market risk은 분산불가능위험non-diversifiable risk 또는 체계적 위험systemic risk이라 하고, 개별자산과 기업의 고유한 위험unique risk 또는 firm-specific risk은 분산가능위험diversifiable risk 또는 비체계적 위험non-systemic risk이라 한다.

63 조사대상 18개국을 1인당 소득수준에 따라 나열하면 호주, 네덜란드, 미국, 일본, 프랑스, 독일, 영국, 이탈리아, 스페인, 그리스, 한국, 대만, 아르헨티나, 말레이시아, 중국, 피지, 필리핀, 인도 순이다.

64 자유무역협정FTA으로 2009년부터 칠레 산 와인에 대한 수입관세는 없어졌다.

65 (0.4)7+0.6(6)=6.4

66 "There ain't no such thing as a free lunch"라는 말은 'TANSTAAFL'이라는 줄임말까지 있을 정도로 많이 회자되는 말이다.

67 유동성 리스크liquidity risk는 자산이 필요할 때 바로 제값을 받고 팔아 현금
화하기 어려울 때 생기며 거래 상대방 리스크는 상대방이 거래계약을 충실
히 이행할 수 없을 때 생긴다.

네 번째 탐사

정글경제의 모험

1 5,000만원/(1+0.05)＝4,761만원

2 5,000만원/(1+0.05)^2＝4,535만원

3 5,000만원/(1+0.05)^{30}＝1,156만원

4 연금의 현재가치를 구하는 공식의 유도 과정을 보면 다음과 같다.

$$PVA_n = \frac{A}{(1+i)} + \frac{A}{(1+i)^2} + \frac{A}{(1+i)^3} + \cdots\cdots + \frac{A}{(1+i)^{n-1}} + \frac{A}{(1+i)^n} \quad (1)$$

(1)식 양변에 (1+i)를 곱하면

$$(1+i)PVA_n = A + \frac{A}{(1+i)} + \frac{A}{(1+i)^2} + \cdots\cdots + \frac{A}{(1+i)^{n-2}} + \frac{A}{(1+i)^{n-1}} \quad (2)$$

(2)에서 (1)을 빼면

$$(1+i)PVA_n - PVA_n = A - \frac{A}{(1+i)^n}$$

$$PVA_n = \frac{A}{i}\left[1 - \frac{1}{(1+i)^n}\right] = A\left[\frac{1 - \frac{1}{(1+i)^n}}{i}\right]$$

그러므로 연금복권 당첨금의 현재가치도 이런 식으로 구한다. 다달이 500
만원씩 20년 동안 지급하는 연금복권 1등 당첨금의 현재가치는 12억원
(＝500만원×12개월×20년)이 아니라 연금의 현재가치를 구하는 공식에 따
라 매월 일정한 지급액을 실세금리(국채 수익률)로 할인해서 구한 값이다.

국채 수익률이 4%가 채 안 되는 2011년 현재 이 당첨금의 현재가치는 8억 원 정도다. 이때 할인율이 올라가면 당첨금의 현재가치는 떨어진다.

5 이자소득세는 무시한다.

6 $x(0.03)=5{,}000$만원, $x=16$억6,666만원

7 이는 물론 이자율과 할인율 움직임에만 주목한 것이다. 경제성장이 둔화되면서 실세금리가 떨어질 때 재규어 씨의 연봉도 줄어든다면 이야기가 달라진다.

8 이를 성장하는 연금의 현재가치present value of growing annuity라고 한다.

9 여기서는 MBA를 택하지 않았다면 얻을 수 있었을 연봉과 저축으로 돌릴 수 있었을 학비가 기회비용이다.

10 "Education at a Glance 2011", *OECD Indicators*

11 OECD는 '후기중등교육upper secondary education'이라는 용어를 쓴다.

12 OECD는 '고등교육tertiary education'이라는 용어를 쓴다. 전문대와 대학, 대학원을 포함한다.

13 직업교육을 목적으로 하는 전문대학, 기술대학, 사내 대학을 제외하고 학업을 목적으로 한 4년제 일반대학 교육tertiary-type A education을 받은 이들을 말한다.

14 OECD는 3년(2007~2009) 이동평균 환율을 썼는데 원화는 달러당 1,102.75원이었다.

15 투자에 들어간 돈의 현재가치와 투자로 벌어들인 돈의 현재가치를 같게 하는(순현재가치가 제로가 되도록 하는) 할인율을 의미하며, 내부수익률internal rate of return, IRR이라고 한다.

16 Gary Becker, *Human Capital: A Theoretical and Empirical Analysis, with Special Reference to Education*(1964)

17 토플러는 obsolete(쓸모없는)와 knowledge(지식)라는 말을 합성해서 옵솔리지obsoledge라는 말을 만들어냈다.

18 휴민트는 인간 스파이의 첩보활동human intelligence을 뜻한다. 정보기술을 활용한 첩보활동signal intelligence을 뜻하는 시긴트sigint와 상대되는 말이다.

19 교육은 쪼갤 수 없고(indivisible) 교환할 수도 없는(non-tradable) 자산이다.

20 이를 시장 전체의 체계적 위험systemic risk과 구별해 개별 자산 특유의 비체계적 리스크idiosyncratic risk라 한다.

21 5장에서 살펴본 리스크 프리미엄risk premium을 뜻한다.

22 Raven Saks and Stephen Shore, "Risk and Career Choice"(2005)

23 이는 생애 전 기간에 걸쳐 모을 부의 총액total lifetime wealth으로, 평생 모을 금융자산과 임금의 현재가치로 측정한 값이다.

24 고용노동부 통계. 농업은 고용형태별 근로실태조사 숫자를 썼다.

25 퇴직자는 제외된 숫자다. 살아남은 이들의 재직 기간만 따졌으므로 편향bias이 있을 것이다.

26 빛의 성질을 이용해 실물 같은 입체영상을 만들어내는 홀로그래피hologra-phy 기술자.

27 가상의 물체가 현실 세계에 겹쳐 보이도록 하는 기술.

28 특별한 지위에 있는 소수만이 소비할 수 있는 상품을 지위재positional goods라고 한다.

29 ASAPS 2011년 4월 11일자 보도자료.

30 이런 시술은 한 사람이 몇 차례 받을 수 있으므로 건 수로 표시했다.

31 Daniel Hamermesh and Jeff Biddle, "Beauty and the Labor Market", *American Economic Review*(1994)

32 프랑스 소설가 귀스타브 플로베르Gustave Flaubert(1821~1880)의 작품.

33 Catherine Hakim, *Erotic Capital*(2010)

34 지라르는 1961년에 출간한 『낭만적 거짓과 소설적 진실Deceit, Desire and the Novel』에서 욕망의 주체와 대상 사이에 중개자를 놓는 욕망의 삼각형구도를 제시했다.

35 노인들이 권력을 장악하는 정치체제. 지배계급 내부에서는 최고령자가 가장 많은 권력을 갖는다.

36 Thomas Robert Malthus, *An Essay on the Principle of Population*(1798)

37 맬서스는 이처럼 전쟁, 기근, 전염병 때문에 인구 증가가 억제되는 것positive checks과 출산율을 낮춰 억제하는 것preventive checks을 구분했다.

38 한 여성이 가임 기간(15~49세) 동안 몇 명의 자녀를 낳는지를 나타내는 숫자가 합계출산율total fertility rate이다. 이는 연령별 출산율을 모두 합한 것으로, 한 사회의 출산력을 다른 사회와 비교할 때 유용한 지표다. 한 해 동안 태어난 아기 수를 그 해 7월 1일 총인구(연앙인구) 수로 나눈 수에 1,000을 곱한 값을 조 출생률crude birth rate이라고 한다. 이는 특정 인구 집단의 출산 수준을 나타내는 기본적인 지표다.

39 영국 동화 『금발머리 소녀와 곰 세 마리Goldilocks and the Three Bears』에 나오는 소녀의 이름으로 '금발머리(gold+locks)'를 뜻한다. 이 소녀가 곰이 끓인 뜨겁지도 차갑지도 않은 수프를 좋아한 것에 빗대 경제가 뜨겁지도 차갑지도 않은 적당한 상태를 흔히 골디락스 경제goldilocks economy라고 한다. 적당한 수준의 경제성장과 낮은 인플레이션 덕분에 시장이 편안하게 느낄 통화정책을 펼 수 있는 상태다.

40 *2008 World Population Prospects*

41 어떤 나이의 사람이 앞으로 생존할 것으로 기대되는 평균 생존 연수를 기대여명 average remaining lifetime이라고 하고, 출생 시 기대여명을 기대수명이라고 한다.

42 통계청의 2010년 생명표에 따르면 55세 남성의 기대여명은 25.2년, 같은 나이 여성의 기대여명은 30.8년이다.

43 2010년 베이비붐 세대 가구는 전체 가구의 21.8%에 이르며, 이들이 가진 자산은 전체의 27%에 달한다.

44 KB금융지주 경영연구소는 2009년 생명표에 따라 55세의 기대여명을 27.6년으로 잡고 계산했다.

45 시장에서 거래되지 않아 화폐가치로 쉽게 측정할 수 없는 이런 일들은 국내 총생산 통계에 잡히지 않는다. 한 사회의 참살이well-being를 제대로 파악하려면 이런 통계의 사각지대를 없애야 한다. 이 문제에 관해서는 30장에서 자세히 설명한다.

46 Richard Layard, "Happiness: Has Social Science a Clue?"(2003)

47 1인당 국내총생산, 즉 한 나라에서 한 해 동안 만들어낸 모든 상품과 서비스의 부가가치를 인구수로 나눈 값.

48 1인당 국민총생산GNP, 즉 한 나라 국민이 한 해 동안 만들어낸 상품과 서비스의 부가가치를 인구수로 나눈 값.

49 1인당 국민총소득GNI.

50 Ronald Inglehart and Hans-Dieter Klingemann, "Gene, Culture, Democracy, and Happiness"(2000)

51 구매력평가PPP 기준 1인당 GNP. 구매력평가의 의미는 13장에서 설명했다.

52 상관계수는 0.7이다. 소득이 느는 만큼 웰빙 수준도 높아진다면 상관계수는 1이 된다.

53 한국은 21세기가 막 시작될 때 구매력평가 기준 1인당 소득 1만5,000달러 선을 넘어섰다.

54 이에 관해서는 다양한 조사 결과가 있지만 여기서는 한 가지만 보고 가자. 한국심리학회가 2010년 성인 남녀 1,000명을 면접 조사한 결과 한국인의 주관적 행복지수는 100점 만점에 평균 63.2점에 그쳤다. 1인당 GDP가 우리나라의 절반에도 못 미치는 남아프리카공화국, 터키, 페루와 비슷한 수준이었다. 우리는 지구촌에서 1인당 소득수준이 30위권에 들지만 행복지수는 중하위권이었다. 2011년 6월 1697명을 대상으로 한 조사에서 한국인의 행복지수는 61.8점으로 떨어졌다.

55 이스털린 역설에 대한 강력한 반론을 펼치는 이도 많다. 미국 전미경제조사국NBER이 2008년에 내놓은 보고서(Betsey Stevenson and Justin Wolfers, "Economic Growth and Subjective Wellbeing: Reassessing the Easterlin Paradox")도 참고할 만하다.

56 비교 대상이 되는 이들을 준거집단reference group이라고 한다.

57 미래학자 앨빈 토플러는 이런 사람들을 프로슈머prosumer라고 일컬었다.

58 1968년 대통령 선거 후보였던 로버트 케네디가 캔자스대학에서 한 연설. 국

민소득 지표는 GDP 대신 GNP를 썼다.

59 대기오염을 발생시키는 생산활동을 뜻하는 것으로 봐야 한다.

60 사망자나 부상자가 생산활동을 하지 못하게 됨에 따라 앞으로 GDP가 줄어들 수는 있겠지만 기존 GDP에서 재산이나 인명손실이 난 만큼 차감하는 것은 아니다.

61 1인당 GNI.

62 심해지는 소득양극화(단위: %).

소득계층	1990년	2000년	2010년	
중위소득 50% 미만	7.1	9.2	12.5	(18.0)
중위소득 50~150% 미만	75.4	71.7	67.5	(59.7)
중위소득 150% 이상	17.5	19.0	20.0	(22.3)

＊2인 이상 도시가구 가처분소득 기준(괄호 안은 1인 가구를 포함한 전국가구 시장소득 기준).

63 이는 지니계수Gini coefficient로 가늠한 소득불평등이다. 지니계수가 높을수록 소득분배는 불평등한 것이다. 지니계수는 모든 사람의 소득이 똑같은 경우에는 0, 한 사람이 모든 소득을 독차지하는 경우에는 1이 된다. OECD, *Growing Income Inequality in OECD Countries: What Drives It and How Can Policy Tackle It?*(2011)

64 아리스토텔레스는 "민주주의에서는 가난한 이들이 부자들보다 더 큰 힘을 가질 것"이라고 말했다. 소득수준이 평균 이하인 계층이 늘 더 많은 표를 갖기 때문이다.

65 보유자산 중 73%가 부동산이고, 금융자산은 23%에 불과하다.

66 순자산 기준 상위 20% 가구가 보유한 자산의 중위수(6억5,139만원)는 하위 20% 가구 중위수(1,198만원)의 54배다.

67 중위수는 50대(2억3,730만원), 40대(1억8,650만원), 60세 이상(1억4,170만원), 30대(1억3,932만원), 30세 미만(4,146만원) 순이었다.

68 *Forbes*, "2011 The World's Billionaires". 『포브스』지는 이건희 삼성 회장

의 재산을 86억 달러(105위), 정몽구 현대자동차 회장의 재산을 60억 달러 (162위)로 추정했다.

69 이를 현시선호revealed preference라고 한다.

70 앞서 소개한 Layard(2003)에서 재인용.

71 『죽음의 집의 기록』 중에서.

72 *What Shall We Do Then* 중에서.

정글경제 특강

ⓒ 장경덕

초판인쇄 2012년 4월 4일
초판발행 2012년 4월 13일

지은이 장경덕
펴낸이 강성민
기획 강명효
편집 이은혜 박민수 김신식
마케팅 최현수
온라인 마케팅 이상혁 장선아

펴낸곳 (주)글항아리 | 출판등록 2009년 1월 19일 제406-2009-000002호

주소 413-756 경기도 파주시 문발동 파주출판도시 513-8
전자우편 bookpot@hanmail.net
전화번호 031-955-8891(마케팅) 031-955-8898(편집부)
팩스 031-955-2557

ISBN 978-89-93905-95-3 03320

에쎄는 (주) 글항아리의 브랜드입니다.

이 도서의 국립중앙도서관 출판시도서목록(CIP)은 e-CIP홈페이지(http://www.nl.go.kr/ecip)와
국가자료공동목록시스템(http://www.nl.go.kr/kolisnet)에서 이용하실 수 있습니다.
(CIP제어번호: CIP2012001505)